Zu diesem Buch

Keine Lust auf Sex – darunter leiden viele, doch die wenigsten trauen sich, darüber zu sprechen. Nicht nur für
streßgeplagte Karrierepaare oder frustrierte Feministin-
nen ist die sexuelle Unlust ein Problem, das fatalerweise
oft die ganze Beziehung in Frage stellt. Eine Funktions-
störung oder schlicht Reaktion auf den Zwang zur Intimität in unserem vermeintlich so befreiten Zeitalter?

Die Autorinnen sprachen mit vielen, die dies Phänomen betrifft. Sie zeigen, daß Lustlosigkeit eine ganz normale Erfahrung ist, Gelassenheit ist die Devise.

Inge Nordhoff, Jahrgang 1943, Germanistin und Romani-
stin. Sie ist publizistisch tätig und arbeitet als Redakteurin
im Velber Verlag und des Pro-Familia-Magazins. Sie ist
Autorin von «Erste Liebe» (rororo 7359) und «Wenn
Mädchen die Pille wollen» (rororo 7930) und Co-Autorin
von «Ein platonisches Verhältnis. Freundschaften zwischen Männern und Frauen» (rororo 8749).

Ruth Kuntz-Brunner, M. A., geboren 1943 in Bern, abge-
schlossenes Studium der Soziologie und Psychologie,
Autorin mehrerer sozialwissenschaftlicher Studien und
wissensbasierter Computerprogramme und Co-Autorin
verschiedener Veröffentlichungen (zum Beispiel der
Bundeszentrale für Politische Bildung). Heute ist sie Wis-
senschaftsjournalistin sowie Redakteurin des Pro-Familia-Magazins.

Ruth Kuntz-Brunner
Inge Nordhoff

Heute bitte nicht

Keine Lust auf Sex –
ein alltägliches Gefühl

Rowohlt

Originalausgabe
Veröffentlicht im Rowohlt Taschenbuch Verlag GmbH,
Reinbek bei Hamburg, September 1992
Copyright © 1992 by Rowohlt Taschenbuch Verlag GmbH,
Reinbek bei Hamburg
Umschlaggestaltung Barbara Hanke / Nina Rothfos
Gesetzt aus der Bembo (Linotronic 500)
Gesamtherstellung Clausen & Bosse, Leck
Printed in Germany
1290–ISBN 3 499 19189 x

Inhalt

(Die mit einem * gekennzeichneten Passagen schrieb Ruth Kuntz-Brunner, die mit einem ° versehenen Inge Nordhoff.)

Vorbemerkung

Ganz leise fing es an und auch etwas verschämt: Freundinnen und Freunde erzählten in Stunden, in denen sich Fremde das Du anbieten könnten, daß bei ihnen Flaute herrscht – im Bett. Sünder und Tabubrecher in einer Person, gestanden sie, daß sie es nicht schaffen, die wunderbaren Möglichkeiten ihres Körpers zu genießen.

Das machte uns neugierig. Wir fragten weiter, und jede Frage zog gleich neue nach sich. Haben die Dauerberieselung mit Nacktheiten und die sexuellen Animationen via Mattscheibe die Libido abgestumpft? Lauert hinter dem hedonistischen Zeitgeist der Überdruß wie weiland hinter der viktorianischen Prüderie die Wollust? Oder haben wir im Überschwang der sexuellen Befreiung vergessen, daß kein Spiel auf Dauer Spaß macht, in dem jeder mitspielen *muß*? Ist es nicht an der Zeit, nach all dem Getöse über die Lust auch über ihr Gegenteil zu sprechen?

Die Idee zu diesem Buch war geboren. Wir wollten herausfinden, wie andere, Freunde und Bekannte, Zufallsbekannte und deren Freunde und Bekannte Sexualität im allgemeinen und Unlust im besonderen erleben. Ein Taxifahrer, eine Bioenergetikerin, ein Professor, eine Wissenschaftlerin, eine Bibliothekarin, Journalisten, eine Schneiderin, eine Hausfrau, eine Ärztin, eine Sekretärin, ein Schüler, Lehrer und Lehrerinnen . . . und viele andere – der Jüngste unter 20, die älteste Frau über 60 – erzählten uns, was sich bei ihnen abspielt oder eben nicht. Einige reagierten auf unsere Einladung zum Gespräch zögerlich. Andere tauten im Interview erst richtig auf. Sie erzählten uns die ganze Geschichte ihres Lebens.

Nicht jedes Schicksal konnten wir detailliert wiedergeben. Aber jedes hat uns zu diesem Buch inspiriert genauso wie literarische Gestalten und Fallbeispiele aus der Praxis von Therapeuten.

Lustlosigkeit, so zeigen nicht nur unsere Interviews, sondern auch Berichte von Ärzten, ist weit verbreitet. Bis zu einem Viertel der Männer, die einen Arzt aufsuchen, klagt ganz «nebenbei» über sexuelle Probleme, meist Erektionsschwäche. Wenn keine allgemeine körperliche Erschöpfung vorliegt, ist die überwiegende Ursache seelischer Natur, diagnostizieren Ärzte. Rund ein Drittel der Frauen, die einen Arzt aufsuchen, erwähnen Partnerschaftsprobleme, die auch die Sexualität beeinflussen. Fast die Hälfte dieser Frauen klagt über Orgasmusschwierigkeiten.

Bei unseren Gesprächen kam viel Widersprüchliches zutage zwischen Wunsch und Wirklichkeit, Denken und Erleben. Menschen, die freizügig über Sexualität denken, kapseln sich körperlich vollkommen ab. Andere halten Lobreden auf die Sexualität, ohne sie selbst zu erleben. Vitale Trendsetter berichten von unüberwindlichen Müdigkeitsanfällen, wenn sie Liebe planen, und frischgebackene Mütter gestanden, daß ihre Babies ihre ganze körperliche Sehnsucht befriedigen. Auch religiöse Bilder beeinflussen, ja erdrücken die Lust stärker, als vielen bewußt ist. Und immer wieder taucht das Elternhaus auf, das den Grundstein zu Angst und Aggressionen legt und die Freude an der Lust zu ersticken droht.

Dieses breite Spektrum an Erfahrungen, Einstellungen und ambivalenten Verhaltensweisen zeigt wieder einmal: Menschen lassen sich nicht beliebig formen. Sexforscher haben den Schlüssel zur ewigen Lust noch nicht gefunden, auch wenn ihr Ziel Luststeigerung für alle heißt. Minuziös erklären sie die Vorgänge um die Lust, als ob sie selbst in dem vom Forscherpaar Masters und Johnson konstruierten gläsernen Penis gesessen und den Orgasmus beobachtet hätten. Wie Taucher aus ihrer Glocke das Liebesleben der Tintenfische beschreiben, analysieren und verorten sie Lustgefühle. Wer nicht so fühlt, wie sie es beschreiben, hat Probleme. Besonders, wer lustlos ist. Der Zustand entspricht offensichtlich nicht der allgemeinen Verhaltensnorm der Tintenfische.

Doch zum Leben gehört beides: Himmel *und* Hölle, Lust *und* Unlust. Das jedenfalls haben wir im Laufe unserer Arbeit an diesem Buch erfahren. Nur wem die Unlust ständiger Begleiter ist, fühlt sich unlebendig.

Ruth Kuntz-Brunner / Inge Nordhoff

Sexualität – Lust und Unlust

Seit vor rund zweihundert Jahren der Begriff Sexualität geprägt worden ist, ergeht es uns wie einem Kind, das zum ersten Mal von seinen Eltern beim Masturbieren überrascht wird. Seitdem mischt sich in den lustvollen Zeitvertreib die elterliche Zensur; die Reaktion der Eltern hat – ob in Worten oder Gesten – die Aktivität benannt und bewertet: gut, schlecht, gesund, ungesund, normal, anormal oder auch alles miteinander. Selbst betonter Gleichmut ist eine Wertung. Die Unschuld ist verloren.

Das einsame Vergnügen wird nie mehr ohne das Wissen um den elterlichen Schatten am Bettrand ablaufen. Die Eltern haben es eingeschätzt und eingeordnet. Nach und nach wird ihre Bewertung erweitert um das, was das Kind von anderen hört, was es aufschnappt und wie es sich selbst erlebt. Jedenfalls ist die Selbstbefriedigung nicht mehr einfach und selbstverständlich. Auch mit dem Wort Sexualität wird etwas, was Menschen immer schon getan haben, bewertet, zensiert, tabuisiert, propagiert, kurz: genormt und zugeordnet. Normalität ist das Raster für die mikroskopische Selbstbeobachtung. Zwischen die Lust und den Koitus hat sich in voller Breite das Bewußtsein geschoben und verursacht dort immer wieder einen Wackelkontakt. Wenn die Lust so, wie oder mit wem sie gerade genossen werden wollte, von der inneren Zensur verworfen wird, läuft nichts ab.

Seitdem es den Begriff Sexualität gibt, ist der Sex lenkbarer noch als zuvor. Nun dirigiert, mit der Wertung im Kopf, jeder selbst seine Lust. Endgültig gekappt ist die direkte Verbindung zwischen seelisch-geistiger und körperlicher Lust. Ob allerdings jemals das Lustprinzip uneingeschränkt regierte ist fraglich.

Die Erfindung des Begriffs Sexualität vor zweihundert Jahren entsprach den Anforderungen der Industrialisierung: die Menschen sollten «Zucht und Ordnung» verinnerlichen, sich selber steuern, kontrollieren, regelmäßig und fleißig arbeiten, Liebe und Gefühle nur in der Familie ausleben und damit alles Eruptive wie die Lust bändigen. Dort, am häuslichen Herd, verschwand, streng bewacht in der räumlichen und körperlichen Enge, die sexuelle Lust im Gefühlsgemenge der Liebe. Züchtig verdrängten anständige Menschen, was ohnehin nur bekleidet und in der Düsternis der Nacht geschehen sollte.

Auf dem Höhepunkt der viktorianischen Prüderie, in der zweiten Hälfte des 19. Jahrhunderts, wurden in bürgerlichen Familien selbst die Klavierbeine verhüllt, um keine anstößigen Phantasien zu nähren. Aber genau die Heimlichkeit und das Verbergen heizte die erotische Stimmung auf: Wie vielversprechend die Lust erscheint, wenn ihr so viele Riegel vorgeschoben sind!

So gedieh der Doppelcharakter der Prüderie: Bigott heuchelte man Treue und ging gleichzeitig fremd. Das paßte durchaus in die Moral von Zucht und Ordnung; Sex blieb stets kontrolliert, ob als Liebesgeflüster im Ehebett oder durch das schlechte Gewissen beim Fehltritt.

Die von der lebensumfassenden Großfamilie zur Gefühlsgemeinschaft geschrumpfte Kleinfamilie bewahrte den Traum einer ganzheitlichen Erlebenswelt und übernahm damit Reparaturfunktionen für gesellschaftlich verursachte Schäden. Zugleich pervertierte die fein säuberlich geordnete Sexualität die Lust.

In der Kleinfamilie wurden Liebe, seelische und körperliche Fürsorge erotisiert. Die Doppelbödigkeit der Sexualität setzte sich in der Erziehung fort: Rigorose Verbote und enger Körperkontakt mit den sexuell tabuisierten Eltern sexualisierten das familiäre Klima. Es war die Zeit, die Sigmund Freud veranlaßte, die ödipalen Wünsche seiner Patientinnen als wirkliche Verführungen zu interpretieren, eine These, die er später aufgab.

In der kleinfamiliären Intimität – besser noch Innigkeit – sind alle Gefühle ambivalent. Nähe ist gleichzeitig Distanz, Liebe auch Haß, Lust auch Unlust. Nichts scheint mehr einfach erlebbar. Die körperliche Lust ist umstellt von Verboten; und die Liebe hält nicht, was sie verspricht.

Allmählich überlebte sich die viktorianische Prüderie. Nicht mehr Zurückhaltung in allen Lebensbereichen war angesagt, sondern Verschwendung und Konsum. Immer lauter wurde der Ruf nach unverklemmter Lust und nach einem breiteren Erlebnisspielraum. Der frei flottierenden Sexualität war ohnehin die Spitze gebrochen; denn mittlerweile hatte die Selbstkontrolle die Sexualität im Griff. Der Theoretiker der Erneuerung war Wilhelm Reich, der 1936 mit seinem Buch *Die sexuelle Revolution* die sexualpolitische Bewegung vordachte.[1] Sexualität sollte von der bürgerlichen Tabu- und Gefühlsschwere befreit werden. Doch Reich überforderte sie mit einer neuen Last: Er nannte Sexualität in einem Atemzug mit Freiheit, Wahrheit, natürlichem Liebesleben oder auch dem Recht des Lebendigen.

Dreißig Jahre später war Reich Kultfigur der 68er, die mit großem Getöse die bürgerlich-romantischen Liebesideale zu Grabe trugen. Lichte Zeiten unbeschwerter Lust sollten anbrechen und mit ihrer Kraft einen neuen, von Besitzansprüchen und kleinbürgerlich verklemmten Gefühlen gereinigten Menschen schaffen, Sex scheute nicht mehr das Tageslicht. Sex sollte offen, ehrlich, eindeutig, kraftvoll sein.

Die Konsumbegeisterung griff auf die Betten über. Alles schien über Sex erreichbar, auch die Selbstverwirklichung, was den Sog des neuen Lustgebots, zur Hoffnung schlechthin stilisiert, enorm steigerte. Die Freiheit, jederzeit und mit wem auch immer einen Orgasmus zu erleben, wurde zum Menschenrecht erklärt. Doch auch das Recht auf Genuß tendiert dazu, als Pflicht zu enden.

Wer keine großen sexuellen Begierden entwickeln konnte, geriet nun ob des unfreiwilligen Lustverzichts in Panik. Körperliche Kälte wurde als Widerstand gegen die eigenen Entfaltungsmöglichkeiten aufgefaßt, als innerer Feind. Das Hemmende vermutete man nicht mehr in äußeren Verboten, sondern tief drin in jedem einzelnen. Selbstbeobachtend tasteten die Menschen ihr Gefühlsleben nach dunklen Ecken ab, in denen sich lustresistente Überbleibsel verstecken könnten.

Die breite Palette psychotherapeutischer Angebote, die für jede Störung eine spezifische Therapie bereithält, bietet sich als allgegenwärtige Hilfe an. Und von einem aufgeklärten Menschen wird erwartet, daß er selbstverständlich die Dienstleistungen annimmt, die ihm das Glück verheißen.

Das hedonistische Zeitalter allerdings vermögen auch die scheinbar von allen sozialen Zwängen befreienden Therapien nicht einzuläuten. Denn die Therapeuten drängen Sinnliches oder Unmittelbares in eine künstliche, von der Welt abgeschirmte Situation, die das allseits beschworene Echte, das in der Sexualität wieder auferstehen soll, sinnentleert.

Die von Tabus befreite Sexualität hat neue Zwänge errichtet, die sich nur menschenfreundlicher gebärden als die alten. Es gilt nicht mehr, Sexualität zu verhindern oder aufzuschieben; die Selbstkontrolle soll nun den richtigen und absoluten Genuß der Lust überwachen. Die Rechnung allerdings geht nicht auf. «Intimität ohne Hingabe», die der Philosoph, Theologe und Psychologe Sam Keen[2] bereits Mitte der achtziger Jahre als Amerikas psychischen Leidensquell diagnostizierte, nervt zunehmend auch die Mitteleuropäer. Gesellschaftliche Zwänge haben die enthemmte Libido überlebt, und beziehungssüchtige Menschen sind vereinsamt.

Gegen den Überdruß am Lustwahn schlägt Keen nun «eine Zeit freiwilliger Enthaltsamkeit» vor: «Ich muß mich dem anderen Geschlecht mit einer neuen Unschuld, im Bewußtsein meines Unwissens, in einem Akt der geschlechtlichen Reue nähern.» Tabula rasa also vergessen, was war; neu anfangen wie ein Neugeborenes, unschuldig, frei von der Bürde der Vergangenheit – das alte Lied, das auch schon die sexuelle Revolution begleitete.

Die Spirale der Selbstbeobachtung dreht sich also weiter. Ob Lust oder freiwillige Keuschheit propagiert wird: die Beschäftigung mit dem eigenen Körper schreitet voran und hält die Individuen in Schach und Atem. Das Ziel der Sehnsucht aber bleibt eine Fata Morgana und die Distanz dazu immer gleich. Selbst die Sehnsucht nach «unserer ursprünglich sexuellen Natur, nach unserer angeborenen Sinnlichkeit», die Sam Keen beflügelt, ist eine Illusion.

Vielleicht müssen wir uns von dem Gedanken befreien, daß wir mit einer spezifischen Form von Liebe oder Sexualität oder Keuschheit ein Paradies erreichen. Die Vorstellung vom machbaren Paradies ist zutiefst undynamisch. Das Paradies kennt keine Sehnsucht.

Vor diesem Hintergrund besehen, ergibt sexuelle Lustlosigkeit immer einen Sinn. Als Widerstand gegen die Pflicht zur Lust, als Versuch, innerlich auszuruhen, als Rückzug vor einer nicht erfüllenden Sexualität, als Ausdruck der Enttäuschung, als Weigerung, die sexuelle Überfracht oder eine nicht lösbare Ambivalenz zu ertragen...

Weibliche Liebe – männliche Triebe?

Unter der Rede von der befreienden Sexualität lebt die alte Sprache weiter: Männer gelten nach wie vor als triebhafter als Frauen; und Frauen haftet der Ruf an, verletzlicher zu sein, Wesen, die Sex mit Zärtlichkeit oder Liebe polstern wollen.

Eine Umfrage unter amerikanischen Studentinnen und Studenten ergab 1990 ein erstaunlich konservatives Bild. Die meisten Studentinnen versicherten, daß sie nur mit einem Mann schlafen können, den sie auch lieben; sie wünschten sich primär nicht Sex, sondern Liebe. Die Studenten dagegen gaben mehrheitlich zu, auch Mädchen, die sie nie und nimmer lieben könnten, sexuell attraktiv zu finden. Sex und zärtliche Gefühle seien häufig voneinander abgekoppelt.

Obwohl auch für Frauen das ‹Lustgebot› gilt, sind diese Stereotypen noch tief verankert.

Selbst in den *Phantasien* finden sich ähnliche Unterschiede. Zwar phantasieren die meisten Frauen genauso wie die Männer, um sich beim Masturbieren sexuell zu erregen. Aber fast alle Frauen haben ein schlechtes Gewissen, wenn sie diese Phantasien auch während des Beischlafs zulassen. Männer gestatten sich mehrheitlich ohne Skrupel diese Freiheit, vor allem dann, wenn sie sich in der Partnerschaft sexuell unzufrieden fühlen. Frauen dagegen können vor allem dann sexuelle Phantasien entwickeln, wenn ihre Beziehung emotional gut läuft. Sonst verzichten sie am liebsten sowohl auf Phantasie als auch auf Sex. Der Psychologe Uwe Hartmann[3] hat festgestellt, daß bei unbefriedigenden Beziehungen nur jede sechste Frau, aber jeder dritte Mann die eigenen Phantasiebilder genießen könne. Daß Männer insgesamt häufiger als Frauen ihr Sexualleben als unzureichend empfinden, führt Hartmann auf die sexuellen Wünsche zurück, die sich in einem Alter verfestigen, in dem die «Sexualität noch nicht Praxis, sondern nur große Phantasie» ist. Das erklärt nicht nur die höheren Erwartungen der Männer an die Sexualität, sondern auch die andersartigen Wünsche. Jungen tauschen ihre Sexualvorstellungen und Kenntnisse intensiver aus, interessieren sich stärker für Soft- oder Hard-Porno als Mädchen. Pubertierende Mädchen schwärmen immer noch ausgiebig von der romantischen Liebe. In dieser Phase haben konservative Bilder von der jeweiligen Geschlechterrolle eine starke Attraktivität, weil sie unzweideutige, sichere Bilder liefern. Männliche Phantasien tragen häufig aggressive Züge mit unpersönlichen, auf Dominanz und Unterwerfung gerichteten Inhalten. Kein Wunder, daß die Mehrheit der Männer ihre Phantasien den Partnerinnen nie mitteilen würden.

Doch: Auch Frauen haben aggressive Phantasien, auch sie kennen sadomasochistische Vorstellungen. Allerdings können sie diese weit schlechter in ihr Sexualleben integrieren als Männer, gehört doch Aggressivität nicht zur gängigen Vorstellung weiblicher Identität. So lassen Frauen ihre aggressiven Phantasien vor allem dann zu, wenn sie nichts mit ihrer bestehenden Beziehung zu tun haben, meistens bei der Selbstbefriedigung.

Beispielsweise kann eine Frau, die unter einem dominanten Mann leidet, phantasieren, daß sie sich irgendeinem Mann mit Wonne unterwirft. So, indem sie selbst unterdrückt werden will, macht sie sich zur Regisseurin ihres Schicksals und überwindet ihr real empfundenes Ohnmachtsgefühl. Das funktioniert ähnlich wie wenn Menschen ständig Unannehmlichkeiten voraussagen. Geschieht tatsächlich Unerfreuliches, rufen sie befriedigt aus: «Habe ich es nicht gesagt!» Auch sie beweisen sich, daß sie ihr Schicksal nicht erdulden, sondern gestalten.

Frauen übernehmen oder verstärken mehrheitlich selbst die konservativen weiblichen Klischees. Überwiegend definieren sie ihre Sexualität eher als sanft und zärtlich. Männer dagegen gelten und sehen sich nach wie vor eher als triebhaft, sexuell wenig subtil.

Aus der alltäglichen Erfahrung, daß Männer lieben können, ohne sexuell zu begehren, aber auch begehren, ohne zu lieben, schloß Sigmund Freud, daß zwei getrennte Strömungen am Werk sind.[4] Die zärtliche, idealisierende stammt aus der frühen Kindheit, in der eine enge, erst ganz symbiotische Beziehung zu der nährenden und pflegenden Mutter bestand. Die begehrende sexuelle Strömung wurzelt in der Zeit der geschlechtlichen Reifung, während der sich die bis dahin diffusen Triebe organisieren und «dem Primat der Genitalzone unterordnen. Der Sexualtrieb stellt sich jetzt in den Dienst der Fortpflanzungsfunktion». Begehrt wird nun die sexuelle Frau, die eine andere als die Mutter sein muß.

Beide Strömungen aber tragen auch Elemente der jeweils anderen in sich. Stillen, mütterliche Zärtlichkeit überhaupt ist erotisch angereichert. Die endgültige Trennung zwischen der zärtlichen und der sexuellen Strömung erfolgt erst, wenn das Kind wahrnimmt, daß die Mutter sexuell nur dem Vater gehört, für das Kind jedoch tabu ist.

Die monogame Ehe wiederum, in der alles Emotionale und Sexuelle zusammentreffen sollte, verlangt, daß sich beide Strömungen vereinen. Das Scheitern hat Methode und, so fürchtet Freud, wird das Ideal der romantischen Liebe stören.

Möglicherweise bleibt der Drang im Mann erhalten, beide Sehnsüchte, einmal nach Aufgehobensein und Liebe, zum anderen nach Sexualität, getrennt zu erhalten. Denn in dieser Exklusivität besitzen sie eine klarere, ungebrochenere Kraft: Mit der zärtlich geliebten Frau wird das symbiotische Mutter-Kind-Verhältnis vollkommen wiederhergestellt, das uneingeschränkte Sicherheit bietet, und mit der sexuell Geliebten kann die scheinbar absolute Männlichkeit, das triebhaft Dynamische erlebt werden. Die Verbindung der zärtlichen und der sexuellen Tendenzen bleibt labil, sie kann aufbrechen, sich aber auch in einem neuen Liebespartner wieder zusammen finden.

Frauen durchleben eine komplizierte sexuelle Entwicklung. Ihre Liebesobjekte sind vielschichtig besetzt und ambivalenter als beim

Mann, dessen Beziehungen eindeutiger erscheinen. So bezeichnete Freud das Verhältnis zwischen Mutter und Sohn als «die am ehesten ambivalenzfreie aller menschlichen Beziehungen». Das Verhältnis des Mädchens zur Mutter dagegen ist verschlungener. Es enthält nicht nur die zärtlich-fürsorgliche Seite, sondern die ganze Gefühlspalette von Liebe, Geliebtwerden, Eifersucht, Haß, die in der Erlebniswelt kaum noch trennbar ist. Denn die Mutter ist auch weibliche Identifikationsfigur, sie ist auch das vom Vater geliebte Wesen. Freud meinte, daß diese vielseitige, intensive und leidenschaftliche Bindung bis in die sexuelle Frühreife des Mädchens hineinreichen kann. Und sie nimmt auch bereits beim kleinen Mädchen vorweg, was später in der Beziehung zum Vater mitschwingt.

Vielleicht kontrastiert dieser reiche Gefühlskomplex die eindeutiger ausgerichteten Sehnsüchte des Mannes; vielleicht liegt hier einer der Gründe, wieso Frauen auf mehreren Ebenen «angesprochen» werden möchten und wieso manche Frauen den reinen Geschlechtsakt schlicht öde finden.

Freud selbst hielt das, was er über die Weiblichkeit zu sagen hatte, als «unvollständig und fragmentarisch». Er ahnte, daß die Frau nicht so einfach zu ergründen ist: «Wollen Sie mehr über die Weiblichkeit wissen, so befragen Sie Ihre eigenen Lebenserfahrungen», riet er, «oder Sie wenden sich an die Dichter, oder Sie warten, bis die Wissenschaft Ihnen tiefere und besser zusammenhängende Auskünfte geben kann.»[5]

Möglicherweise gibt die Frau auch deshalb so viele Rätsel auf, weil sie meist mit den Augen des Mannes und seinem Erfahrungshorizont erforscht wird. Das Anderssein der Frau ängstigt, solange es nicht in der Sprache der Wissenschaft zu definieren ist.

Alain Finkielkraut, der leidenschaftlich den sexuellen Puritanismus befehdet und die Unordnung in der Liebe preist, macht sich zum Fürsprecher der weiblichen Eigenart.[6] Insgesamt hätten wir uns zu sehr daran gewöhnt, die weibliche Sexualität als eine Mater zu sehen, die dem Stempel der männlichen Sexualität als Hohlform dient. Die stupide, aber mächtige männliche Phallokratie unterdrücke die wunderbaren Erlebnismöglichkeiten der Frau – aus

Angst, aus Neid, aus Unverständnis des anderen, der unglaublich tiefen und breiten sexuellen Lust der Frau.

«Das weibliche und das männliche Triebleben gleichermaßen Lust zu nennen, heißt, die Unterdrückung der Frau durch den Mann festzuschreiben. Der männliche Orgasmus (die Ejakulation) bleibt damit der Dreh- und Angelpunkt aller Liebesrituale. Die Frau soll den Mann imitieren, während er all seine Ausdrucksmöglichkeiten auf die armseligen spermatischen Zuckungen reduzieren muß...» Fazit: «Soviel Aufwand für so wenig!» Im Gegensatz zu dem langweilig eindimensionalen und lustvernichtenden Orgasmus sei der Körper der Frau ein Meer von Lust:

«Die Frauen genießen das Vorrecht der Lust, weil auf den Männern der Fluch der Entladung lastet. Aber diese Lust läßt sich nicht artikulieren, sie ist vielgestalt, ohne Inhalt. Ich habe nicht teil an ihr, ich genieße nur ihren Ausdruck... Von dieser Lust zu sprechen heißt, im Fegefeuer vom Paradies, in der Wüste vom gelobten Land zu sprechen...»

Pathetisch, aber sicher überfällig ist Finkielkrauts Ode an das Anderssein der Frau: Eine Aufforderung, Lust so zu genießen, wie sie sich Frauen am schönsten bietet: Ohne Konventionen und schon gar nicht mit dem scheuen Blick auf die Lust des anderen, des Mannes.

Die Vorbilder, die sich stärker am Triebleben des Mannes als dem der Frau orientieren, verdichten den Dschungel des weiblichen Triebschicksals zusätzlich. Die geltenden Klischees nötigen Frauen Empfindungen auf, die aus einem männlichen Raster der Sexualität stammen. So entstehen Brüche im weiblichen Erleben, die auch bereits Gegenstand der Forschungsneugier waren. Ein amerikanisches Experiment hat bestätigt, daß bei Frauen körperliche Reaktionen und bewußtes Empfinden auseinanderklaffen können:

Frauen und Männern wurden pornographische Bilder vorgelegt, und sie mußten sagen, was sie dabei empfinden. Frauen behaupteten mehrheitlich, daß die Bilder keine Wirkung auf sie hätten, ihnen auch nicht sonderlich gefielen. Die Meßinstrumente aber, die an die Körper der Frauen angeschlossen waren, zeigten andere Ergebnisse: Erweiterte Pupillen und feuchte Vagina sprachen bei den angeblich nicht beeindruckten Frauen für eine körperliche Erregung. Die Erklärung für die unterschiedlich registrierte Lust liegt, nach Auffassung der Wissenschaftler, in der von Frauen erwarteten Ächtung der Pornographie.

Die Männer, die an dem Forschungsprojekt teilnahmen, konnten ihre körperliche Erregung empfinden und zugeben – ein gesellschaftlich erwartetes und akzeptiertes Verhalten. Für Männer wird Pornographie im allgemeinen auch hergestellt. Das Klischee taucht wieder auf: Männer sind triebhafter, sie dürfen, ja, sie sollen es auch sein.

Diese Stereotypen sind gesellschaftlich vorgefertigte Fabrikate. Die Schicksale der Sexualität sind vielschichtiger und individueller. Welche Energie aber treibt die Sexualität an?

Hormone oder chemische Botenstoffe – Was steuert das Begehren?

Freud nahm an, daß es einen Sexualtrieb gebe, der nach dem Vulkanprinzip agiert: Die Quelle des Triebes ist ein innerer Spannungszustand, der nach außen drängt, ausbrechen, sich entlasten will.[7] Als Dynamik schlechthin, vielgestaltig, wandelbar und auch verschiebbar, ist der Trieb nicht an einen bestimmten Reiz in der Umwelt gebunden, um überhaupt zu entstehen; wie er sich allerdings entlastet, ist nicht vorhersehbar. Nach 1920, in seinem späteren Werk[8], stellt Freud den Sexualtrieb als Lebenstrieb dar, als eine Kraft, die nach Bindung strebt, ein Gegensatz zum Todestrieb, der zur Rückkehr in einen statischen, endgültigen und nicht mehr dynamischen Zustand drängt.

Je nachdem, was die Umwelt, Familie oder Gesellschaft dem Individuum abverlangt, wie es mit seinem Trieb umzugehen hat, kann es seine Triebe ausleben. Da die körperliche Dynamik unendlich flexibel ist, muß nicht jeder Spannungszustand in sexueller Aktivität gelöst werden. Im Gegenteil, Freud sympathisierte mit der Sublimierung – wenn der Trieb auf ein nicht sexuelles Objekt gerichtet ist.

Ganz anders erklärt der Sexualwissenschaftler Gunter Schmidt[9] die Sexualität: Lust entstehe durch die Freude an der Lust. «Sexuelles Verlangen ist… motiviert durch den Wunsch, sexuelle Erregung und Lust zu erfahren, und nicht durch unangenehme Innenreize, die durch sexuelle Aktivitäten beruhigt werden müssen. Nicht weil wir sexuell erregt sind, haben wir Sexualität; sondern wir produzieren sexuelle Erregung oder suchen sie auf, um Sexualität erleben zu können.» Ein wahrhaft hedonistisches Programm!

Schmidts Kollege Martin Dannecker[10] mißfällt an dieser Interpretation, daß sie Sexualität überhaupt nicht mehr «triebhaft» definiert, also keinem inneren Drang gehorchend. Gegen die Lust-an-der-Freude-Theorie spräche beispielsweise die Schwierigkeit, sexuell asketisch zu leben: «Sexualität ist ein innerer Anspruch, dem wir uns nicht entziehen können. Davon zeugen nicht zuletzt die angestrengten Übungen, die den Asketen auferlegt sind.» Wie dieser innere Anspruch aussieht, bestimme der durch Erfahrungen geformte Wunsch. Dabei präge das erste sexuelle Erlebnis das ganze spätere Sexualleben entscheidend. Der Trieb hat demnach eine durch Erziehung und Erlebnisverarbeitung bestimmte individuelle Geschichte, die die sexuellen Wünsche beeinflußt. Ob Lust oder Unlust verspürt wird, hängt demnach sowohl von inneren Strebungen als auch von äußeren Einflüssen, Erfahrungen und Erlerntem ab.

Naturwissenschaftliche Konzepte ähneln jenem von Dannecker: Die Forschungen von P. D. MacLean und anderen[11] gehen davon aus, daß das menschliche Hirn, das Impulse spürt und steuert, nicht nur aus unterschiedlichen, sondern auch unterschiedlich alten Teilen besteht, quasi von der Reptilien- über die Säugetier- bis zur heutigen Menschenepoche Erinnerungen zurückbehalten hat.

Das außen liegende Großhirn ist der jüngste Teil, der nicht ‹organisch› gewachsen, sondern durch Lernen und Erfahrungen überfüttert sei. Im Gegensatz zu den alten Schichten, die instinktiv funktionierten, würden die neueren rational arbeiten. Je weiter nun die Evolution voranschreitet, desto größeren Einfluß erzielten die jün-

geren, rationalen Schichten im Vergleich zu den alten. Anders ausgedrückt: Äußere Eindrücke, Wissen, Erfahrung, Erleben bestimmen immer mehr das Fühlen und Verhalten, entsprechend auch die
Sexualität, die Empfindungen von Lust und Unlust. Widersprüch-
liche Empfindungen und Strebungen führt MacLean auf die nicht
koordinierten Schichten des Gehirns zurück.

Auch anthropologische Vorstellungen, daß Menschen ihre Geschlechtsidentität erlernen müssen, weil sie zunehmend unfähig
sind, sich als eindeutig männlich oder weiblich zu fühlen, werden
durch das Denkmodell bestätigt.

Nach dieser Theorie ist Sexualität heute bereits mehr erlernt als
instinktgetrieben. Der Psychologe und Ethnologe Ernest Borneman [12] argumentiert: «Bereits bei den höheren Primaten hat es sich
herausgestellt, daß der ‹Sexual-› oder ‹Fortpflanzungstrieb› auf der
Höhe der Hominiden (Menschenaffen) nicht mehr ‹von selbst›
funktioniert. Das heißt: Das genetische Erbmaterial erlaubt uns
nicht mehr, ohne Vorbildeinfluß zu koitieren und uns ohne Vorbildeinfluß fortzupflanzen. Die Affenversuche von Harlow und seinen Mitarbeitern haben ergeben:

1. Affenkinder, die von ihren Müttern nicht durch Zärtlichkeit
auf ihr späteres Geschlechtsleben vorbereitet worden sind, zeigen
im geschlechtsreifen Alter kein Interesse am Geschlechtsverkehr
und entwickeln sich zu mürrischen Junggesellen und Junggesellin-
nen.

2. Affenkinder, die keine Gelegenheit gehabt haben, ältere Mit-
glieder ihrer Gattung beim Geschlechtsverkehr zu beobachten, lernen nie, wie man koitiert, und entwickeln kein Interesse am Koitus.»

Wieweit diese Beobachtungen auf den Menschen übertragen
werden können, sei dahingestellt. Die Binsenweisheit allerdings,
daß Menschen, die selber nie Liebe erfahren haben, auch kaum
Liebe geben können, läßt vermuten, daß – wie auch immer die Erklärung lauten mag – die äußeren Einflüsse gewaltig auf den Menschen einwirken.

Nicht umsonst geben wir allem einen Namen, auch der Sexualität: Mit Worten, Begriffen, Zuordnungen schaffen wir die

Voraussetzung, um überhaupt lernen zu können, was einmal bewußtlos nach einem Instinktprogramm ablief.

Unter dem Stichwort Ganzheitlichkeit versuchen Naturwissenschaftler, Mediziner, Psychologen und andere Forscher dem Menschen, seinem Erleben und Verhalten gemeinsam auf die Spur zu kommen. Natürlich bleibt die Sexualität, Lust und Unlust, als das Körper-Geist-Erlebnis par excellence nicht aus diesem Joint-Venture-Unternehmen ausgeschlossen.

Der französische Neurophysiologe Jean-Didier Vincent[13] tastet sich auf den Spuren chemischer Botenstoffe, die Informationen über Gefühlsregungen weiterleiten, zum Wesen des Begehrens vor. Lust, das steht auch für Vincent fest, sitzt im Kopf, denn selbst kastrierte Meerschweinchen können mittels des Hormons Testosteron sexuell erregt werden. Das mag Penis-Fetischisten vielleicht die Lust vergällen. Aber auch eingefleischte Nur-Biologen müssen umdenken lernen.

Das Hormon im Kopf *allein* erzeugt noch keine Lust. An menschlichen Versuchspersonen ist nachgewiesen worden, daß Hormone zwar Gefühle auslösen, aber nicht vorherzusehen ist, welche. Adrenalin beispielsweise, das in der Nebenniere für besondere körperliche Belastungssituationen – wie bei Bedrohung durch einen Feind – die Zuckerreserven und Herzfrequenz mobilisiert, löste bei «Labormenschen» Zustände zwischen Wut und Euphorie aus. Vielleicht weisen diese unterschiedlichen Effekte auch auf der neurobiologischen Ebene einen möglichen Weg, um aufzuzeigen, wieso Sexualität und Aggression häufig so eng beieinander liegen.

Sein Forschungsansatz kann, meint Vincent selbst, zwar erklären, was mit den Gefühlen im Körper geschieht, nicht aber, wieso sie sich beim einzelnen genau so und nicht anders äußern und was sie so strukturierte, ihnen diese eine bestimmte Erlebnisrichtung gab. Am Beispiel von zwei Verliebten stellt Vincent ironisch die Grenzen der Neurobiologie dar, die den dritten im Wissenschaftsbund, die Psychologie, kaum integrieren kann: «Ihr stumpfsinnigen Neuronen, laßt den Liebenden die Freude der Seele.»

Jedenfalls weiß Vincent, daß körperliche, psychische und Denk-Vorgänge untrennbar zusammenwirken, wenn Lust oder Unlust eintritt.

Auch die Psychologen geben sich bescheiden: Um herauszubekommen, wer denn das Begehren und die Unlust wirklich inszeniert, so meinen die bekannten Freud-Exegeten Jean Laplanche und J.-B. Pontalis, reichten die Hilfsmittel des Psychoanalytikers nicht: «Er müßte auch noch Philosoph werden.»[14] Und vielleicht reicht selbst das nicht aus.

Die Macht der religiösen Bilder

> «Das Christentum gab dem Eros Gift zu trinken –
> er starb zwar nicht daran,
> aber entartete, zum Laster.»
>
> *Friedrich Nietzsche*

In der barocken Kirche sitzen an diesem Sonntag morgen nur wenige Gläubige. Ohne Gesten und ohne Emphase, mit gequälter, monotoner Stimme predigt der Pfarrer über die heutige Sucht nach Unterhaltung, nach Eindrücken, nach neuen Menschen, nach Drogen. Lust-gierig sei unser Zeitalter. Die Moralpredigt wirkt wie eine Pflichtübung, wenn da nicht das schmale Gesicht des Pfarrers wäre, aus dessen tiefen Falten Leiden spricht. Angerührt von den eigenen Worten, scheinen sie sich noch tiefer einzugraben, um sich gleich wieder hinter einer großen, randlosen Brille zu verstecken. Der Rest des pfarrherrlichen Körpers scheint nicht zu existieren, verschwindet in der Kulisse wie ein Teil des Kirchenmobiliars.

Zwischen Prediger und Zuhörer fehlt jeder Funke; die blasse Rhetorik lädt zum Abschweifen ein, zumal es nicht an Ersatz-Eindrücken mangelt: Am üppigen Innenausbau läuft die Phantasie entlang zum goldumrahmten Altar und zu den im silbrigen Morgenlicht klingenden Farbsinfonien der Kirchenfenster. Das barocke Ambiente straft die asketische Predigt Lügen. Der Pfarrer ist eine Fehlbesetzung, die Phantasie verlangt nach einer Gestalt aus Rubens' bacchantischer Werkstatt. Dann könnte sich eher erschließen, was der Schriftsteller Georges Bataille als Wesen der Religion betrachtete:

«Wer den religiösen Sinn der Erotik nicht sieht, dem entgeht ihr Wesen. Und wer umgekehrt das Band nicht sieht, das die Religion mit der Erotik verknüpft, dem wird auch das Wesen der Religion entgehen.»[15]

Symbolisiert nicht der Liebesakt zwischen Mann und Frau in vielen Religionen den Schöpfungsakt der Welt? Religiöse Rituale fremder Glaubensgemeinschaften stellen Fruchtbarkeit und Schöpfung in der geschlechtlichen Vereinigung dar. Beide – Religion und Erotik – leben vom Überwältigt-Sein, von Grenzüberschreitungen, vom Erfahren eines anderen.

Auch das Alte Testament kennt noch erotische Texte: «Wie schön ist dein Gang in den Schuhen, du Fürstentochter! Deine Lenden stehen gleich aneinander wie zwei Spangen, die des Meisters Hand gemacht hat. / Dein Schoß ist wie ein runder Becher, der nimmer Getränk mangelt. Dein Leib ist wie ein Weizenhaufen, umsteckt mit Rosen. Deine zwei Brüste sind wie zwei junge Rehzwillinge.» So leidenschaftlich klingt das Hohelied Salomons im Alten Testament, ohne Scham vor Sinnlichkeit und ohne Fleisch und Geist zu Widersachern zu erklären. Körper und Geist gehören in der alttestamentarischen Vorstellung der Menschwerdung zusammen. Der Mensch bekam nicht eine Seele, sondern die Seele wurde lebendig: «Das hebräische Wort für ‹Seele› (nephesch) hat eine ähnliche Bedeutung wie der moderne Begriff ‹Persönlichkeit› und meint das ganze individuelle Wesen», betont der Religionswissenschaftler Geoffrey Parrinder.[16]

Kein Zweifel angesichts der sinnenfrohen Kirchendekoration, die das Hohelied lebendig werden läßt: Im religiösen Empfinden schwingt ein erotisches Echo mit. Religiöse Wesen sind auch erotische Wesen. Wenn die Erotik stirbt, erlischt auch die Anbetung, die Hingabe, die Religiosität. Zurück bleibt Frömmigkeit.

Der Pfarrer verkörpert diese These. Er ist ohne Zweifel fromm und immer noch bei der Lust-Sucht; wahrscheinlich kennt er ihre Anfechtungen selbst; sein Gesicht verrät Spuren eines inneren

Kampfes. Auch die älteren Frauen in den vorderen Bankreihen tragen gespannte Züge wie Auszeichnungen für Schmerz und Selbstgerechtigkeit. Nur eine junge Frau, die auffallend weit hinten sitzt, hat das schlechte Gewissen noch nicht gezeichnet. Vielleicht, weil sie schwanger ist. Etwas fatalistisch sieht sie aus, gottergeben im doppelten Sinn des Wortes. Ihr Mund ist voll, etwas schmollend, das Haar steif im 60er-Jahre-Stil, und ihre brave Kleidung kontrastiert die eher sinnlich wirkende Gesamterscheinung. So muß die katholisch erzogene, heute in New York lebende Schriftstellerin Colette Dowling ausgesehen haben, als sie heiratete. Da lag sie bereits in den Fängen der Kirche:

«In einem schmalen Band mit dem Titel ‹Moderne Jugend und christliche Keuschheit›, den wir drei Jahre lang auf der High-School studierten, lernten wir ein prima Losungswort zur hilfreichen Definition dessen, wann die mit dem Freund getauschten Küsse über die Gefahrenlinie rutschten und zu Todsünden wurden (solchen, die zur Hölle führten). Das Losungswort war ANGST, und das Definitionsprinzip hieß die Angstregel. Wenn deine Küsse häufig, von großer Dauer, heiß und erwidernd waren, dann war klar, daß du unrecht tatest und so schnell wie möglich zur Beichte gehen mußtest.»[17]

Sobald aber eine katholische Frau in den heiligen Stand der Ehe tritt, lernte Colette, muß sie das Zauberstück vollbringen, ihrem Mann plötzlich eine hingebungsvolle Frau zu sein. «Die Eheberater besagten..., daß Sex Hingabe erfordere, eine Art köstlichen Entgleitens, bei dem der Geist in ferne Räume entschwebt und der Körper die Herrschaft übernimmt. Es schien zweifelhaft, daß Körper, die wie unsere dazu erzogen worden waren, sich anzuklammern, als wären sie auf einem sinkenden Schiff, jemals in der Lage sein würden, sich loszulassen. Wir hatten bis in unser Muskelgewebe und bis in unsere Zellkerne gelernt, daß die Kontrolle zu verlieren bedeutete, geradewegs in den gähnenden Schlund der Hölle zu stürzen.»

Die Anleitung zur richtigen katholischen Sexualität ist praktisch nicht durchzuhalten. Colettes Triebe melden sich immer dort, wo sie sündig sind: «Es ist schwer, das, was man in der Kindheit geglaubt hat, abzubauen. Ich hatte schuldbeladene Gänge zum Beichtstuhl unternommen, seit ich elf Jahre alt war, und hatte die süße, geheime Stelle im Fleisch zwischen meinen Beinen entdeckt. Ich hegte diese Stelle, schürte die dort ausgelösten weichen Gefühle und fürchtete zugleich die Macht jener Gefühle, wie man die Macht des Todes fürchtet.» Dort aber, wo Sexualität sich entfalten sollte, in der Ehe, wird sie zur Farce: «In unserer Hochzeitsnacht lagen wir auf einer Matratze auf dem Boden unseres Wohnzimmers, und ich sah durch das vorhanglose Fenster hinaus auf das Empire State Building... Ich fragte mich, wie wir überleben würden. Und nachdem Ed eine halbe Stunde oder so seine Vorstöße in mir exerziert hatte, meinte ich, ich könnte etwas gefühlt haben.»

Die katholische Erziehung machte das Mädchen Colette glauben, daß sie eines Tages ein Traumprinz in das Reich der Liebe küssen würde. Aber dann kam nur ein gewöhnlicher Mann, der mit der Liebe umgeht wie mit dem Rest des Lebens: Er holt das Bestmögliche heraus. Und das reicht nun einmal nicht, um himmlische Erwartungen zu befriedigen. Aus der freudigen Hingabe Colettes an einen Prinzen wurde nichts. Resigniert läßt es die frisch Verheiratete einfach über sich ergehen, während sie die Alltagssorgen plagen. Nun, als Sex endlich sündenfrei zu haben ist, versagt die Lust. Colettes erotische Phantasien können Lust nicht mehr von Sünde trennen.

Die Lektion des schlechten Gewissens hat über Jahrhunderte die körperliche Lust zur lästerlichen Wollust verformt und sie zum Sklaven der Schuld gemacht. Aus Rache kompromittiert das Laster ständig die gläubige Seele. So sind beide unfähig, ohne den anderen zu existieren.

Verspricht nur der Teufel im Leib die Lust? Muß Sexualität im Zeichen des Kreuzes ein Laster bleiben, wenn die Lust nicht vergehen soll? Vielleicht hat die jahrhundertealte christliche Verteufelung der Sexualität die Phantasien aufgegeilt: Wenn dem Sex Höllenstrafen drohen, muß dann der Genuß nicht himmlisch sein? Was wäre, wenn der Pfarrer an diesem Sonntagmorgen noch einen richtigen, höllischen Teufel an die Wand malen würde? Das hätte, zugegeben, etwas Prickelndes, eine erotische, wenn auch reichlich perverse Qualität.

Endlich ist die Litanei des Anti-Lust-Predigers vorbei. Wie viele glauben seinen Worten noch, wie viele lassen sich von seiner Unlust anstecken? Er, der wie eine Gestalt aus einem anderen Jahrhundert wirkt, vertritt, was noch in vielen von uns nachklingt: die Prüderie.

Auch Beatrice L., die 24jährige Biologiestudentin aus Bielefeld, erklärt, daß ihre Sexualität religiös geprägt sei. Beatrice hält die Kirche für absolut unzeitgemäß, sie selbst sei auch nicht eigentlich fromm erzogen worden. Und trotzdem sei sie in einem Käfig aus puritanischen Moralvorstellungen aufgewachsen. Sie ist nicht gut zu sprechen auf ‹ihre› evangelische Kirche: «Ich habe meine katholischen Freundinnen immer beneidet, die zwar auch ständig das Gefühl hatten zu sündigen, aber wenigstens wußten sie, weshalb. Wogegen alles, was ich tat, jederzeit fürchterlich geahndet werden konnte, ohne daß ich wußte, wann, wie und warum.» Nach dem Abitur rechnete Beatrice mit ihrer Erziehung ab und entdeckte dabei den Buhmann Kirche. Ihr Vater ist noch religiös erzogen worden, ihre Mutter nicht. Die eigene Kinderstube bezeichnet Beatrice als «irgendwie fundamentalistisch-moralisch; obwohl kaum von Religion die Rede war, kommt mir das Weltbild meiner Eltern absolut biblisch vor». Und fügt hinzu: «Diesen Fundamentalismus werde ich so schnell nicht los.»

Alles in ihrem Leben, so meint Beatrice, vergällt ihr die irgendwie osmotisch aufgenommene christliche Sexualmoral. Auch die Liebe zu einem verheirateten Mann, «der wirklich großen Liebe meines Lebens». Als sie ihn kennenlernte, wankte seine Ehe bereits schwer. Trotzdem schaffte es Beatrice nicht, die Stunden mit ihm zu genießen, weil er als Verheirateter eigentlich tabu war. Wenn sie ihn traf, gab es immer Streit. Nur ein einziges Mal schliefen sie zusammen, und das war so himmlisch, daß Beatrice glaubte, auf ihn verzichten zu müssen: «Das ist die Logik meines Gewissens. Ich fühlte mich nicht bestraft, weil alles so schön war. Das war mir zu unheimlich; da mußte noch etwas Grauenhaftes kommen.» Sie kann sich erinnern, daß der Vater ihr schon sehr früh mit seltsamen Sprüchen, die sie damals nicht verstand, Angst machte: «Mich kannst du betrügen, dein Inneres nicht.» Unter ihrem Inneren stellte sie sich so etwas wie den Zeigefinger Gottes vor, etwas, das nicht ihr gehörte.

Die «Kompensationsbeziehung» nach dem Verlust ihrer großen Liebe, einem Freund in ihrem Alter, konnte Beatrice nicht geben, was sie suchte. So simpel klappt die Lustverschiebung nicht, wenn die Leidenschaft woanders festgebunden ist. Auch dafür macht Beatrice ihre puritanische Erziehung verantwortlich. In ihrem Elternhaus waren Loyalität und Monogamie zwei essentielle Werte.

Beatrice fühlt sich vom Leben abgeschnitten, «innerlich ausgetrocknet». Sie gibt sich alle Mühe, ihrem Freund nicht zu zeigen, wie wenig es ihr Spaß macht, mit ihm zu schlafen. Das macht alles noch anstrengender. «Aber ich möchte nicht, daß er die Schuld bei sich sucht.» Er sei doch so liebenswürdig und intelligent, und gut aussehen würde er obendrein. Beatrice versucht sich selbst zu überzeugen, daß sie eigentlich Sehnsucht nach ihm haben müßte.

Trotz des bewußten Zorns auf die christliche Sexualethik ist Beatrice immer noch Angehörige der Evangelischen Kirche. Sie handelt wie die große Mehrheit der Bundesbürger: Sie gehen nie zur Kirche und trennen sich doch nicht endgültig von ihr. Über 70 Prozent aller deutschen Bundesbürger in Ost und West gehörten Anfang 1992 noch einer der beiden großen christlichen Landeskirchen an. Genauso viele US-Amerikaner nannten sich 1991 Christen. Selbst wenn sie keine regelmäßigen Kirchgänger sind und das Gebot sexueller Keuschheit nicht mehr gelten lassen wollen, haben sie sich nicht ganz von den christlichen Werten gelöst. Nur die Liebe zum Geld übertrifft bei einigen die Skrupel, aus der Kirche auszutreten.

Seit zweitausend Jahren prägt und regelt die christliche Kirche das Verhalten des abendländischen Menschen zu seinem Körper, seiner Sexualität und seiner Lust. Aber nur wenige Jahrzehnte sind vergangen, seitdem die Wissenschaft den Siegeszug des rationalen Denkens gegen religiöse Mythen und Moral angetreten hat. Die Herzen hat die säkulare Vernunft noch lange nicht gewonnen – und wird sie wohl nie ganz erobern.

Noch immer leiht das Christentum den Gefühlen eine Sprache. «Offenbarungen» erleben selbst eingefleischte Atheisten, ohne sich auf den biblischen Johannes zu berufen, «Beichten» werden nicht nur in der Kirche abgelegt, «keusch» können selbst Kleidermoden sein. Tiefer noch als die bewußte Sprache sind die religiösen Bilder in die Seelen eingegraben. Sie bergen das ganze Spektrum von Gut und Böse, Schuld und Unschuld, Sünde und Vergebung, Verderbtheit und Reinheit. Die religiöse Bildersprache ist die heimliche Muttersprache der Menschen.

Die zunehmend säkularisierte und verwissenschaftlichte Kultur hat die religiösen Bilder teilweise aus dem Bereich des real Existierenden verbannen können; doch als Symbole besitzen sie für den Menschen nach wie vor Wirklichkeitswert.

Die Psychoanalyse beschäftigt sich seit ihren Anfängen mit Symbolen, die im Laufe der Menschheitsgeschichte entstanden sind. Sigmund Freud unterstellte, daß es eine «Massenpsyche, eine Kontinuität im Gefühlsleben des Menschen» [18] gibt. Wie sonst, so fragte er, könnten sich die psychischen Prozesse der einen Generation in der nächsten fortsetzen?

Was sich in dieser Massenpsyche, einer Art kulturellem Gefühlserbe, abspielt, wiederholt sich im Seelenleben jedes einzelnen. So erklärt Freud beispielsweise die Vorstellung, daß eine Erbsünde existiere, mit einem in grauer Vorzeit aus Eifersucht, weil die Stammesmutter nur dem Patriarchen gehörte, von den Söhnen tatsächlich begangenen Vatermord. Diese Erfahrung wiederholt sich symbolisch in jedem Kind, das den Vater oder die Mutter als Konkurrenten um den anderen Elternteil «ausschalten» möchte.

Diese Symbole nennt Freud «Urphantasien», Szenen, die sich in irgendeiner Weise auf den Ursprung des Menschen und der Menschheit insgesamt beziehen und eine Lösung anbieten. Das religiöse Bild der Erbsünde gründet demnach sowohl in unserem kulturellen Gefühlserbe als auch in innerpsychischen Erlebnissen – eine unauslöschliche, doppelt verankerte Erinnerung.

Der 1875 in der Schweiz, 19 Jahre nach Freud geborene Carl Gustav Jung, Begründer der Analytischen Psychologie, hat der Symbolbildung seine Theorie des «kollektiven Unbewußten» [19] gewidmet. Die Inhalte dieses Unbewußten nennt er «Archetypen», ein versunkenes Erbe an Urerfahrungen. Die Inhalte dieses Erbes stellt jede Religion in unterschiedlichen Bildnissen dar. Die «herrschenden Weltreligionen enthalten ursprünglich geheimes Offenbarungswissen und haben die Geheimnisse der Seele in herrlichen Bildern ausgedrückt ... je schöner, je großartiger, je umfassender das gewordene und übermittelte Bild ist, desto weiter ist es der individuellen Erfahrung entrückt. Wir können es nur noch einfühlen und anempfinden, aber die Urerfahrung ist verloren.»

Der Mensch projiziere «das innere und unbewußte Drama der Seele» in äußere Ereignisse. Religiöse Allegorien seien entsprechend Paraphrasierungen seelischer Vorgänge und somit Seele und Religion eng verknüpft. Je nachdem, wie diese Paraphrasierungen aussähen, wirkten sie in unterschiedlicher Weise prägend auf den Menschen zurück.

Je mehr die Psychoanalyse die Urphantasien oder Urerinnerungen ins Bewußtsein hebt und den Menschen als ihre Erfahrung zurückgibt, desto mehr verblassen die religiösen Allegorien als eigenständige Wirklichkeit und nehmen die Gestalt von Gleichnissen an, in denen der Mensch sein eigenes Erleben erkennt. Das Erleben wiederum ist durch Erinnerungen, Urerfahrungen strukturiert, die Werden und Vergehen – Fruchtbarkeit, Liebe, geschlechtliche Vereinigung, Tod, Verheißung – symbolisieren.

Die religiösen Symbole liefern eine Bildersprache, mit der wir uns selbst und mit anderen verständigen können – und sei sie noch so neurotisch. Sprachlos sind wir keine Menschen. Wie aber sehen die Bilder aus, in denen das Christentum über Lust und Sexualität spricht?

Die christliche Sprache und die Lust

Als Junge war er lieb, fleißig, zuvorkommend und hilfsbereit. Vor allem aber war er keusch. Wenn andere Jungen in seinem Heimatländchen Liechtenstein nach Mädchen schielten, tätschelte die Mutter noch seine runden Wangen und sorgte auch sonst dafür, daß ihm nichts fehlte. Sie wußte, daß aus ihrem Wolfgang etwas werden wird.

Im Priesterseminar Fribourg profilierte sich Wolfgang zum aufrechten Konservativen. Die Menschen brauchen schließlich einen festen Halt, war seine Überzeugung. Und Ehrfurcht vor Autoritäten konnte auch nicht schaden. Schon im Studium lebte Wolfgang vor, was er glaubte. Sein Eifer und sein stets korrekter Anzug fielen auf. Ob er je eine unkeusche Regung spürte, ist nicht bekannt. Jedenfalls sieht er noch heute nicht so aus, als ob ihn je etwas angefochten, ihn innere Kämpfe geschüttelt hätten.

1990 ernannte der Papst Wolfgang Haas zum Bischof von Chur und damit auch zum Herrscher über die katholischen Seelen Zürichs. Was den einen zur Freude gereicht, ist den anderen ein Entsetzen: Haas scheidet die Herde der Gläubigen; die Trennlinie verläuft ziemlich genau durch die Betten. Wer seine Ruhestatt keusch hält, verehrt auch Bischof Haas und mit ihm die Heilige Mutter Maria. Wer die Lust nicht verachtet, mißtraut Bischof Haas zutiefst. Er würde nie eines jener Traktate oder Tonbänder kaufen, die von des Bischofs schwülstiger Marienverehrung zeugen. Von Verschmelzung mit ihr ist da die Rede, von Eindringen in ihr Geheimnis, von süßer Umarmung, von Vereinigung mit der Mutter der Mütter.

Bischof Haas ist kein Asket, obwohl er keusch lebt. Denn er spricht nicht abstrakt, sondern sinnlich, er kennt das Wesen der Engel und kann den Teufel leibhaftig beschreiben und alle Versuchungen, die er ausstreut. Von Haas kann man die Bilder der neurotischen christlichen Symbiose von Sexualität und Religion pur erfahren. Er verdammt die sexuelle Lust und verklärt die erotische Hingabe an das Heilige.

Seine Sprache ist die Sprache der offiziellen katholischen Kirche. Auch der Papst liebt die Maria und erkennt Teufel und Heilige an ihrem Treiben. Die Lust am Körper ist des Teufels, die Lust am Geist trägt die Insignien der Engel. Wie soll sich hinter diesen schweren Bildern körperliche Lust frei entfalten können?

Bereits Paulus schätzte die körperliche Liebe gering und pries die geistige Liebe zu Jesus. Selbst in der Ehe, so meinte er, bekäme es dem Menschen besser, er wäre keusch. Wenn er aber nicht anders kann, so soll der schwache Mensch seinen Körper in der Ehe befriedigen und nicht umherstreunen und ob seiner Gier die Errettung seiner Seele vergessen.

Nun begann der unendliche Kampf der Christen gegen sich selbst, ein Kampf, der aus dem Eros einen Unhold machte und Gewissensqualen zu ständigen Begleitern der Gläubigen. Fleisch und Geist waren fortan Feinde, heilig, wer seinen Körper überwindet.

Das Ideal der Keuschheit allerdings ist schwer erreichbar. Die ersten Pioniere der Askese blieben glücklos. Im 4. Jahrhundert versuchten unzählige mutige Männer, in der Einsamkeit der Wüste die fleischliche gegen die wahre Liebe einzutauschen. Sie bekämpften ihre Lust mit heißen Eisen oder giftigen Nattern, die sie auf ihr Glied drückten, sie krochen in Hyänenhöhlen, weil sie lieber von wilden Tieren als von ihren Begierden aufgefressen werden wollten. Eike Christian Hirsch: «Niemals wieder ist der Versuch, durch Keuschheit zu einem höheren Bewußtsein zu gelangen, so massenhaft, so radikal – und so vergeblich unternommen worden.»[20] Die braven Männer erlagen reihenweise Frauen, die in der Wüste ihre Männer suchten. Manche Frauen kamen, um selbst Einsiedlerinnen zu werden, andere zogen gar aus, um die Gepeinigten zu verführen. Der Keuschheit scheint es ähnlich zu ergehen wie vielem anderen in dieser Welt: Je stärker sie herbeigesehnt wird, desto heftiger entzieht sie sich.

In der ersten Hälfte des 15. Jahrhunderts bekam die männliche Elite der Gerechten, die zölibatären Priester, Beistand für Inzestgefährdete: Maria wurde zur unbefleckten Jungfrau erklärt und damit einer ungefährlichen, aber entlastenden erotischen Fern-Verehrung freigegeben. «Der früh sich überhitzende Marienkult leistet psychisch etwas ganz Außerordentliches», analysiert Hirsch. «Er ermöglicht zölibatären, von Geschlechtsangst besessenen Männern und Mönchen – tief in Mutterbindungen verstrickt – die eigene Mutter in Maria auf den Altar ihres Herzens und aller Kirchen zu erheben – und die gewöhnliche Frau dafür als sexuelles Wesen zur Hölle zu schicken.»

Aus der Vielgestaltigkeit der Frau meißelten Kirchenmänner im 15. Jahrhundert zwei scharf konturierte Figuren – zur eigenen Entlastung und zur Domestizierung der Frau. Es war die Zeit der Hexenverbrennungen, des Vernichtungszuges gegen die naturkundige Frau. Ihr Wissen wurde zerschlagen, ihre Macht gebrochen und die Neuzeit eingeläutet: Die patriarchalische Kirche hatte gesiegt. Aus der Asche der Scheiterhaufen entstanden der Vamp und die Maria als unversöhnliche Gegenstäze wie die christliche Auffassung von Körper und Geist.

Die christlichen Bilder waren über Jahrhunderte fast exklusive Vor-Bilder. Besonders für Frauen fehlte und fehlt zum Teil noch heute, eine Palette an stabilen säkularen Idealen. So kanalisierten christliche Idealtypen die Frauen in zwei Richtungen, die beide die weibliche Geschlechtlichkeit nicht als eigenständige, sondern als anderen zugedachte definieren: Als Mutter gehört die Frau dem Kind, als Vamp dem Mann. Weibliche Lust sollte nicht selbständig werden, ihre unberechenbare Kraft sich nicht entfalten dürfen. Das scheint die Hauptsorge zölibatärer Männer zu sein, deren Sprache von Schuld und Erlösung eine Sprache der Sexualität ist. Über die Sexualität kontrolliert die Kirche den Menschen. Lust und Sünde bleiben deshalb im Erleben vieler Menschen unzertrennliche Weggefährten – genauso wie sich Ehe mit Mutterschaft, Keuschheit und Unlust verbindet.

Vom Verlust der Lust im Beziehungsalltag

Hauptsache, die Fassade stimmt

«Die meisten Ehen enden in sexuellem Widerwillen, doch nicht in der Unfähigkeit zum Vollzug. Partner, deren Charaktere sich nicht vertragen, können sehr wohl fähig sein zu kopulieren, obgleich sie die Aussicht nicht eben lockt.»[1] Ein Befund der amerikanischen Sexualtherapeutin Avodah Offit, zu dem einem unweigerlich die Erzählungen jener stumm vollzogenen «ehelichen Pflichten» unserer Mütter und Großmütter einfallen, Pflichten, die zum Leben dazugehörten wie Silberputzen, Abwasch und Krankenbesuch. Gewisse Dinge schickten sich, und man schickte sich in sie, gleichgültig, ob sie das individuelle Glücksgefühl steigerten oder nicht.

«Schließ die Augen und denk an England!» Dieser zum Kalauer gewordene Satz aus dem Viktorianischen Zeitalter mag eine Frauengeneration an die andere weitergeflüstert haben. Der Beischlaf diente, im traditionellen Verständnis, der Erzeugung von Kindern, bestenfalls war er Tribut an den Patriarchen und Ernährer der Familie, eine Pflicht, die zu verweigern den Aufstand nicht lohnte. In unserem hedonistischen Zeitalter freilich sind die Menschen immer weniger bereit, Dinge zu tun, nur weil sie sich angeblich gehören. Wenn die Töchter der sexuellen Revolution, Enkelinnen der Emanzipation, die Augen schließen, wollen sie in der Regel auch etwas davon haben. Wenn es mitunter auch Jahre dauert, bis sie zu dieser Einsicht gelangen.

«Oft gibt es nach vielen Jahren der Partnerschaft einen Punkt, wo die Frauen nicht mehr bereit sind, gewisse Spielchen ewig mitzuspielen», sagt uns Sigrid Kokarras, 46 Jahre, Psychologin und Psychotherapeutin bei einer Pro-Familia-Beratungsstelle. Meist sind es Frauen, die zu ihr kommen wegen sexueller Ermüdungserscheinungen. Von Männern, so ihre Erfahrung, wird Lustlosigkeit eher weggesteckt. Oftmals wird das als vorübergehendes Problem begriffen. Überarbeitung, beruflicher Ärger, Streß, Streit mit der Frau – all das kann auch Männern den Appetit auf Sex verderben. Doch, so die Psychotherapeutin, «wenn sich alles befriedet hat, stellt sich in der Regel die Lust beim Mann wieder ein…» Anders die Frauen. Bei ihnen verbirgt sich hinter der ehelichen Lustlosigkeit oft ein tieferes, radikal ins Bewußtsein drängendes Problem, das eine Art «ganz neues Erwachen» zur Folge haben kann. Nach jahrelangem Zusammen- oder Nebeinanderherleben kann es, in biographischen Schwellensituationen oder auch aus einem geringfügigen Anlaß, zu einem erschrockenen Öffnen der Augen kommen, zu einem entsetzten: «Das kann doch nicht alles gewesen sein!» Die Wohnung wird zwar wie üblich noch saubergemacht, doch man ist nicht mehr bereit, die Dinge unter den Teppich zu kehren. Die Konfrontation beginnt, und zwar dort, wo der Mann so empfindlich zu treffen ist wie nirgendwo sonst – mit der sexuellen Verweigerung.

«Mein Gott, die eheliche Hingabe, den Beischlaf, das brächte sie schon, aber in ihrem gegenwärtigen Zustand sei es für sie fast pervers. Der Magen drehe sich ihr um, sie befinde sich woanders als ihr Mann, sie könne aber auch nicht erklären, wo. Darum unterlasse sie den Versuch, darüber zu reden, aber warum fühle er denn nichts? Was für eine Geschmacklosigkeit das sei, eine Stillosigkeit, eine Absurdität, jetzt mit ihm ins Bett zu gehen, und er obendrein in dieser vielversprechenden Pose, sie glücklich zu machen.»[2]

Die da jammert und klagt, ist Ruth Wagner, Gestalt aus einem Roman von Brigitte Kronauer. In *Rita Münster* erzählt sie mit Schärfe und der empfindlichen Bosheit einer wachen Beobachterin auch vom Scheitern der Ehe zwischen einer sogenannten höheren Tochter und einem Künstler namens Franz. Ruth und Franz, ein Paar, in dessen Beziehung sich die Lustlosigkeit einschleicht mit der inneren Logik einer psychologischen Fallgeschichte. Wir wollen hier das Psychogramm ihrer Ehe nachzeichnen, als Verdichtung vieler ganz ähnlich laufender Prozesse, die uns bei unseren Gesprächen mit Paaren und Therapeuten begegnet sind.

Ruth Wagner: Sie ist keine Frau, die loslassen kann. Keine, die sich fallenläßt, die sich verströmt, die sich verschwendet – Verschwendung, das viktorianische Wort übrigens für Orgasmus. Im Gegenteil, sie ist ein Mensch «wie eine Wasserlache, die sich an der Tischkante staut, ganz kurz vor dem Runterfließen, ein jahrelang anschwellender Wassertropfen, der, noch gerade vor dem Absturz, am Hahn hängt». Ein ungemein gelungenes poetisches Bild für eine Frau, die die sexuelle Hingabe nicht zulassen kann. Ruth Wagner, «dieser Wassertropfen vor dem Absprung», diese ewig sich dehnende, sich wölbende Wasserlache, steht immer kurz vor dem Zerreißen. Doch als Mädchen aus gutem Hause hat sie gelernt, die Kontrolle über sich zu wahren, die Contenance zu behalten: «Sie platzte jederzeit um ein Haar und zog die Schultern mädchenhaft hoch, um es zu verbergen.»

Nur keine Gefühle! Nur nicht zeigen, wie es wirklich ist! Ruth führt ein Als-ob-Leben. Als Mutter, als Tochter, als Hausfrau, als Gastgeberin – stets ist sie perfekt bis in die Fingerspitzen, überall stehen bei Bedarf Sträußchen, brennende Kerzen, kunstvolle Kuchen. Doch nie gibt es ein «Ausruhen», ein wirkliches Wohlbehagen in ihrer Nähe; bei allem scheinbaren Gemütlichtun ist sie oft «blaß vor Anstrengung, die Entspannte darzustellen ...» Ganz anders ihr Mann Franz. Ein verträumter Einzelgänger, ein ewiges Kind, ein (armer) Kunsterzieher aus schlichten Verhältnissen. Als er seinen Antrittsbesuch macht bei Ruths hochempfindlicher Mutter, einer wohlhabenden und gebildeten Dame, zeigen sich, als er einmal lässig die Arme nach hinten streckt, in seinem Pullover zwei riesige Löcher unter den Achseln. Seine zwar gebürsteten Fingernägel sind immer noch schwarz von der vielen Farbe, mit der er gemalt hat. Ein – wie sich bald zeigen wird – ewiger Depp, zu arglos für die angestrengte Glitzerwelt seiner Frau. Warum hat Ruth ihn gewählt? Vielleicht, um sich radikal von ihrer feinen Herkunftsfamilie zu lösen? Vielleicht auch, weil seine «zum Bersten pralle, gespannte Körperform» sie reizt, ebenso wie das gemeinsame Bett, das sie anfangs «aus Romantik» mit ihm teilt, weil: «Wir haben uns etwas davon versprochen.»

Gegensätze ziehen sich an, sagt der Volksmund. Die Psychologen sprechen im Fachjargon von komplementärer Partnerwahl. Sie ist dadurch gekennzeichnet, daß im Partner etwas gesucht wird, was man selbst nicht so ausgeprägt hat oder so gut kann. Eine Chance, aber auch eine Gefahr für die Beziehung. Denn, so der Zürcher Paartherapeut Jürg Willi: «Keine menschliche Beziehung kommt der frühkindlichen Eltern-Kind-Intimität so nahe wie die Ehe. Keine Beziehung gewährt eine so umfassende Befriedigung elementarer Bedürfnisse nach Einssein, Einander-Gehören, nach Pflege und Umsorgung, Schutz, Geborgenheit und Abhängigkeit.»[3] Doch diese so umfassende Befriedigung, so Willi, kann nur von Dauer sein, wenn die Partner über ein hohes Maß an Identität, Stabilität, Autonomie und Reife verfügen. Und wenn es ihnen gelingt, sich in «freischwingender Balance» mal regressiv-kindlich, mal progressiv-erwachsen verhalten zu können. Etwa so: «Bald weint sich der eine regressiv beim andern aus, der ihn – in der Mutter-Position – tröstet, bald ist es wieder der andere, der hilflos ist und den Rat und die Unterstützung des ersteren beansprucht.»[4]

Ein fragiles Modell. Inzwischen werden bis zu 80 Prozent der Scheidungen von Frauen eingereicht. Vielleicht, weil sie es sind, die sich noch allzuoft in der Rolle der «Mutter-Position» wiederfinden, die trösten, steicheln, erwachsen sein müssen, die den Mann psychisch – und manchmal auch noch materiell – stützen und nähren müssen? Und die sich damit selbst überfordern?

Ruth und Franz jedenfalls sind ein Beispiel dafür, wie mit dem Mißlingen der Gleichgewichtsbalance auch die Beziehung mißlingt. Statt sich ein wenig von dem Laisser-faire ihres Mannes anstecken zu lassen, wird Ruth immer tüchtiger; statt ein wenig tüchtiger zu werden, zieht Franz es nur noch stärker zum Laissez-faire. Im Laufe der Jahre verhärten sich die Extrempositionen. Ruth ist nicht geschaffen für direkte Konfrontationen. Sie meidet Aussprachen und Krach. Ihre ganze Energie steckt sie in Äußerlichkeiten, in Exaltationen, in mühevolle Versuche, wenigstens von außen ein klein wenig Lebensbefriedigung zu erhaschen. Ganz anders Franz. Er gibt seinen Beruf als Kunsterzieher auf, arbeitet frei, vergräbt sich tagelang in sein Atelier, wird immer mehr zum Kind, das zum Beispiel beim Abendessen traumverloren mit seinem Essen herumspielt und sich freut, wenn ihm kleine Reliefs gelingen, aus einem Stück Käse gemeißelt... Auf glanzvollen Festen, die Ruth so sehr liebt, benimmt er sich daneben – er schweigt sich den ganzen Abend aus oder tanzt dann plötzlich wie ein Wilder herum; er ist geschwätzig und arglos im Umgang mit Frauen, allen, inklusive seiner eigenen, sagt er, sie sähen 10 Jahre jünger aus, aber das tut er nicht in der Rolle des glanzvollen Charmeurs, sondern eher wie ein Trottel, der nach Ruths Ansicht das Maß verloren habe.

Wie soll man einen solchen Mann bloß achten und lieben? Ruth weiß es immer weniger. Doch da sie keine Gefühle mag, beziehungsweise ihnen keinen Ausdruck geben will, unterdrückt sie lange Zeit ihre Wut und Enttäuschung darüber, daß es diesem Mann nicht gelingt, sie «an ein anderes Ufer zu ziehen». Etwas anderes gelingt ihm aber auch nicht, zum Beispiel, ihr ein standesgemäßes Leben zu bieten. Denn die feine Ruth liebt frischen Spargel im Winter, sie mag «schrecklich teure» Kostüme, es zieht sie zu vornehmen, berühmten Leuten, hin und wieder gibt sie ein aufwendiges Forellenessen, hin und wieder leistet sie sich ein wenig Luxus – doch immer gibt es dabei ein bitteres Nachrechnen. Ihre Genußfähigkeit ist (durch und durch) getrübt, zum Augenblick kann sie nicht sagen, verweile doch, du bist so schön. Ihre vornehme Mutter und eine Tante aus dem Sauerland schießen zwar hin und wieder etwas Geld dazu; Ruth selbst verdient ein wenig mit Musikunterricht – doch immer wieder muß sie spüren, daß dieses Leben an der Seite des kindlichen Künstlermannes «unter ihrer Würde» ist.

«Wenn der Schornstein nicht raucht, geht die Liebe zum Fenster raus», sagten unsere Großmütter. «Geld macht sinnlich», sagte Bertolt Brecht. Reichtum und sexuelle Erregung haben oft etwas miteinander zu tun, sagen die Sexualforscher. Denn: «Sicherheit, und ganz besonders finanzielle Sicherheit, erlaubt es der sexuellen Erregung, sich zu entfalten. Sie verspricht Freiheit von Angst, und in angstfreien Situationen ist der Akt immer am besten.»[5] Die Magie der Brieftasche – im Fall von Ruth hat sie nie ihren Zauber gehabt. Ganz bewußt hat sie sich diesen Künstler-Mann gewählt, eine Provokation ihrer Herkunftsfamilie. Doch deren feinen Normen ist Ruth mehr verhaftet, als sie anfangs glaubte: Im Laufe ihrer frustrierenden Ehejahre bekommt sie immer mehr den scharfen, gnadenlosen Blick ihrer so vornehmen Mutter. Doch über viele Jahre mag sie sich dieses Mißverständnis nicht eingestehen. Anfangs noch verteidigt sie ihren Künstler-Mann nach außen, lobt seinen Fleiß und sein Talent, wehrt sich, wenn der schöne Schein ihrer Verbindung angegriffen wird. Mit der ihr eigentümlichen Brillanz bringt sie das Kunststück fertig, ihn gegen alle nur denkbaren Argumente als König hervorzukehren, nur, um selbst als die Frau Königin erscheinen zu können. «Wie verstand sie da, aus Faulheit, Griesgrämigkeit, Verbohrtheit, Rücksichtslosigkeit eben wahre Wunder von schöpferischer Nachdenklichkeit, künstlerischer Gewissenhaftigkeit, Ergriffenheit, unwandelbarer Festigkeit, standhaften Zielbewußtseins zu zaubern!»

Vermutlich hätte die Zauberei der prestigesüchtigen Ruth noch ein ganzes Leben lang gedauert, wären da nicht die Körper gewesen! Der von Franz, der ihr immer unerträglicher wird, und der eigene, dessen Haut immer allergischer wird und sich spannt, als wolle sie platzen. Ruth, die rastlose, beginnt des öfteren, in sich zu versinken, in sich «Fähigkeiten für etwas Wesentlicheres» zu spüren. Eine Art «Eigensprengungsversuch» scheint sich hinter ihrer kunstvoll aufgebauten Fassade zu regen. Doch dabei wird sie zugleich verfolgt von der fixen Idee, ihr Mann wolle sie behindern, sie vom Ziel ablenken, sie festhalten.

Krisen gehören zu jeder Ehe. Ob sie gemeistert werden oder nicht, hängt unter anderem davon ab, ob beide Partner bereit sind, sich auf Veränderungen einzulassen, auf manchmal schmerzhafte innere Entwicklungsprozesse. In solchen Zeiten verstummt häufig die Sprache der Sexualität, der Zärtlichkeit. Manchmal aber auch dient sie als eine Art Floß, das noch eine ganze Zeit lang über stürmische Gewässer trägt. Doch das trifft auf Ruth nicht zu. Ohne zu wissen, wohin ihr «Eigensprengungsversuch» führen könnte, weiß sie doch eins genau: Sie muß Franz abwehren, ihn wegstemmen, um allen seinen «unauffälligen Berührungen, seinem geheimen Betasten im Vorübergehen» zu entkommen.

Die Balance zwischen Geben und Nehmen, die Wechselseitigkeit zwischen progressivem und regressivem Verhalten – nirgendwo sonst ist sie so gefährdet, nirgendwo sonst ist sie, im Wortsinne, so deutlich mit Händen zu greifen wie in der körperlichen Begegnung: je mehr Ruth sich gereizt entzieht, desto zudringlicher wird Franz: «Diese jede Gelegenheit nutzenden Bedrängung bei einem kleinen Stolpern, Bücken, das vulgäre In-den-Hintern-Kneifen! Es macht sie mürrisch, auch wenn er überraschend ihre gekrümmte Handinnenfläche berührte. Eine abgetrotzte, vom Himmel gefallene Intimität, für die sie ihn hätte ohrfeigen mögen. Wieso nimmt er sich das heraus!...» Doch Ruth ohrfeigt ihn nicht. Nichts läge ihr ferner als das. Statt dessen reibt sie sich ihre Hand an der Hüfte ab. Statt dessen friert sie unter der nun doppelt allergischen Haut. Sie schlägt ihm nicht auf die Hände, sie sagt nicht NEIN, wie eine Verfolgte versucht sie immer wieder, sich mit nur halbwegs geschickten Wendungen zu entziehen. Und dabei befragt sie sich schuldbewußt, ob sie Franz nicht genug «Sättigung», zu wenig Zärtlichkeit biete... Immer wieder entwindet sie sich, zieht sich zurück. «Wenn er nur gewartet hätte! Beim geringsten Signal schnappte er jedoch schon so verteufelt ermutigt nach den eingebürgerten Vertraulichkeiten oder noch schlimmer für sie, die an nichts anderes mehr denken konnte, trumpfte mit einem neu erfundenen Betasten, Betupfen auf.» Ruth versucht sich manchmal ein bißchen Hautkontakt von den Kindern zu holen. Ein unglückseliges Schauspiel, das die Kleinen durchschauen, indem sie «feierlich den Kopf schütteln». Wenigstens sie sind noch in der Lage, ihr NEIN zum Ausdruck zu bringen. Unbewußt spürt Ruth, daß es nicht Geilheit ist, die Franz zu seinen tapsigen Übergriffen treibt. Vielmehr ist es ein «verzweifelter guter Glaube an ihre ehemalige Liebe», ein sehr tapferer, lange Zeit praktizierter Versuch, diese ein klein wenig zu entfachen. Dazu immer wieder Ruths Hilflosigkeit: «Wie sollte sie ihm denn klarmachen, daß sie sein zärtliches Reiben an ihr, diese matten Tätscheleien, dieses körperlich zum Ausdruck gebrachte Wohlwollen als so schrecklich unpassend empfand?»

Ruth ist keine Rebellin. Von klein auf hat sie gelernt, ihr wahres Selbst zu verstecken. Statt dessen rebelliert nun ihre Haut. Ein immer stärker werdender Juckreiz befällt sie, den sie wie besessen mit ihren abgebrochenen, teilweise abgenagten Fingernägeln bekämpft. Alle bisher aufgestaute Wut, alle Ungeduld, aller Zorn über ihr falsches ungelebtes Leben findet nun endlich einen neuen Namen, einen medizinisch bekannten und damit sie beruhigenden Grund: «Krätzmilben» oder, wie der Arzt es nennt, eine «parasitäre Hauterkrankung».

Nachts in ihrem Bett feiert Ruth wahre Kratz-Orgien. Mit einer Mischung aus Qual und Lust versucht sie, die fast reißende Haut mit einer der härtesten Kleiderbürsten von ihrem Körper abzuscheuern. Rasend fällt sie über sich her, «wie nie zuvor» sieht sie sich ihrem Körper in vielen Nachtstunden gegenüber, wie wahnsinnig kratzt sie ihn, als «sollte um jeden Preis und ohne Rücksicht etwas zum Vorschein kommen». Doch was? Ebenso wie ihre Gefühle setzt Ruth alles daran, die Botschaften ihres Körpers zu leugnen. Auch wenn er sich so schrecklich bemerkbar macht, erlebt sie ihn wie etwas Fremdes, wie etwas, das nicht mit ihr identisch ist, etwas, von dem man sich trennt, wenn es stört, so daß man insgeheim friedlich für sich existieren könnte...

Wiederum zeigt sich Ruth als Meisterin in der Kunst der Verleugnung tiefer innerer Wahrheiten. Die Hautkrankheit, eine wichtige Botschaft ihres Unbewußten, eine Aufforderung, tatsächlich etwas aufzukratzen, versteht sie nicht. Zumal Gesicht und Hände von Juckreiz und damit auch von den Kratzspuren verschont bleiben, fällt es ihr leicht, im nachhinein ihre «Krätze» als Gag zu deuten, spaßend von einer «biblischen Krankheit», von einer «biblischen Heilung» zu sprechen. Ermattet, doch letztlich unberührt, geht sie aus diesem Martyrium hervor. Ganz anders ihr Mann Franz. Paradoxerweise ist er es, den wir als geheilt erleben. Plötzlich erscheint er wie ein neuer Mensch, heiter, gesprächig, locker und ein bißchen erwachsener. Jetzt ist Ruth diejenige, die ihn gern, zur Vergewisserung, berührt hätte. Doch Franz, realistisch geworden was seine eigenen Wünsche betrifft, hat sich inzwischen eine Geliebte zugelegt, eine nicht standesgemäße jüngere Frau, eine «radikale Abkehr von Ruth weg hin zum Anschmiegsamen und Blühenden, zum Koketten und Naiven». Er hat erkannt, daß er nicht mehr die Kraft hat, die «enorme Skala ihrer Gefühle zu ertragen, ihre kreischende Überspanntheit, ihre schrille Herzlichkeit». Die Geliebte verspricht ihm die Lust, die er bei seiner Frau nicht fand. Nur, es hat viele Jahre bis zu dieser Erkenntnis gedauert.

Erstickt in Harmonie

Sie werden von allen beneidet. Sie verstehen sich prächtig. Nie gibt es Streit. Nie Dissonanzen. Nie Auseinandersetzungen. Immer nur ein liebevolles: «Ganz wie du willst, Liebling!»

Auch die beruflichen Unsicherheiten sind weg. Er ist gerade in der Firma aufgestiegen; sie hat eine feste Position. Vor ein paar Wochen hat das junge Paar ein von den Eltern mitfinanziertes Häuschen erworben. Jetzt könnte man auch an Kinder denken. Alles stimmt, alles läuft bestens, nur eines fehlt: die Lust auf Sexualität. Warum bloß – bei so viel Harmonie? Der Heidelberger Sexualwissenschaftler Ulrich Clement: «Meine These ist: genau deshalb!»[6] Denn auch Harmonie hat ihren Preis. Sie ist, so Clement, «Ergebnis der Verdrängung zum Teil aggressiver, zum Teil expansiver Wünsche von Ungebundenheit, Freiheit, von Triebhaftigkeit»[7]. Alltägliche Wünsche, die jedoch von vielen Paaren – bewußt oder unbewußt – geleugnet werden. Denn sie könnten die Balance des Glücks bedrohen, die Sicherheit der Paarbindung in Frage stellen. Fazit: Harmonie bewahrt; Lust verloren. So auch im Fall des beschriebenen Paares aus der Beratungspraxis von Ulrich Clement. Die Vorgeschichte der jetzt 25jährigen jungen Frau mag einiges erhellen: Als junges Mädchen hatte sie davon geträumt, in die USA auszuwandern, in Hollywood ein großer Star zu werden, von allen Männern umschwärmt und bewundert – eine stark erotisierte, narzißtische Selbstidealisierung, ein wichtiger Bestandteil ihres Selbstbildes.

Die Mutter redete ihr diese «Flausen» aus, holte sie auf den «Teppich der Vernunft». Schließlich kam es zu einer Art Kompromiß. Die junge Frau beendete ihre Lehre, nahm sich zwei Jahre Berufspraxis vor, um anschließend ihren USA-Traum zu verwirklichen. Mit 19 zog sie von zu Hause aus in eine eigene Wohnung. Allerdings: das Alleinsein bekam ihr schlecht, sie geriet in eine Krise, wurde depressiv. In dieser Zeit lernte sie ihren jetzigen Mann kennen, sozusagen als Retter in der Not. Sie verliebte sich in ihn, sie heirateten, ihre einst so wichtigen Träume gerieten ins Hintertreffen, eine konventionelle Familienplanung war angesagt, die Weichen wurden in Richtung Realität gestellt. Mit der entsprechenden Sicherheit, aber auch mit der entsprechenden inneren Enge. Ausgerechnet jetzt, wo das Nest gemacht ist, das Haus bezogen, die Kinder kommen könnten, tritt diese unerklärliche Störung auf, die sexuelle Lustlosigkeit.

Besonders häufig scheinen davon junge, berufstätige Großstädter mit hohem Einkommen betroffen zu sein, glaubt man amerikanischen Forschern, die das «Heute-bitte-nicht-Syndrom»[8] als erste entdeckt haben, auch als eine «neue Yuppie-Krankheit». Eine amerikanische Therapeutin: «Diese Krankheit trifft man bei Paaren, die meinen, sie brauchten nur auf einen Knopf zu drücken, und dann vollzieht sich ein wunderbarer Akt, und den können sie dann im Terminkalender als erledigt abhaken.»[9]

In der modernen Zweisamkeit soll eben alles perfekt funktionieren: die senkrechte berufliche Laufbahn; der vollautomatisierte Haushalt, der Erst- und der Zweitwagen, die Sexualität, vernünftig, von Ängsten gesäubert, rational, clean, effektiv, gesund wie ein Saunagang oder eine Stunde Tennis. Coolness ist angesagt, Partner sollen «easy going» sein, bloß keine Konflikte!

Eine gefährliche Wunschhaltung, sagen die Tiefenpsychologen. Die Ambivalenz von Blut und Rosen, dem mittelalterlichen Menschen eine Selbstverständlichkeit, ist auf dem Weg zunehmender Affektkontrolle verlorengegangen. Die Psychoanalyse erst hat sie wiederentdeckt und damit eine höchst unbequeme Wahrheit, nämlich, daß «Liebe und Haß, Sehnsucht und Angst, Grausamkeit und Zartheit zusammengebrannt sind».[10] Wer die dunklen Seiten seines Lebens nicht sehen will, Konflikte, Enttäuschungen, Wut aus seinem Fühlen und aus einer Beziehung aussperrt, der darf sich nicht wundern, wenn sie sozusagen hinter seinem Rücken wieder an die

Tür klopfen. In Form körperlicher Krankheiten, verkleidet auch als Antriebsschwäche oder mangelnde Lust. Viele Menschen erhoffen sich Hilfe von rasch zugänglichen Heilmitteln. Pornofilme, aufregende, in den Medien vorgelebte sexuelle Praktiken und Techniken – viele Paare, auch das eingangs geschilderte, greifen hoffnungsvoll nach solchen propagierten Muntermachern, um die Lust wieder auf Trab zu bringen. Meist vergebens. Denn derartige Mittel, mit denen zum Beispiel der Beate-Uhse-Konzern Milliarden Mark verdient, wirken so verjüngend wie Theaterschminke auf einem runzligen Gesicht. «Indem Technik genau vorschreibt, gebietet, was zu tun ist, spaltet sie Affekte ab, lenkt sie von Ängsten ab, ohne sie aufzuheben», sagt der Hamburger Sexualwissenschaftler Gunther Schmidt, einer der vehementesten Kritiker einer durch die Liberalisierung verharmlosten und verniedlichten Sexualität.[11] Die friedlichen, regressiven, verschmelzenden Wünsche nach einer Sexualität von reiner Lust und reiner Friedfertigkeit, voller Wärme, Geborgenheit und kuscheliger Orgasmen, «als treibe man es im Blumenmeer und Gräserduft» – diesen Wunsch hält er für nachvollziehbar. Dennoch: «Auch diese Idylle verleugnet – wie das ganze Technikritual – die düstere Seite der Sexualität und die Ambivalenz in ihr: Aggression, die immer mit ihr vermischt ist; Lust, sich auszuliefern oder das Ausgeliefertsein des anderen zu genießen; die Angst, die mit solchen Lusterlebnissen, mit Nähe, Hingabe, Grenzüberschreitung gekoppelt ist.»[12]

Sexualität und Aggression – lange Zeit haben Therapeuten geglaubt, das eine habe nichts mit dem anderen zu tun; nur in einer konfliktfreien Partnerschaft könne eine befriedigende Sexualität gedeihen. Heute ist man eher geneigt, diesen Himmel auf Erden allenfalls in der Anfangsphase der Verliebtheit zu suchen, einer Zeit, die Sigmund Freud etwas prosaisch als «Sexualüberschätzung des Partners»[13] beschrieben hat. Einer Zeit, die vielfach mit der frühen Mutter-Kind-Symbiose gleichgesetzt wird. Taucht man nach Wochen oder Monaten aus der Verliebtheit auf und öffnet die Augen, kommt es naturgemäß zu Ent-Täuschungen. Meinungsverschiedenheiten und Konflikte sind der Prüfstein, ob und was die Beziehung tragen und ertragen kann und was nicht. Ein Krach kann

trennen, er kann aber auch, bei einer gewissen Versöhnungsbereit-
schaft, verbinden. «Trennendes», so Gunther Schmidt, «macht
intensives sexuelles Erleben und das sporadische Gefühl der Verliebtheit wieder spürbar.» Eine lange örtliche Trennung, ein gehö-
riger Streit, das Ausleben einer aggressiven Spannung, ein Seitensprung – all das kann eine Beziehung gefährden, sie aber auch
erneuern und lebendig werden lassen. Nicht das Stabile, das Vor-
hersagbare, das langweilig Vertraute machen den erotischen Reiz
aus, sondern im Gegenteil: das Fremde, das andere, das noch nicht
Gekannte. Ein Grund, weshalb manche Paare nach einem heftigen
Streit gern miteinander schlafen. Während der Auseinandersetzung hat man sich, im Wortsinne, vielleicht tatsächlich ein Stück
aus-einander-gesetzt. Die trennende Grenze zwischen Ich und Du
ist wieder sichtbar geworden: Man fühlt sich schlagartig wieder
als eigenständiges Individuum, nicht als Anhängsel oder Objekt
des anderen. Der Blick wird somit frei für neue Perspektiven und
Empfindungen; der Partner hat sich entfernt, ist ein Stück fremder
und damit auch wieder reizvoller geworden. Der Abbau der durch
den Streit entstandenen bedrohlichen Ferne durch die intime Wie-
derannäherung im Bett – das wird von vielen als besonders lustvoll empfunden. Psychologen sprechen in diesem Zusammenhang
von einem gesunden und gekonnten Schuß Aggressivität, der ver-
hindert, daß eine Beziehung in Harmonie erstickt. Aggressivität
als wesentlicher Bestandteil unseres Selbstwertgefühls, als Gefühl
für die Würde unserer Persönlichkeit, für unsere eigenen Grenzen,
für unseren Stolz.

Doch was ist, wenn man von klein auf gelernt hat, vor allem
«lieb» zu sein? Die «bösen» Gefühle wie Wut, Neid, Angst,
Trauer wegzustecken? Wenn man gelernt hat, sich stets in die
Bedürfnisse des anderen einzufühlen und die anderen Bedürfnisse
hintanzusetzen aus Angst vor dem dann drohenden möglichen
Liebesverlust? Wer das von klein auf als Lebens-Skript in sich
aufgenommen hat, wird vermutlich auch im späteren Leben zur
Dulder-Rolle neigen und unliebsame Affekte in sich niederschla-
gen.

Harmoniestreben, Depressivität und sexuelle Antriebsschwäche gehen oft Hand in Hand. Monate, Jahre, manchmal ein ganzes Leben lang. «Manche Leute sind so harmoniebesessen, daß sie keine Konflikte aushalten können», sagt Reinhard Kreische, Psychoanalytiker und Paar-Therapeut von der Universität Göttingen. Dabei sind Diskrepanzen während eines längeren Zusammenlebens immer wieder zu erwarten: Jemand verändert sich beruflich, ein Kind wird geboren, man verliert die Arbeit, jemand zieht weg, es stirbt jemand – solche Schwellensituationen des Lebens machen es immer wieder nötig, während des Zusammenlebens die Reviere neu abzustecken, sich miteinander zu konfrontieren und damit die Chance zu nutzen, daß die Beziehung sich in ein neues Stadium entwickelt, sich ein neuer Gleichgewichtszustand mit neuen, anders verteilten Revieren herstellt.

Zu derartigen Auseinandersetzungen, so Kreische, gehören zwei Fähigkeiten: erstens die Fähigkeit, Konflikte nicht für etwas Schlimmes zu halten, das heißt, man muß sie austragen können. Zweitens die Fähigkeit, sie gut austragen zu können, also nicht zu destruktiv, so daß zu viel Porzellan zerschlagen und der Scherbenhaufen so groß wird, daß man ihn hinterher nicht mehr reparieren kann. Mit anderen Worten, so Kreische: «Die Brisanz in einer Beziehung kann durchaus über längere Zeit erhalten werden, wenn man die Disharmonie nicht scheut!»

Streitlust und damit auch wieder Lust an sich selbst, Lust am Partner läßt sich lernen – so die optimistische Einstellung des Paar-Therapeuten. Dazu ein Beispiel: Ein Paar wurde zu ihm in Behandlung geschickt, das eigentlich gar nicht so recht wußte, was es bei ihm sollte. Es war seit 15 Jahren verheiratet und hatte sich noch nie gestritten. Sexuell lief seit längerem nichts mehr. Eines der Kinder war depressiv krank geworden, ein zweites war selbstmordgefährdet und wollte sich umbringen. Nach einer längeren kindertherapeutischen Behandlung jedoch wurden beide Kinder wieder munter. Nun war es der Mann, der plötzlich depressiv wurde. Nach Anraten der Ärzte war er es, der sich mit seiner Frau in Therapie begab. Nach einem Jahr war es dann mit der «schönen» Harmonie dieses Paares endgültig vorbei. Sie hatten nun gelernt, sich gründlich auseinanderzusetzen und fanden das aber auch gar nicht mehr so schlimm. Im Gegenteil. Mit zunehmender Freude an der Kontroverse schwanden die Depressionen – und das Paar entdeckte seine Sexualität auch wieder...

Die Macht der Gewohnheit

«Die Ehe muß immerfort ein Ungeheuer bekämpfen, das alles verschlingt: die Gewohnheit», ein Satz aus dem Buch *Die vollkommene Ehe*, dem berühmtesten Aufklärungswerk des 20. Jahrhunderts, veröffentlicht im Jahre 1926. Ein offenherzig geschriebener Ratgeber, den man unseren Müttern und Vätern zur Hochzeit mehr oder minder verschämt zusteckte.

Wie kann ein Paar vermeiden, daß nach jahrelangem Zusammenleben Routine und Langeweile beim Sexualverkehr einkehren? Wie für so viele Probleme, wußte der Frauenarzt und Sexualforscher, der Holländer Theodor Hendrik van de Velde auch in dieser Frage konkreten Rat. Wobei seine Tips gegen «Ehemüdigkeit» aus heutiger Sicht eher etwas Rührend-Komisches haben. So empfahl er anregende Speisen: «Als reizende Gewürze nenne ich Safran, Zimt, Vanille, Pfeffer, Ingwer.» Er riet zu Hilfsmitteln, um dem ehemüden Mann aufzuhelfen: «Ein kohlensaures Vollbad kann besonders dann angebracht sein, wenn sein geschlechtliches Verlangen durch ein gewisses Gefühl von Müdigkeit beeinträchtigt wird. Es behebt dieses Gefühl – wenn dies nicht zu stark und wenn dies nicht durch tatsächlich zu große Anstrengung entstanden ist – und übt dabei auch noch einen leicht örtlichen Reiz aus.»[14] Für Mann und Frau gab er als Anregung: «Gleichzeitiger gegenseitiger Oralverkehr ist für beide Partner sehr angenehm.»[15] Lust läßt sich lernen: Der festen Ansicht sind, über 40 Jahre später, auch das amerikanische Forscherehepaar William H. Master und Virginia E. Johnson, die 1966 die Forschungsergebnisse aus ihrem Sex-Labor in Buchform vorlegten: *Die sexuelle Reaktion*.[16] Noch heute arbeiten viele Therapeuten nach dem daraus entwickelten Programm: In bestimmten,

46

vorgegebenen Streichelübungen sollen die Partner lernen, den Teufelskreis zwischen innerer Erwartung und Frustration zu unterbrechen, um behutsam festzustellen, was jeder mag und was nicht, die eigenen Ängste und Widerstände zu spüren. Wichtigste Aufgabe: eine Zeitlang abstinent sein! Sich zunächst in Ruhe lassen, den Koitus nicht ausführen. Sigrid Kokarras, Psychologin und Psychoanalytikerin, seit 17 Jahren tätig bei der Pro-Familia-Beratungsstelle Hannover: «Ich lehne diese Methode nicht pauschal ab, wie es viele tun, weil sie sie zu mechanistisch finden. Ich koppele sie mit analytischen Aspekten, in denen ich gleichzeitig versuche, unbewußte Probleme aufzuarbeiten. Grundsätzlich meine ich aber, man lernt nicht nur über den Kopf, sondern auch auf der Handlungsebene, über ganz konkretes Körpererleben.»

«Du fühlst dich schal. Nachorgiastische Depression kann es nicht sein. Das letzte Mal ist 10 Tage her. Oder sind es schon drei Wochen? Die Schönheit auf dem Lotterbett neben dir ist deine Frau...», plaudert ein Mann nachdenklich in der Frauenzeitschrift *Brigitte*[17]. Und er fährt fort: «Vor 6 Jahren hast du ihr die Kleider vom Leib gerissen, kaum daß die Haustür ins Schloß fiel. Ihre Bewegungen, ihr Geruch ließen dich innerlich beben. Heute kommst du dir vor wie ein kastrierter Kater. Du kuschelst gern. Du liebst sie, du willst keine andere Frau. Aber erotisch findest du sie nur noch gelegentlich. Meist betrachtest du deine Frau wie ein Oberlehrer. Entdeckst die strenge Falte dort, die falsche Proportion hier. Für jede andere Frau im gleichen Minirock würdest du eine Halsfraktur riskieren. Wann hast du dich das letzte Mal nach ihr umgedreht...? Du bist verwirrt. Wieso können dein Kopf, dein Bauch, dein Schwanz und dein Herz nicht mit der gleichen Frau zufrieden sein?» Und wenig später kommt seine lapidare Erkenntnis: «Amor und seine Götterkumpanen sind keine Beamten auf Lebenszeit, die mit der Regelmäßigkeit eines Uhrwerks einmal um 8.30 Uhr morgens und einmal um 23.30 Uhr abends ihre Liebeswaffen abschießen...» Eine zugegeben etwas flapsige, in den meisten Fällen zutreffende Erkenntnis. Über die tieferen Ursachen haben sich Wissenschaftler verschiedener Zünfte wiederholt den Kopf zerbrochen. Ihre Antworten sind so vielfältig und unterschiedlich, wie es

Paare gibt. Tiefenpsychologen zum Beispiel halten allein schon den Entschluß, zusammenzuziehen, für eine gefährliche Falle. Denn durch das tägliche Beieinander kann das Inzesttabu reaktiviert werden. Reinhard Kreische, Psychoanalytiker: «Der Mann in der Wohnung ist dem Vater unter Umständen ähnlicher als der Mann, mit dem man nicht zusammenwohnt.» Der Wunsch des kleinen Mädchens, das nach der Freudschen Theorie den Vater erobern möchte und zwangsläufig scheitert, kann unbewußt zum Tragen kommen. Sexueller Frust kann auch in einer unaufgelösten Fixierung an Vater oder Mutter seine Ursache haben. Eine Frau beispielsweise, die sich von ihrem Vater nie gelöst hat, der für sie immer noch ihre erste, große, unangefochtene Liebe ist, vermag dem realen Partner an ihrer Seite kaum einen Platz in ihrem Herzen einzuräumen. Vom Bett ganz zu schweigen. Und auch für manche Männer steht die mächtige Mama ständig ante portas.

Oftmals ist alles aber viel banaler. Streit um Geschmacksfragen – ob lieber ein gelbes oder ein grünes Sofa? Streit um die Organisation des Alltags, das Gefühl, in der Macht des anderen zu sein, seine Willkür und Launen ertragen zu müssen – all das kann die Lust aufeinander trüben. Die gemeinsame oder getrennte Kasse, auch das kann für viele Paare Anlaß zu Streit und letztlich zu sexuellem Frust sein. Wieso soll eigentlich ich immer nur geben? Oft sind es die mehrfach belasteten Frauen, die so etwas fragen. Das Gefühl, ausgenutzt zu werden, auch ohne daß man wirklich ausgenutzt wird, kann dazu führen, daß man immer mehr den Hahn abdreht, daß man sich zunehmend verweigert. Alltäglicher Hickhack. Kleinkram. Aber groß genug, um auf Dauer auch heftige Leidenschaften zum Erlöschen zu bringen.

Ein Beispiel für den Durchbruch des wahren Ich in einer langfristigen Beziehung, auch für Eifersucht, die in der Enge einer Beziehung entstehen kann, ist die 52jährige Holle, Mutter von zwei fast erwachsenen Söhnen, Lehrerin an einer Grundschule, nach elfjähriger Ehe geschieden. «Nie wieder heiraten! Nie wieder zusammenziehen, würde ich einem jungen Liebespaar raten!» sagt sie mit Vehemenz und Bitterkeit. Holle, eine sehr gepflegte, sensible, selbstkritische und immer ein wenig um sich selbst kreisende Frau hat in verschiedenen Therapien viel über sich und ihre «tragische Ehe» nachgedacht. In diversen Therapien und Gruppen hat sie versucht, sich und ihrer «verkorksten» sexuellen Erziehung auf die Spur zu kommen. Spontaneität, Lust, Liebe, die Fähigkeit zur Hingabe – ach, wie gerne hätte sie davon etwas mehr gehabt! Doch alle diese Worte sind eigentlich für sie fremd geblieben. Streng verboten. Ihre Mutter, eine herrische, dominante Frau, Schuldirektorin, mit ihrem alles durchdringenden, alles überwachenden Blick hat bis heute ihr Leben dirigiert. «Spontane Sachen habe ich eigentlich nie machen können, da schaltet sich immer gleich der Kopf dazwischen mit seinem Nein», sagt Holle.

Nur einem ist es gelungen, sie ein paar Jahre lang aus ihrem Angstkerker zu locken: ihrem Mann Walter. Seit Jahren lebt sie getrennt von ihm, sie sieht ihn nur noch flüchtig bei Familienfesten, eigentlich gehört er der Vergangenheit an. Doch immer noch gerät Holle ins Schwärmen, wenn sie an ihn denkt, in einen inneren Aufruhr. Walter hat immer das verkörpert, was ihr selbst verschlossen blieb. Ein ihr total entgegengesetzter Mensch! Eine Art Abenteuertyp, unbürgerlich, ein faszinierender Vagabund; dem Leben stets offen und experimentierend gegenüberstehend; ein Mensch, der die Reise mehr liebt als das Ankommen, der sich im Provisorium wohler fühlt als im gemachten Nest.

Walter war Holles erster Mann. Sie war 24 Jahre alt, als sie das erste Mal miteinander schliefen. Es war wie ein Traum, so wunderbar, so großartig, so intensiv. Walter war der geborene Verführer, voll Hingabe und Phantasie. «Wir wohnten in zwei verschiedenen Städten. Wenn wir uns die Wochenenden trafen, haben wir eigentlich nur im Bett gelegen. Es stimmte einfach alles zwischen uns, er hat mich stets aufs neue mitgerissen, mich hingerissen. Mit ihm schwebte ich in einer anderen Welt.»

Drei Jahre dauerte dieses Glück. Dann heirateten beide – den Eltern zuliebe –, Walter zog ein in Holles kleine Wohnung. Jetzt war sie es, die die Maßstäbe setzte, die aus dem Reich der Freiheit das immer enger werdende Reich der Gewohnheit machte. Nun war Schluß mit dem Schlendrian. Von Haus aus durch und durch leistungsorientiert, unterrichtete Holle an der Schule, gab nebenbei

Kurse, verdiente zusätzlich Geld, machte den Haushalt, immer am Rande der Kraft, getrieben von der Vorstellung, durch einen gewissen äußeren Luxus das Glück mit Walter maximieren zu können.

Walter hingegen ließ sich Zeit; er studierte noch, er schlief lange und gut, und wenn Holle abends abgehetzt nach Hause kam, stand manchmal noch das Frühstücksgeschirr auf dem Tisch, während Walter mit hochgelegten Beinen klassischer Musik lauschte und sie verwundert fragte, weshalb sie sich denn bloß so abrackere... Ein Schlag in ihre Magengrube! Holle erkannte die Alltagsseite an ihm, das Bild des feurigen Geliebten verblaßte zunehmend. Holle: «Der Verdruß über diesen doch sehr chaotischen Mann hat mich bis ins Bett hinein begleitet.» Zunehmend spürte Holle in sich Eigenschaften wachsen, die sie zeitlebens an ihrer Mutter beobachtet hatte und die sie im Grund ihres Herzens zutiefst verachtete: diesen gnadenlosen Hang zur Tüchtigkeit, dieses Bedürfnis, alles unter Kontrolle zu halten, dauernd Struktur in den Alltag zu bringen, alles bis ins letzte zu organisieren, nichts dem Zufall, nichts dem Geratewohl zu überlassen. Verhaltensweisen, die, wie sie heute meint, ihrer Weiblichkeit erheblich schadeten.

Walter sollte nun endlich auch auf den Leistungstrip! Nur so würde ihre bereits schwindende Achtung vor ihm nicht verlorengehen. Walter «gehorchte». An den Wochenenden nahm er an Seminaren teil, machte zusätzliche Ausbildungen und Kurse, nahm jede Menge Nebenjobs an, um sich nicht länger als Parasit benörgeln zu lassen. Folge: Jetzt waren beide abends völlig kaputt und müde, ohne Lust, Worte, Zärtlichkeiten oder Sex auszutauschen. Folge zwei: Walter lernte bei seinen Weiterbildungen andere, ihn faszinierende Frauen kennen, von denen er begeistert und arglos erzählte. Gift für Holles ohnehin gering ausgeprägtes Selbstwertgefühl! Schon immer hatte sie sich als defizitär erlebt und gemeint, durch Leistung und Tüchtigkeit ihre vermeintlich mangelnden weiblichen Reize kompensieren zu müssen.

Nein, Walter hatte damals nichts Konkretes! Doch allein schon seine kleinen Schwärmereien, seine Loblieder auf eine junge Kollegin ließen Holles Blut in den Adern gerinnen. Heute noch spürt sie, wie sie im Bett ganz steif und kalt wurde. Sie mußte immer an die andere denken. Ob die wohl weiblicher ist als ich? Begehrenswerter? Sinnlicher? Und wenn Walter tatsächlich mal mit ihr schlafen würde?

Eifersucht ist auch Angst vor dem Vergleich. Eine im Fall von Holle durchaus verständliche Angst: verglichen werden mit einer, die angeblich schöner ist als sie selbst, attraktiver, intelligenter, liebenswürdiger – wie das ist, hatte Holle von klein auf schmerzlich erfahren müssen. Seit sie zurückdenken kann, hat sie im Schatten ihrer jüngeren Schwester gestanden, der im Gegensatz zu ihr alle Herzen zuflogen. Vergleiche mit anderen Frauen waren für Holle immer schwer erträglich, denn jedes Mal zog sie dabei innerlich den kürzeren. Die Wunde der Ungeliebten war in ihr nie vernarbt, die Zeit der vorehelichen Ekstase hatte ihr nur vorübergend diese selige Selbstgewißheit gegeben, ein liebenswertes, begehrenswertes Wesen zu sein. Doch nun die Eifersucht! «Zusammen mit dem Alltagsfrust hat das meine Lust total reduziert», erinnert sich Holle. «Ich war innerlich stets auf der Hut, stand unter selbstgeschaffenem Konkurrenzdruck, zog mich in mich selbst zurück.»

Immer häufiger reagierte sie trotzig wie ein Kind, bestrafte Walter mit Liebesentzug, wenn er mit ihr schlafen wollte. «Wenn du mich nicht so toll findest wie die andere Frau in meiner Phantasie nun mal ist, dann kriegst du mich eben auch nicht...» Walter reagierte zunächst lachend, dann aber zog er sich häufiger von ihr zurück. Ohne es zu wollen, manövrierte sich Holle so mit dieser Art «Bestrafung», die ihr heute eher als eine Art Selbstbestrafung erscheint, in die strenge, bei ihrer Mutter beobachtete Aufpasserrolle hinein. Den einst so geliebten Mann machte sie zum Depp, zum dummen Jungen, den man beobachten und dirigieren muß. Holle: «Ich entsprach immer mehr einem asexuellen Mutterbild. Das verträgt sich natürlich schlecht mit dem virtuosen Weib im Bett!»

Den Neid auf das lebenslustige Naturell ihres Mannes, die Wut auf die andere, vermeintlich so viel tollere Frau wagte Holle nicht herauszulassen. Aufbegehren, rebellieren, Wut herauslassen, ob begründet oder nicht – ihre dominante, starke Mutter hatte ihr diese Fähigkeit von klein auf ausgetrieben. Auch die Wut auf ihre jüngere

Schwester, die ihr immer die Show stahl, hatte sie sich niemals einzugestehen gewagt. Immer war da so ein Aschenputtel-Gefühl in ihr gewesen. Wie sollte sie da einmal kräftig auftrumpfen und Forderungen stellen? Heute weiß sie, daß das auf beiden Seiten Klarheit geschafft hätte. Doch damals machte sie lieber «dicht», zog sich zurück in ein eisiges Schweigen, beleidigt und schmollend wie ein Kind.

«Hinzu kommt», sagt sie, «daß ich ein sehr symbiotischer Typ bin. Ich wollte, daß Walter niemand anderes liebt, nur mich! Und das sollte er mir auch dauernd sagen... Total fehlgeleitet und irre, würde ich heute sagen. Kein Partner kann einem die Liebe geben, die einem als Kind gefehlt hat...» Nach der Geburt der beiden Söhne kam es dann endgültig zu getrennten Zimmern, zu getrennten Betten, und – nach 10 Jahren schließlich – zu getrennten Wohnungen.

Eine zweijährige Ehepaartherapie, ein letzter Hoffnungsschimmer für beide, vermochte nicht mehr als die längst gespürte bittere Wahrheit zu verhärten: zwei wesensmäßig so unterschiedliche Menschen mit so unterschiedlichen Selbstkonzepten und so hohen Hoffnungen ihrerseits können nur schwer ein Leben lang miteinander aushalten; zumal die einzige Brücke, die leidenschaftliche Sexualität der verliebten Anfangsjahre, zusammengebrochen war, irreparabel.

Und heute? Walter ist ein anerkannter Designer und immer noch ein charmanter Chaot. Holles Befürchtungen haben sich, in einer Art sich selbst erfüllenden Prophezeiung, realisiert. Walter hat die Lust in den Armen anderer Frauen zur Genüge gesucht und gefunden. Inzwischen, seufzt Holle, hat er wohl eine feste Beziehung mit einer «ganz tollen» Frau, autonom, selbstbewußt, so wie sie, Holle, eben nicht ist und niemals sein wird.

Und wie geht es ihr? Beruflich klappt alles bestens – aber mit der Liebe!? Ein bißchen ist es so, als sei sie zurückgekehrt in die verängstigte Zeit ihrer Pubertät. Alles erscheint ihr «so schwierig, so kompliziert», daß sie von Begegnungen jeder Art lieber gleich die Hände läßt. Wie ein verletztes Tier leckt sie immer noch ihre alten Wunden, schwärmt von der wilden Zeit mit Walter, von dieser unglaublichen, orgastischen Intensität, die sie, das weiß sie schon jetzt, mit einem anderen so nie wieder erleben kann... Da wurden eben Maßstäbe gesetzt, an die kein anderer jemals heranreichen kann. Mit einer «schönen Wehmut» spürt sie das Nahen der Wechseljahre. Sie sehnt sich nach Zärtlichkeit, aber sie weiß nicht, wer sie ihr geben könnte. Ja, mit Walter hätte der Himmel immer voller Geigen hängen können, wäre da nicht diese verdammte Erde gewesen mit ihrem Alltag, mit ihren Zwängen, mit all den kleinlichen Gefühlen, die letztlich auch ihre große Leidenschaft kleingekriegt haben.

Das Außergewöhnliche in den Alltag befriedigend integrieren zu können – das ist die Kunst einer sinnvollen, auf Dauer lebbaren Partnerschaft, meint die Psychologin Eva Jaeggi aus Berlin. Denn: «Die fortwährende Passion ist unmöglich; sie endet sogar im Film und in Literatur mit dem Tod – umgekehrt ist auch das Gleichmaß in Permanenz für jede Beziehung tödlich, wenn auch nicht im physischen Sinne; auch Paare, die ohne Spannung und Abwechslung nur noch nebeneinander herleben, sind im lebendigen Sinne des Begriffs Beziehung eigentlich schon mumifiziert.»[18] Nur wenn das Normale und das Besondere einander abwechseln, bleibt eine Beziehung lebendig. Die Hoch-Zeit der Triebe, der Instinkte in die Alltäglichkeit des gemeinsamen Lebens zu überführen: das ist ihrer Ansicht nach eine lohnende Aufgabe, die durchaus gelingen kann.

Doch wenn die Hoch-Zeit der Triebe ein für allemal in den Niederungen des Alltags versinkt? Oder wenn sie vielleicht nie da war, da beide Partner keinen besonders ausgeprägten Appetit auf Sex haben? Das ist kein Grund zur Trennung, meint Eva Jaeggi. Der Stellenwert, den Paare der Sexualität beimessen, ist ihrer Beobachtung nach recht unterschiedlich. Es kann durchaus sein, daß manchen Paaren andere Bereiche ihres Lebens ebenso befriedigend erscheinen wie die Aktivitäten im Bett. Das gemeinsame Kind, die gemeinsame Häuslichkeit und Geselligkeit, die Bedeutung beruflichen Erfolges – all das sind Lebensinhalte, die eine Ehe oder eine eheähnliche Zweisamkeit zusammenhalten und eine unbefriedigende Sexualität kompensieren können. Als eines der prominentesten Beispiele einer «marriage blanche», einer «keuschen Ehe», sei in diesem Zusammenhang das englische Schriftstellerehepaar Leonard und Virginia Woolf genannt: eine intensive Beziehung, die sich gründete auf Zuneigung, Kameradschaft, Freundschaft, der gemeinsamen Liebe zur Literatur, zum gleichgesinnten Literatenkreis und zum gemeinsam gegründeten kleinen Verlag.

Der Sexualwissenschaftler Gunter Schmidt nennt es ohnehin eine «illusionäre Hoffnung», Zweierbeziehungen ließen sich auf Dauer mit intensiver Sexualität, wie man sie in der Phase der Verliebtheit erlebt, vereinbaren. Schmidt: «Das kann nicht sein, da Nähe, die sich ergibt aus dem Zusammen-Wohnen, aus dem Zusammen-Schlafen, aus dem Zusammen-Essen, aus dem Zusammen-Freizeit-Machen, eventuell noch aus dem Zusammen-Kinder-Aufziehen, nicht auch noch die Nähe oder Symbiose im Sexuellen aushält, sondern bestenfalls die Distanz einer vielleicht gerade noch liebevoll befriedigenden Sexualität.[19] Nähe und Distanz immer wieder neu einzupendeln, die Anfangsphase der verliebten Verzauberung aufzufüllen mit der Phase kritischer Auseinandersetzungen – in diesem Balance-Akt sehen optimistisch gestimmte Therapeuten eine mögliche Chance, heutzutage eine längere, sich vertiefende Beziehung aufrechtzuerhalten. Dazu gehört zweifellos auch eine gewisse menschliche Reife. Mit Humor und Gelassenheit kann man einem Partner eher verzeihen, daß er nicht so ideal ist, wie man ihn sich anfangs vorgestellt hat. Die ärgerlichen oder enttäuschenden Seiten kann man eher in Kauf nehmen, wenn man immer wieder ein Auge hat auch für die liebenswerten Eigenschaften, die nach der Phase der Ernüchterung immer noch bleiben.

Der Göttinger Paar-Therapeut Reinhard Kreische: «Glückliche Paare erhalten sich eine gewisse Fähigkeit zur Idealisierung des Partners, so daß bei ihnen nach einer Phase des Verliebtseins und der Phase der Enttäuschung und Krise wieder eine Phase der Idealisierung eintritt, allerdings einer etwas milderen Idealisierung als zuvor. Sie sehen, daß das Glas immer noch halb voll ist.»[20] Weniger glückliche Paare sind seiner Erfahrung nach gnadenloser. Sie sind nicht bereit, ihrem Partner Kredit zu gewähren, sie sehen ihn sachlich bis kritisch, ihre Liebesfähigkeit ist zu klein, Unangenehmes zu verzeihen oder darüber hinwegzusehen. Und die Sexualität? Den Rausch, die Ekstase über die Jahre aufrechterhalten, geht das im wirklichen Leben? Eva Jaeggi: «Das Dilemma ist: Zur Sexualität gehört das Element des Fremden, die Überraschung, das Animalische, das Unanständige, das Wilde und Außergewöhnliche. Gleichzeitig tragen wir aber in uns auch die Sehnsucht nach Intimität, nach inniger Vertrautheit. Diese beiden Gegenpole miteinander zu verbinden, ist das Schwierigste überhaupt.»[21] Erotische Spannung kann ihrer Ansicht nach erhalten bleiben, wenn es gelingt, mit Phantasie immer wieder eine gewisse Verfremdung herzustellen. Das heißt, auch ertragen zu können, einander Geheimnis zu bleiben. Wer den Anspruch hat, den anderen ganz genau, mit Haut und Haaren zu kennen, engt die Beziehung mitunter ein auf ein Niveau, wo man sich schließlich sagt: Wir haben uns nichts mehr zu sagen.

«Lasset Raum zwischen Eurem Beieinandersein / und lasset Wind und Himmel tanzen zwischen Euch / liebet einander doch macht die Liebe nicht zur Fessel / schaffet eher daraus ein webendes Meer zwischen den Ufern Eurer Seelen...» mahnt der indische Dichter Kahlil Gibran in seinem Gedicht: «Von der Ehe»[22].

Wer etwas von dieser Philosophie in die Tat umzusetzen versteht, vermag eine Beziehung auch auf Dauer anregend zu gestalten. Dazu abschließend das Beispiel der 50jährigen Dorothee, Mutter zweier Töchter, seit 15 Jahren in zweiter Ehe mit Gerd, einem Hochschulkollegen, glücklich verheiratet. Beide fühlen sich eng durch das intellektuelle Band ihrer gemeinsamen beruflichen Interessen verknüpft. Doch auch die Sexualität spielte von Anfang an eine höchst wichtige Rolle. Ja, für Dorothee erscheint sie sogar als der wichtigste Pfeiler ihrer Beziehung. Gewiß, auch hier hat es Schwankungen gegeben, Zeiten der Langeweile und Flaute. «Manchmal haben wir uns abends Champagner und Kerzen ans Bett geholt, wenn wir merkten, ·daß wir ein bißchen lahm geworden waren», sagt Dorothee lachend. Sie ist eine tatkräftige, spontane und phantasiebegabte Frau, die, wie sie sagt, «verrückte Sachen» mag, ganz allgemein im Leben, aber auch im Bett. Oder eben auch nicht im Bett. Dorothee: «Neulich, auf einer Reise durch

Frankreich, da haben wir uns plötzlich neu ineinander verliebt. Da hatten wir es ganz eilig. Da haben wir es im Auto gemacht.»

Auffallend bei Dorothee ist ihr im Wortsinne weites Herz: Da ist nicht nur Platz für ihren Mann, da ist auch Platz für andere, tiefe herzliche Beziehungen. Zu ihrer Mutter, zu ihrer Schwester, zu ihren Kindern, zu ihren Freundinnen. In den Sommerferien verreisen sie meistens zusammen als «Großfamilie» nach Südfrankreich, wo sie sich in mehreren Zelten am Meer nebeneinander verteilen, gemeinsam kochen, essen, Theater spielen, reden. Dorothee liebt ihren Mann, doch sie ist nicht unglücklich, wenn er zum Beispiel eine Reise mit einem Freund bevorzugt, wochenlang weit weg von ihr. Im Gegensatz zu Holle, die ihren Mann mit ihren unersättlichen Liebeswünschen schier erdrückte, läßt sie ihrem Gerd Raum, unabhängig von ihr Erfahrungen zu machen, sich zu entfalten. Sie erlebt das nicht als Bedrohung, als Angriff, denn sie fühlt sich geliebt. Auch ohne daß man es ihr täglich sagt.

Dorothee hat das Glück gehabt, sich von einer warmherzigen Mutter von klein auf uneingeschränkt und in ihrem Wesen anerkannt und angenommen zu fühlen. Ein gutes Fundament, das sie noch heute trägt. Mit ihrer Sinnlichkeit, mit ihrer Weiblichkeit hat sie nie Schwierigkeiten gehabt. Glücklich denkt sie an ihre Studienzeit in Paris zurück und an all das, was sie getan hat, obgleich man es doch eigentlich nicht tat... Immer hat sie Dinge getan, weil sie ihr Spaß machten, nicht, um sich dadurch Bestätigung und Anerkennung von außen zu holen. Bis jetzt, meint sie, hat sie ein erfülltes Leben führen dürfen, hat die Augenblicke genossen, so, wie sie sich ihr boten. So beargwöhnt sie nicht das Glück der anderen, sondern kann sich, im Gegenteil, darüber freuen. So kann sie auch ihrem Mann Gerd viel zugestehen. Würde er sich ernsthaft in eine andere Frau verlieben, gewiß, dann würde sie ein großes Theater machen! Daß ihn aber gelegentlich seine Studentinnen anhimmeln, er hier und da ein Auge riskiert – das beobachtet sie mit Humor und einer gewissen Genugtuung. Schließlich hat sie keinen Langweiler geheiratet! Und warum soll er nicht auch anderen gefallen, wenn er ihr doch so gut gefällt?

Immer wieder spürt sie und erlebt sie an Gerd etwas Fremdes, das sie reizt und fasziniert. Zum Beispiel lebt er intensiv in der Welt der Literatur und auch der Musik. Manchmal, vor allem in den Ferien und an den Wochenenden, taucht er ganz tief ab in seine Lektüre, danach erscheint er oft wie neu, wie verwandelt. Sie, die patent den Alltag managt, erlebt dies als Bereicherung. Und als Herausforderung. Mitunter meint sie, mit ihrer Vitalität und ihrer Lebensfreude, ihrem etwas ernsten, eher verschlossenen Mann etwas abgeben zu können. Auch im Bett. «Oft habe ich das Gefühl, daß ich ihn nach Strich und Faden verführen muß, ihn immer wieder aufs neue erobern muß», sagt sie und meint, viele Frauen würden sich mehr anstrengen, wenn sie sich ihrer Männer nicht so verdammt sicher wären.

Dorothee liebt die Konfrontation. Sie ist streitlustig, ohne rechthaberisch zu sein. Auftauchende Dissonanzen zwischen ihr und Gerd werden nicht unter den Teppich gekehrt. Dennoch weiß sie, daß man nicht alles zu jeder Zeit ausdiskutieren kann und muß. Da hilft immer wieder mal Distanz: die getrennten Reisen, die neuerdings getrennten Schlafzimmer; der immer wieder zugelassene Hauch des Fremden, des Unvertrauten. Jeder läßt dem anderen Raum für eigene persönliche Entwicklungen, getragen von dem Gefühl untergründiger wechselseitiger Bezogenheit. «Ich bin mir seiner noch nie so ganz sicher gewesen», sagt Dorothee. Ein Satz, der Sicherheitsbedürftige mit Schrecken erfüllt. Ein Geheimnis aber vielleicht derjenigen, die immer wieder beherzt versuchen, daß alles verschlingende Ungeheuer Gewohnheit zu bekämpfen.

Die Unlust-Trias:
Angst, Aggression, Schuld

Nur selten verbindet eine direkte Hotline die sexuelle Lust mit sexueller Triebabfuhr. Meist ist der Kontakt unendlich verschlungen. Lust kann sich in Aggressionen tarnen, in Machtgelüsten oder Wut, aber auch in Angst oder Selbsterniedrigung. Jeder Mensch entwikkelt vor dem Hintergrund seiner persönlichen Erfahrungen eine individuelle Strategie, mit Sexualität und Lust umzugehen. Sexuelle Lustlosigkeit kann ein Signal purer Angst oder Unsicherheit sein. Sie kann auch gelähmtes Innehalten vor dem Ansturm negativer Gefühle bedeuten.

Doch sexuelle Unlust heißt noch lange nicht, daß die Lust überhaupt versagt: Das Bedürfnis, sich sexuell zu verweigern oder Lustlosigkeit zu demonstrieren, kann durchaus lustvoller sein als dem sexuellen Trieb nachzugeben. Und Lust ist häufig nicht der Grund, weshalb zwei miteinander schlafen.

Sex kann zum Zwang werden oder schlicht mechanisch ablaufen, zum Beispiel wenn die Angst vor einer lustvollen, tiefen Beziehung zu groß ist. Lust und Sex gehen unendlich viele variable Bündnisse ein, in denen sich beide jeweils unterschiedlich zeigen und vor ihrer gemeinsamen Geschichte – dem Schicksal eines Menschen – einen Sinn ergeben. Lust kann sich aufspalten wie Hunger und Appetit, die eine Einheit bilden können, aber nicht müssen. Der Hunger – ein körperlicher Reiz – kann durch die sexuelle Aktivität erst richtig Appetit oder Lust (auf mehr) erzeugen. Nicht selten decken Phantasien die Logik auf, der die Lust folgt. Denn die Phantasie ist jener Teil des Denkens, der dem Lustprinzip gehorcht.

Die Kulturmenschen legten sich, nach Sigmund Freud, einen «Naturschutzpark»[1] an, in dem das unbewußte Erbe aus Urzeiten, als die Menschen allein dem Lustprinzip gehorchten, konserviert ist. Ob diese fröhlichen Zeiten uneingeschränkter Triebabfuhr jemals tatsächlich existierten – vielleicht waren es Zeiten, in denen das Denken noch nicht so massiv wie heute dem Körper die Lust verderben konnte –, oder ob die lustvollen Urzeiten nur ein menschlicher Urtraum sind: In dieser Schutzzone kann «alles wuchern und wachsen, wie es will, auch das Nutzlose, selbst das Schädliche», und Phantasien können blühen, ohne von der mit Zwängen umstellten Realität zensiert zu werden. So vertreten Phantasien die Lust, wo die Wirklichkeit lustvolles Erleben verbaut, und konstruieren eine eigenen Realität, die hinter einer lustlosen Fassade versucht, der Leidenschaft zu frönen.

Festgefahren in der Wut

Fast alle, die «Ich liebe dich» sagen, meinen damit auch «Ich habe Lust auf dich». Doch manche, die von ihrer Liebeslust gekostet haben, sehen sich getäuscht: Das Hochgefühl zerrann, die Lust verschwand, ohne daß sich entscheiden ließe, was denn die Freude wirklich trübte. Je unverständlicher die Lustlosigkeit erscheint, desto eher ist sie das Werkzeug eines von der Selbstzensur nicht akzeptierten inneren Widerstands. Untergründige Angst, Scham, Unsicherheit, aber auch Ekel und verborgene Aggressionen hindern die Lust, wo sie am schönsten wäre: bei einem Menschen, den man zu lieben glaubt.

Katharina hat dies leidvoll erfahren: «Ich liebe meinen Mann, und irgendwo habe ich auch ein Bedürfnis nach Sex, aber keine Lust auf das, wie es dann abläuft», beschreibt sie ihr Unbehagen in der Ehe. Sie ist 28 Jahre alt und versucht derzeit einen Karrierestart als Landschaftsarchitektin. So recht kann sie sich darauf nicht konzentrieren, da sie ihr unbefriedigendes Sexleben konstant gedanklich beschäftigt. «Eigentlich müßte alles toll sein; wir sind doch erst zwei Jahre verheiratet!» Katharina ist eine aufgeklärte Frau, die einen idealen Partner gefunden hat, mit dem sie eine Bilderbuch-Ehe führen wollte. Und nun klappt es nicht so, wie es vorgesehen war.

Viele Frauen machen ähnliche Erfahrungen. Sie können nicht

erklären, was ihnen die Lust am Sex wirklich dämpft, sie mögen ihren Partner, sie möchten gerne ein lustvolles Verhältnis, aber rätselhafterweise verbarrikadiert sich der Körper. «Nicht irgendeine Perversion meines Mannes stört mich», erzählt Katharina, «sondern der ganz gewöhnliche Sex nach altväterlicher Art.» Was hätte sie statt dessen gerne? «Das kann ich nicht sagen... eigentlich liebe ich Sex nur als Phantasie.» Wie ein Geständnis murmelt Katharina stockend diesen Satz hervor. Und da sie schon einmal angefangen hat, gesteht sie weiter: «Im Grunde finde ich das Geschlecht meines Mannes abstoßend, und wenn er es dann noch gegen mich richtet, möchte ich einfach davonlaufen.»

Katharina liebt ihren Mann, aber nicht seinen Penis, der für sie die männliche Bedrohung schlechthin repräsentiert, das Aggressive, das andere, Fremde, gegen das sie sich sperrt. Der Koitus schmerzt. «Manchmal ist eine Penetration überhaupt nicht möglich, so ‹zu› bin ich dann.» Vaginismus oder Scheidenkrampf heißt der Fachbegriff dieses in den allermeisten Fällen psychisch bedingten Leidens, das aber willentlich nicht beeinflußt werden kann. Die ganze Beckenmuskulatur verspannt sich, was im vorderen Drittel der Scheide einen Krampf auslöst. Die häufigsten Ursachen für dieses Sich-Verschließen sind Angst und Aggression, Angst vor ungewollter Schwangerschaft, Angst vor der Wiederholung einer negativen Erfahrung, wie beispielsweise einer Vergewaltigung, Angst, daß der Partner unzufrieden ist, sich abwenden könnte, Angst, daß der eigene Körper nicht schön und liebenswert ist, aber auch Angst vor eigenen, unterschwelligen Aggressionen und der Befürchtung, dafür bestraft zu werden. Unwillentlich wehrt sich der Körper gegen diese Zumutungen, indem er sich abschottet. Die Schmerzen, wenn dennoch einen Koitus versucht wird, nehmen die Frauen als «erleichternde Bestrafung» unbewußt in Kauf.

Eine ganze Weile suchte Katharina den Grund ihrer Abwehrhaltung bei ihrem Mann, dann in einer möglichen Homosexualität, da sie als Siebzehnjährige eine enge Beziehung zu einer Freundin hatte, die sie noch heute sehr gerne mag. Doch in der Psychoanalyse, die Katharina vor vier Monaten begann, schält sich langsam die wahrscheinlich tiefere Ursache heraus: «Ich habe als Kind erlebt, wie mein Vater zu meiner Mutter brutal war. Aber mir gegenüber wurde er nie ausfallend. Da hat sich bei mir festgesetzt: Solange ich Kind bleibe und nicht so werde wie eine Frau – meine Mutter –, ängstigen mich Männer nicht.» Kern der Bedrohung, so sieht die Logik aus Katharinas Erfahrung aus, liegt im Penis, dem Geschlechtsverkehr, den Dingen, die zwischen Männern und Frauen sind. «Die Aggressionen meines Vaters gegen meine Mutter waren so heftig, daß ich sie nicht einmal als Triumph erleben konnte: Ich fühlte, daß mein Vater einfach nett zu mir war, weil ich ihn nicht sonderlich interessierte und nicht, weil er mich meiner Mutter vorzog.»

Die Enttäuschung darüber, daß Sex mit ihrem Idealmann nicht auf Anhieb klappte, hat Katharina zusätzlich in einen Teufelskreis hineingezogen: Sie befürchtete nun, nicht mehr liebenswert zu sein, sie hatte Angst vor der Wiederholung des Vaginismus und vor den Schmerzen und verkrampfte sich immer mehr. Angst aber ist einer der schlechtesten Berater der Lust. In dieser freudlosen Angstspirale half ihr auch die Liebe nicht. Denn Liebe garantiert nicht, daß im Bett alles richtig läuft.

Liebe kann viele Saiten klingen lassen, ohne daß dabei die sexuelle Lust tonangebend sein muß. Doch genau das ist schwer einzusehen, da Lust und Liebe als festes Paar auftreten. Die Zeiten der Minnesänger, die auf schnöde körperliche Erfüllung verzichteten, um ihre Liebe nicht der schnellen Lust zu opfern, sind vorbei. Liebe will heute nicht mehr nur besungen, sondern gelebt werden. Und das hat Konsequenzen für die Gefühle wie für die Lust. Beide können in einer wunderbaren Gemeinschaft auftreten. Sie können aber auch, wenn sie sich nicht verstehen, einander ins Verderben ziehen.

Weil Katharinas sexuelle Lust an einem Kindheitstrauma zu scheitern drohte, fürchtete sie nun um die Liebe ihres Mannes. In der Tat empfinden viele Männer sexuelle Abwehrreaktionen ihrer Partnerinnen als schwere Kränkung. Enttäuscht ziehen sie sich zurück, ohne nach den Hintergründen zu fragen. Oder sie schützen sich mit Schuldzuweisungen wie «Du bist frigide». Mit diesem Stempel wird die Sexualität auf den Orgasmus reduziert und an ihm die Liebe gemessen. «Das mißtrauische Suchen von Männern nach vaginalen Kontraktionen ihrer Frau zeigt ihr gestörtes Verhältnis zu ihrer Partnerin», stellt der Mediziner Wolf Eicher in seinem Leitfaden für die ärztliche Praxis knapp und deutlich fest.[2]

Das Etikett Frigidität entlastet Männer von der Angst zu versagen und von der Angst, daß sie es sind, die die Lustlosigkeit der Frau verschulden. Der Begriff ist ein Mythos aus der Trickkiste ängstlicher Machos. Allerdings mit oft durchschlagender Wirkung: Als frigide abgestempelte Frauen können tatsächlich in die lethargische, libido-tötende Stimmung verfallen, daß sie sexuell unterentwickelt und erlebnislos seien. So bestätigt sich allmählich, was Männer Frauen unterstellen und Frauen fürchten lernen. Daß dieser Mechanismus funktioniert, bedeutet, daß immer noch falsche Vorstellungen weiblicher Befriedigungsmöglichkeiten herrschen.

Vaginale Kontraktionen können ablaufen, ohne von der Frau selbst wahrgenommen zu werden; Frauen können stark erregt sein, ohne einen Orgasmus zu haben, oder sie erleben Orgasmen anders als durch Penisstimulation des Mannes. Aber genau im Bereich des weiblichen Erlebens, wo die Vermutungen von Sigmund Freud tatsächlich neuen Erkenntnissen weichen sollten, hält sich in vielen Köpfen immer noch die Vorstellung, daß eine «richtige» Frau nicht mehr den «kindischen» klitoridalen, sondern einen vaginalen Orgasmus haben muß. Eicher: «Unhaltbar ist die Freudsche Theorie des Transfers der Erregbarkeit von der Klitoris auf die Vagina und die Definition der Frigidität durch das Fehlen des sogenannten vaginalen Orgasmus.»[3] Es ist wie mit den Gaumenfreuden: Wer wagt zu behaupten, daß Fleisch allen Menschen besser schmeckt als Fisch?

Auch Katharina ist nicht gefühlskalt. Etwas verschämt erzählt sie: «Bisher hatte ich nur bei der Selbstbefriedigung einen Orgasmus. Dabei entwickle ich Phantasien, die ich mir verbiete, wenn ich mit meinem Mann schlafe.» Denn in ihrer Phantasie bezieht sie andere, wenn auch anonyme Menschen, mit ein, und das empfindet sie als «unfair» gegen ihren Mann. «Und überhaupt», entschuldigt sich Katharina, «habe ich eigentlich keine Lust auf Selbstbefriedigung; das ist mehr wie Essen ohne Appetit: Erst beim Essen kommt die Freude am Genuß, vorher war es eher Zwang.» Mit Unlust entschuldigt Katharina ihre Selbstbefriedigung; sie mag sich nicht eingestehen, daß die Onanie ihr mehr Lust macht als der Sex mit ihrem Mann. Ihre phantasievolle Selbstbefriedigung gleicht wohl eher einem heimlichen Schokoladenaschen: Das Schlimmste daran ist, wenn man hinterher mit dem verbotenen Genuß noch prahlt.

«Softporno» nennt Katharina ihr Lustprogramm. «Denn in den Phantasien, die meine Lust erst ankurbeln, läuft am Anfang alles weich und verführerisch ab, und wenn dann die Männer fordernd werden, wollen das auch die Frauen.» In dieser phantasierten Szenerie geht Katharina geschickt mit ihren Ängsten um; sie baut sie so ein, daß sie sich ins Positive wenden und sie Lust empfinden lassen.

Die Phantasien, die Katharinas Angst entschärfen, sind fester Bestandteil ihrer Lust geworden. Nun, seitdem sie verheiratet ist, will sie dieses erlernte und erprobte Sexualverhalten umkrempeln. Daran aber scheitert die Lust. Die alten Ängste vor der Aggressivität der Männer kehren wieder und bauen einen mächtigen inneren Widerstand auf. Sexualität läßt sich nicht auf Knopfdruck umstellen, sie ist Teil der Persönlichkeit, die nicht schadlos manipuliert werden kann. Die leidvollsten Erfahrungen mit «Korrekturversuchen» haben wahrscheinlich die Homosexuellen, die durch die bornierte Norm der Heterosexualität immer wieder in Bedrängnis kommen.

«Nicht jeder ist wie du und ich, die du liebst» – das ist das schlichte, aber für viele schwer zu verstehende Fazit, das der Sexualforscher Alfred Kinsey aus seinen mehreren tausend Interviews zog. Und er mahnte, daß alle ein Recht auf jene Sexualität haben, die ihnen Lust bereitet. Vor ihm hat bereits der englische Sexualforscher Henry Havelock Ellis einem Fetischisten den Rat gegeben, eine «intelligente Frau» zu suchen, die seine Art der Lust begreift und mit ihm zusammen genußvoll leben kann.

Der Gedanke ist uns fremd geworden, sich mit etwas Unerwünschtem oder gesellschaftlich Geächtetem zu arrangieren, ob das Alter, Sex, Lust, Aussehen oder Beruf sei. Das Perfektionierungsstreben kennt keine Grenzen, analysieren steht für verbessern. Verstehen und akzeptieren hat gleich einen fatalistischen Beigeschmack.

Katharinas Lust auf ihren Mann jedoch ließe sich vielleicht reaktivieren, wenn sie ihre Phantasien als sinnvolle Strategie erkennen, akzeptieren und – auch mit ihrem Mann – zulassen könnte. Allerdings gelingt auch das nicht immer problemlos. Spielt der Partner in Wirklichkeit eine andere Rolle als in der Phantasie oder entwickkelt er selbst Phantasien, die die Lust anders inszenieren, versagen möglicherweise die eigenen Bilder. Im gegenseitigen Drama mitzuspielen kann für die Lust befreiend sein. Doch dazu müssen Partner voneinander wissen, was ihnen Lust bereitet.

Aber nicht alle verkraften die Phantasien ihrer Partner. Sie sind enttäuscht, wenn sie darin keine Hauptrolle spielen, vielleicht sind sie sogar entsetzt, daß dieses sonst so sanfte Wesen, oder der so aufrechte Mann, Träume hat, die nicht akzeptabel scheinen und die Beziehung empfindlich stören. Mit etwas Einfühlungswillen lassen sich Wunschphantasien so «entschärfen», daß sie dem anderen erträglich scheinen, und – darum geht es ja schlußendlich – so mitmacht, daß er in die eigene Vorstellungswelt hineinpaßt. In Häppchen, besonders wenn sie genußvoll sind, lassen sich auch «anstößige» Wahrheiten eines Tages ganz von selbst aussprechen. Absolute Ehrlichkeit in Beziehungen gibt es sowieso nicht. Auch an der Wahrheit gibt es Profiteure und Verlierer. Auch Offenheit kann eine Waffe gegenüber Schwächeren sein, die keinen Panzer vor ihrer Seele haben (s. S. 92).

So wie Katharina setzen die meisten Frauen und Männer ihre Phantasien zur Erregungsstimulation beim Masturbieren ein. Fast alle Frauen haben allerdings, wie Katharina, ein schlechtes Gewissen, wenn sie die Phantasien auch während des Beischlafs zulassen, möglicherweise, weil sie vor allem dann sexuell phantasieren, wenn sie gelöst und mit ihrer Beziehung emotional zufrieden sind. Unter Streß gelingt es Frauen kaum, Vorstellungskreativität zu entwickeln. Männer dagegen setzen ihre Phantasien vor allem dazu ein, um eine unbefriedigende sexuelle Beziehung zu kompensieren.

Die unsichere Geschlechtsidentität

Auch Renate M. heiratete vor fünfundzwanzig Jahren ihren idealen Partner. Und auch sie dachte, daß Liebe automatisch die Lust am Sprudeln hält. Aber ihre ‹Macken› drängten sich ständig in ihr Sexualleben ein. «Wenn mein Mann mit mir schlafen wollte, packte mich plötzlich Panik. Ich mußte mich richtig zur Ruhe zwingen.» Sie hatte Angst, keine richtige Frau zu sein, sich lächerlich zu machen, Liebe und Anerkennung ihres Mannes zu verlieren, «am liebsten hätte ich meinen Busen, meine Haut, mein Gesicht – überhaupt alles versteckt». Erst vor zwölf Jahren, als Renate vierzig wurde, hat sie sich langsam ihres Körpers nicht mehr geschämt. Damals begann sie zu verstehen, was es heißt, wenn sie als Kind statt der gewünschten Puppe zu Weihnachten einen Werkzeugkasten erhielt. Was so wunderbar emanzipiert erscheint, war der Versuch ihrer Mutter, sie auf die Männerrolle zu fixieren.

«Meine Mutter litt wohl unter meinem schwachen Vater, der sich ständig an ihrer Schürze festhielt. Ich sollte ihn ersetzen, also wurde ich zum Neutrum erzogen. Als ich das erste Mal menstruierte, ärgerte sich meine Mutter sichtlich und warnte mich, daß ich ja nicht ‹neurotisch› werden solle. Das hörte sich schlimm an, obwohl ich nicht wußte, was das heißt.» Renate durfte nicht «weiblich-neurotisch» wie ihr Vater werden. Vernünftig mußte sie sein und stark. Und möglichst wenig weiblich. Wie sollte sie mit ihrer Sexualität umgehen? «Bis zu meinem 21. Lebensjahr dachte ich, daß ich nie mit einem Mann intim werden könnte.» Sie glaubte, Männer würden angewidert davonlaufen, weil sie «nicht normal» sei. Und unter Frauen fühlte sie sich als defekte Frau. Sie beneidete die anderen, die sich irrational und völlig emotional geben durften. Sie war immer logisch und beherrscht gewesen. Die Stärke, die Renate ausstrahlte, zog ‹schwache› Männer an, die sie eigentlich nicht mochte, «aber defekte Frauen ziehen halt defekte Männer an», konstatiert sie sarkastisch. Ihr Ehemann war der erste, den sie als männlich empfand.

Die Pubertät ist neben der frühen Kindheit die wichtigste Prägungsperiode der Geschlechtsrolle. Genau in dieser Phase mißbilligte und verachtete die Mutter Renates Weiblichkeit und störte das Selbstverständnis ihrer Tochter als Frau. Renate kannte in ihrem Elternhaus weder ein weibliches noch ein männliches Vorbild, an dem sie ihre Geschlechtsidentität hätte entwickeln können. Ihre Mutter wollte nicht weiblich sein und ihr Vater konnte nicht männlich sein – eine Verwirrung, die Unsicherheit und Scham erzeugen mußte. «Jedes Zusammentreffen mit dem anderen Geschlecht ist für mich zum Prüfstein meiner ganzen Person geworden, und ich fürchtete ständig, als nicht richtige Frau enttarnt zu werden.» Beim Sex stand ihre Weiblichkeit auf dem Spiel, «für mich eine Angstpartie, die ich nur mit Schauspielerei überwinden konnte».

In den ersten verliebten Ehejahren war die Angst am größten, als Frau zu versagen. So versuchte sie, durch ständige Verfügbarkeit ihren Mann an sich zu binden. «Ich dachte, ein Vollweib macht bei einem Mann, den sie liebt, ständig die Beine breit. Denn bei meiner Mutter habe ich gesehen, daß eine Frau, die ihren Mann verachtet, sich nie hingibt – jedenfalls dachte ich, daß sich zwischen meinen Eltern nichts abspielt.» Renate hätte nie gewagt, Lustlosigkeit einzugestehen, «nicht einmal mir selbst». Also schauspielerte sie schlafwandlerisch auch diesen Teil des Dramas. «Aber ich denke, das war sehr stümperhaft. Wie ein Orgasmus abläuft, wußte ich, aber ich hatte keinerlei Erfahrung mit Zärtlichkeit und Zuneigung.» Noch heute ist es Renate peinlich, darüber zu sprechen: «Ich wußte nie, ob ich Lust hatte, Lust geben wollte, meinte, Lust haben zu müssen... Es ist unangenehm, sich diese Dinge einzugestehen.»

Die einzige sexuelle Erfahrung, bei der sie wußte, woran sie selbst ist, sammelte Renate bei der Selbstbefriedigung. In ihrer Jugend verwirrte sie das unendlich. Sie ahnte, daß sie etwas erlebte, was ihre Eltern mißbilligen würden, wenn sie davon wüßten. Das wiederum freute und ängstigte sie zugleich. «Wahrscheinlich um den unerträglich zerrissenen Zustand zu beenden, verordnete ich mir selbst eine Sexualmoral.» Die orientierte sich – mangels anderer Werte – an ihren Ängsten und fiel deshalb besonders drastisch aus. «Alles, was Spaß macht, belegte ich mit einem Tabu, das ich zwar, wie bei der Selbstbefriedigung, ständig übertrat, aber mich deshalb auch gewaltig schuldig fühlte.»

Ihre aus Stacheldraht geflochtene Sexualmoral erfüllte genau das, was sie brauchte: Sie war die eiserne Richtung, die ihr exakt zeigte, wann sie «gut» und wann sie «schlecht» war und die auf Umwegen die fehlende Geschlechtsorientierung ersetzte. Wie ein Netz fingen die Prinzipien sie auf, auch wenn sie der «schlechten» Lust erlag. Verlor sie die Kontrolle über ihre eigenen Hände, so wußte sie zwar, daß das falsch ist, aber gleichzeitig sicherte ihr dieses Bewußtsein, den «rechten Weg» (oder auch sich selbst) nicht zu verlieren. Wenn sie sich schuldig fühlte, konnte sie sich vergeben, und das Lustspiel neu beginnen lassen.

Die kunstvolle Strategie verlor scheinbar ihren Sinn, als sie den Mann heiratete, den sie liebte. Lust wurde plötzlich «gut» und ein Wesen mit dem «richtigen» Geschlecht war daran beteiligt, das sie begutachten konnte, ohne sich an ihre Prinzipien zu halten. «Ich hatte unglaublich vielschichtige Gefühle für meinen Mann», erinnert sich Renate. «Oft kam er mir bedrohlich fremd vor, besonders wenn er mit mir schlafen wollte.» Das bedrohlich Fremde an Renates Mann war ihre eigene Eifersucht und Wut auf sein Geschlecht, negative Gefühle, für die er sich rächen könnte. Also fürchtete sie an ihrem Mann ihre eigenen Aggressionen gegen ihn. Mit diesen als Bedrohung erlebten Aggressionen vermischte sich die entwürdigende Ungewißheit ihrer Geschlechtsidentität. Verdrängte Scham und Aggression, die sie als Angst erlebte, verbreiteten eine «merkwürdig vorsichtige Atmosphäre» zwischen Renate und ihrem Mann, in der sexuelle Lust immer weniger Raum fand.

Je seltener Lust zwischen den beiden aufkam, desto mehr Enge suchten sie. «In lichten Augenblicken fühlte ich mich wie eine Henne nah neben ihrem Hahn im dunklen Hühnerstall, und beide fürchten sich vor dem Fuchs.» Ihr Mann brach als erster aus dem qualvollen Nebeneinander aus. Drei Affären sind Renate bekannt, «und jedesmal hatte sein Fremdgehen eine unglaublich stimulierende Wirkung auf mich, was mich ganz furchtbar ärgerte. Aber auch mein Mann wurde plötzlich wieder ungeheuer aktiv – auch im Ehebett.» Einerseits empfand Renate das als kränkend, aber das Lustvolle an der Situation überwog. Denn ihr Mann ging genau jene Liaison zwischen Schuld und Sex ein, die auch für Renate lustvoll ist.

Das intensive Erlebnis zwischen seelischer Qual und Lust brachte ihr ganzes Gefühlsleben in Schwung. Real und in ihren Augen «legitim» agierte sie ihre Aggressionen und verdrängten Erlebnisse aus. Sie zeigte ihre Bitterkeit; ihre Eifersucht suchte sich nicht mehr versteckte Schleichwege an die Oberfläche. Plötzlich war sie ganz und gar sie selbst mit ihrer Wut und ihren Wünschen. Das war ungeheuer befreiend – und befreite auch ihre sexuelle Lust, die mit den explodierenden Aggressionen ausbrach. Alles schien plötzlich klar und einfach. Sie war wütend auf ihren Mann und konnte trotzdem mit ihm schlafen – und er nahm ihre Wut in einer Weise auf, die sie befriedigen mußte: «Er wiederholte ständig, daß er mich nicht für so emotional gehalten hätte. Die Zeit war fürchterlich», diagnostiziert Renate, «aber ein Fanal, endlich mit mir ins reine zu kommen.»

Bewußt vermeidet Renate beispielsweise heute, sich wieder als starke Frau anzubieten. Damit hatte sie Männer neutralisiert, um ihre Unsicherheit als Frau zu überspielen und sich selbst achten zu können. «Aber es war eine sehr brüchige Selbstachtung, denn sie klammerte mein Geschlecht aus.» Wenn ihre Beziehungen in die Brüche gingen, war das stets von ihr ausgegangen; sie bestimmte, wie lange es dauern sollte und zeigte damit ihre Unabhängigkeit.

Allein ihre Stärke gab ihr Selbstbewußtsein. Aber unter diesem Leistungszwang fiel nichts Lustvolles für sie ab: Erfolg in der Schule, Erfolg im Beruf, immer tun, was getan werden muß – das waren die Pflöcke in ihrem Leben, an denen sich ihre Identität längshangelte. Erst als sich ihr Mann verweigerte, als er keine Frau mit Werkzeugkasten, sondern mit Puppen haben wollte, brach der Untergrund ein. Aber sie wußte nun, was und wie sie fühlte – ein Schritt zur eigenen Geschlechtsidentität und zur Lust.

Der ewige Leistungsdruck

Der Wunschtraum Millionen Männer schien sich an diesem Morgen für Anselm zu erfüllen: Umwoben von verführerischen Düften und durchsichtigen Seidenschleiern schwebte die schöne Karola durchs Zimmer vor sein Bett und führte, weich und erotisch, einen lasziven Striptease vor. Doch der perfekte Auftakt zu Anselms Geburtstag endete als Flop. Bei Anselm tat sich nichts, keine feuchten Hände, keine heißen Phantasien, nichts, keine Lust, keine Erregung. Eine kleine Katastrophe – auch für Karola. «Es wurde ein schrecklicher Vormittag. Ich hatte sie zutiefst verletzt; sie fühlte sich abgelehnt, ich zeigte null Reaktion, keine Anlauflust.» Er kannte dieses Reiz-Unlust-Muster zur Genüge. «Das lief häufig blitzschnell zwischen uns beiden ab. Sie zeigte mir ihren Busen nach dem Motto ‹Bin ich nicht sexy!›, und ich dachte ans Abendbrot.» Und maliziös zerpflückt er ihre koketten Bemühungen: «Was sie als sehr weiblich und lustbetont verkaufte, hatte eher etwas lüstern Nuttenhaftes, etwas Hysterisches an sich.»

Mehr befriedigt als bedauernd erinnert sich Anselm an seine stummen Widerstände gegen Karolas sexuelle Überfälle. Als Psychiater kann er sich seine Passivität auch gleich selbst erklären: Mit seiner Lustlosigkeit strafte er Karola stellvertretend für seine Mutter, die ihn zu einem leistungsstarken Mann erziehen wollte. Seine Mutter hat ihn zum Arzt gemacht; sie forderte ständig seinen Einsatz, unermüdlich schob sie ihn auf dem Erfolgskurs vorwärts – und er konnte sich nicht wehren, zu drohend, zu dominant, zu mächtig trat seine Mutter auf. Ihm blieb nur, mit Kraft und Leistung die Liebe seiner Mutter zu erhalten, denn sie konnte sich jederzeit entziehen, sie brauchte ihn nicht, wohl aber er sie.

Auch Karola suchte einen ganzen Kerl in ihm; auch sie forderte ihn auf, potent zu sein. Doch sie war schwach, denn sie brauchte ihn und das war das Einfalltor für seine Rache. Er gesteht: «Wenn Frauen deutlich etwas von mir wollen, bin ich lustblockiert.» Dann kann er sich verweigern, ohne Gefahr zu laufen, nicht mehr geliebt zu werden. Das Attraktivste an Karola war für Anselm wohl, daß er sie kontrollieren konnte. Er war es auch, der vor ein paar Jahren die Beziehung abbrach, weil seine Lust endgültig verschwand.

«Meine Beziehungen zu Frauen waren fast immer Kampfbeziehungen», weiß Anselm. Seine erste Frau Gerda, ein knabenhafter Typ, wurde von Anselms Mutter abgelehnt. Zur Hochzeit schenkte sie dem jungen Paar das Geld zum Tippen seiner Doktorarbeit – gewünscht hatten sie sich einen kuscheligen Hirtenteppich. «Das war eine klare Absage an meine Sinnenlust, an das Schöne, Überflüssige im Leben. Erst kam immer die Arbeit, die Schule, das Sich-Plagen. Nie durfte ich laufen lassen, fließen lassen, genießen.» Als Gerda schwanger wurde, schien sich der Himmel für Anselm endlich aufzutun. Ein eigenes, erwünschtes Kind, eigene Elternschaft. Zudem steigerte die Schwangerschaft Gerdas Lust – ein wunderbares Netz von Gemeinsamkeit zwischen den Eltern in spe. Doch der «Fluch der Mutter», wie Anselm seine Mutterbindung pathetisch nennt, kehrte wieder. Nach der Geburt des Sohnes hatte Gerda immer weniger Lust auf Sex – und nun war er kraftvoll und potent. Er wollte weiter wie gehabt mit Gerda schlafen, sich beweisen, aber er fühlte sich mehr und mehr als «bösen, gierigen Kerl». Wahrscheinlich, fürchtet Anselm, war es sowieso nicht mehr Lust, die ihn so sexabhängig machte. Er wollte sich endgültig von seiner alten Abhängigkeit, von seiner Mutter lösen, seine Potenz für sich und nicht mehr für ihre Ziele einsetzen. Wie halbherzig, kindlich-trotzig sein Abnabelungsversuch ausfiel, fühlte er bereits damals. «Ich konnte das, was ich von Gerda wollte, nicht als meinen eigenen Wunsch empfinden. Ich tat einfach das Gegenteil von dem, was meine Mutter von mir wollte.» Das aber reichte nicht, um sich endgültig zu befreien. Wahrscheinlich hat seine Frau mit ihrer Verweigerung nur seinem unbewußten Wunsch entsprochen, keinen Sex zu haben: «Ich vermute, daß ich sie einfach zur Symptomträgerin gemacht habe.»

Ständiger Leistungsdruck und die Angst zu versagen, beschädigten Anselms Geschlechtsidentität. So ist die unbewußte Rache an seiner Mutter auch immer ein Versuch, sich seiner eigenen Männlichkeit zu versichern. «Beide Geschlechter setzen Sexualität ein, um Machtkonflikte und Wut auszutragen», schreibt der Sexualforscher Gunter Schmidt[4], «wobei Männer und Frauen dies oft in unterschiedlicher Weise tun. Der Mann drückt Machtansprüche und Haß eher durch *Potenz* aus, z. B. durch sexuelle Forderungen, die jeder Zärtlichkeit entkleidet sind und deren Hauptziel Durchsetzung und Unterwerfung sind. Die Frau hingegen setzt eher sexuelle Probleme oder Verweigerung, also scheinbares sexuelles *Unvermögen* ein, um Haß auszudrücken.»

Das erklärt, wieso ausgerechnet dann, wenn Liebe kaum, und vor allem Wut, im Spiel ist, manche Männer eine besondere Potenz entwickeln: Nun drückt sie weder Leistungsanspruch noch die Angst, die Liebste zu verlieren; sie wollen bemächtigen, ihre Wut ausagieren, eine aggressive Handlung, die in Vergewaltigungen negativ kumulieren kann. Zärtliche Gefühle oder gar Liebe bedrohen die Potenz jener Männer, die eine schwache Geschlechtsidentität entwickelt haben und Sexualität allein mit Bemächtigungswünschen verbinden. Tendenziell läßt sich der aggressive Teil der Sexualität wohl nie leugnen; doch die Lust wird arm, wenn sie nur auf den Orgasmus ausgerichtet ist. Der Psychologe Bernie Zilbergeld bedauert in seinem Buch über die männliche Sexualität die gedankliche Allgegenwart des Orgasmus: «Er beraubt uns der Freuden des ‹Nur-Anfassens›, bringt uns durcheinander, weil wir gar nicht mehr wissen, was wir eigentlich wollen.»[5]

Anselm kann die Klage nachvollziehen, denn seit kurzem ist er verliebt in eine junge Frau. Er wünscht sich Zärtlichkeit und Potenz, Liebe und Orgasmus, nacheinander, miteinander, gelassen, verständnisvoll, zwanglos. «Zwischen uns ist alles leicht, alles, was da ist, ist gut, ist ideal. Sie sagte mir, daß sie gelegentlich Orgasmusschwierigkeiten hätte, ich meinte, das sei ja wunderbar, denn es gehe mir manchmal ähnlich, und wir könnten uns gegenseitig unterstützen.» Doch die Angst sitzt tief, ohne Leistung das Liebste zu verlieren: «Dreimal hintereinander war ich impotent, da wurde ich recht kribbelig. Beim vierten Mal hat es dann geklappt, und sie hat auch aufgeatmet. Meine Angst, mein Druck hat sich auf sie übertragen, sie wurde auch nervös. Diese verdammte Erwartungsangst und dieser Leistungsdruck! Besonders, wenn man verliebt ist und sich beweisen möchte, ist das ganz schrecklich!»

Dem Druck, eine perfekte Sexualleistung zu bringen, fühlen sich vor allem Männer ausgesetzt. Versuchsbedingungen, wie sie bei der Erforschung der Sexualität bestehen, erzeugen beispielsweise einen solchen Perfektionsdruck. Deshalb sind die Ergebnisse von Masters und Johnson besonders aufschlußreich: «Während der aktiven Mitarbeit», schreiben die beiden Forscher, «haben wir öfter eine Unfähigkeit, den Orgasmus erreichen zu können, oder ein sexuelles Versagen beobachtet.» Männer versagten viel häufiger als Frauen: «Ein sexuelles Versagen unter den Versuchsbedingungen (Unfähigkeit, den Orgasmus oder die Ejakulation erreichen zu können) war in 65,1 % der Fälle bei den Männern zu beobachten. Diese Zahlen reflektieren die Belastung, der der Mann – und nicht die Frau – durch die uralte kulturelle Forderung nach einer effektiven Sexualleistung ausgesetzt ist.»[6]

Kastrationsangst

Fabian stockt, stöhnt leise auf, schweigt. War es so schrecklich? «Ja, so etwas habe ich noch nie gesehen. Schön langsam und genüßlich schneidet diese geile Frau ihm nach einer unendlichen Orgie den Penis ab!» Die Erinnerung an den Film *Im Reich der Sinne* läßt Fabian nicht los, obwohl es schon mindestens sechs Jahre her sind, daß er ihn gesehen hat. «Seitdem läuft mir jedesmal, wenn ich eine Frau sehe, die jener gleicht, ein Schauer über den Rücken.» Lust- oder Angstschauer? «Schwer zu sagen, das schwankt sehr stark. Manchmal habe ich das Gefühl, als ob beides zusammen da sei. Und noch heute träume ich in regelmäßigen Abständen davon.»

Das bleibt eine der wenigen Äußerungen über Fabians persönliche Gefühle. Seine Frau bringt Tee und selbstgebackenen Kuchen und weiß sofort, wovon Fabian spricht. «Dieser Film ist zynisch», konstatiert sie. «Obwohl ich feministisch denke, so geht das nicht.» Was wie nicht geht, will sie nicht mehr beantworten, denn sie will nicht stören. Und verschwunden ist sie. Fabian wirkt plötzlich unsicher, nicht mehr offen, rückt sich im Sessel zurecht, schlägt erst das linke über das rechte Bein, wechselt; sichtlich unbehaglich sucht er nach Haltung. «Der Film ist tatsächlich zynisch», nimmt er das Gespräch wieder auf, und es hört sich wie eine Solidaritätsadresse an seine Frau an. Dann aber fällt ihm etwas Besseres ein: «Der Film war absolut kastrierend!» Wie wenn er damit sein Unbehagen rechtfertigen könnte, löst sich seine Spannung. Warum erzählt er die Szene aus dem Film? «Weil das verdeutlicht, was Männer lustlos macht.» Kastrationsdrohung also. Kein Wort vom Lustschauer, den Fabian in der Erinnerung erlebt. «Sonst werden Lust und Unlust bei mir vom Körper diktiert. Wenn ich ein körperliches Bedürfnis verspüre, dann habe ich eben Lust, sonst nicht.»

So einfach ist es mit der Lust, die dem körperlichen Bedarf gleichgesetzt wird – wie wenn Appetit und Hunger immer identisch wären. Auf dem Gebiet der nachweisbaren Reflexe fühlt sich Fabian zu Hause. Die kastrierende Frau erscheint bloß als ein Ausrutscher des Regisseurs, nicht aber der Phantasie. Fabian spricht gerne ganz allgemein über Dinge, weniger gerne über sich selbst und möglichst nicht über seine Ehe. Nur einmal, vor vielen Jahren, habe ihm eine äußere Begebenheit die Lust geraubt: Als er einen Karriereknick durchlebte, hatte er auch keine Lust, mit einer Frau zu schlafen. «Frauen mögen keine Männer im Bett, die im Beruf versagen.» Woher er sein Wissen nimmt, verrät er nicht. Mit seiner Frau jedenfalls spricht er kaum über solche Dinge: «In unserer Beziehung spielen andere Dinge eine viel wichtigere Rolle. Meine Frau hat ihren Beruf für mich und unseren Sohn aufgegeben; das tut man nicht einfach wegen einer Sex-Beziehung.» Manchmal hat Fabian tiefe Schuldgefühle, wenn er daran denkt, was seine Frau für ihn alles aufgeben «mußte». Aber Frauen wie die seine, fürsorglich und liebevoll, würden sich nicht beklagen.

Trotzdem – oder gerade deshalb – haben ihre Männer Schuldgefühle, weil die stillen Vorwürfe, eine betonte Opferhaltung, nur schwer zu diskutieren, nicht überprüf- und angreifbar sind. Wie soll man sich verteidigen, wenn man nicht genau weiß, wogegen? Je diffuser das Leiden des Opfers, desto schuldiger fühlt sich die Umwelt – und desto größer wird die Möglichkeit, daß sich die

Schuld eines Tages in Aggressionen entlädt. Wer sich, wie Fabians Frau, zum stummen Opfer stilisiert, «kastriert» die Lebendigkeit jener, gegen die sich der undurchsichtige Vorwurf richtet. Wenn seine Frau in der Nähe ist, wirkt Fabian wie ein Kind, das sich in einem Wutanfall wünschte, der Vater möge krank werden, und nun ist er wirklich krank geworden – schwankend zwischen unsicherem Lächeln und grinsenden Allmachtsgefühlen, daß ihm ein Mensch so unbedingt «gehorcht». Vielleicht besteht darin das haltbarste Band zu seiner Frau. Die sexuelle Lust aber bleibt blockiert zwischen unsühnbaren Schuld- und unauslebbaren Machtgefühlen.

Irgendwann, versteckt in seinen philosophischen Ansichten über Sex, Frauen, Beziehungen, Lust und Unlust, erwähnt Fabian beiläufig, daß seine Frau Sex nur noch ihm zuliebe macht. Schließlich sind sie ja schon fast zwanzig Jahre verheiratet. Wie wenn er seine Offenheit bereuen würde, fügt er hinzu, daß er ihre Freizügigkeit natürlich nicht ausnutze. Was immer das heißen mag: Die Opfer-Schuldner-Beziehung setzt sich bis ins Bett fort. So wie Fabians Frau die Bettgeschichte moderiert, hat die Lust keine Chance: Sex ist zwar nicht verboten, doch er läuft ins Leere, keine Freude, keine Wut, kein Lachen, keine Träne, nichts. Auch keine Enttäuschung. Nur ihre verheimlichte Lust an der Kraft der selbstgewählten Opferhaltung. Was am gemeinsamen Sex Lust bereiten könnte – genießen, Lust zu bereiten; sich an der Lust des anderen ergötzen und die eigene Lust zu zeigen – wird geopfert.

Die Verve, mit der Fabian von der kastrierenden Film-Frau spricht, wirkt wie eine stellvertretende psycho-hygienische Handlung. Die verdrängte Wut auf seine Frau findet in der Erinnerung an den Film ein Objekt, an dem sie sich entladen kann. In diesem aggressiven Ausbruch verschafft sich Fabian gleichzeitig Lust, von der die Angst-Lust-Schauer zeugen, die ihm beim Anblick mancher Frauen über den Rücken laufen. Gegen die verdrängte Unzufriedenheit mit seinem Sexualleben phantasiert sich Fabian in eine gewalttätige Situation, in der er die kastrierende Frau in den Griff bekommt, indem er sie hervorrufen und wieder verschwinden lassen kann, ganz nach seinem Willen.

Der Zeitgeist und die Unlust

«Das Medium ist die Botschaft» – noch nie war die Einsicht von Marshall McLuhan so wahr wie heute.[1] Im Zeitgeist-Jargon: Der Schein ist das Sein. Der Zeitgeist schafft neue Gefühle, neue Sehnsüchte, neue Lust, neue Unlust; er hinterläßt jene Spuren in der Seele, die das Erleben heutiger vom Erleben früherer Generationen unterscheidet.

«Vergangenheit ist passé. Ich habe vergessen, was vorgestern war, und ich will vergessen, was gestern war», verkündet Gerd Gerken, ein deutscher Trend-Guru. Der Psychologe Gerken erfühlt in den Metropolen der USA Vorläufer der «Megatrends» und setzt sie für die Industrie in ständig neue, konsumierbare Lebenswelten um. Er konstruiert Medienillusionen, an denen sich die Realität zu messen hat. Egal, was er sagt, es ist die Botschaft. Seine Konsumvisionen auf Zeit halten die Menschen auf Trab, weil sie hier und heute ‹in› und ‹happy› machen, und die Sinn- und Wertvorstellungen ersetzen, die einst in der Geschichte wurzelten.

Unvergänglich ist nur noch die Veränderung. Das Ideal früherer Zeiten, die charakterfeste Persönlichkeit, die sich gradlinig in einer Richtung bewegt – wirkt heute wie ein Don Quijote, der auf seinem alten Pferd durch Manhattan reitet. Der Zeitgenosse ist psychisch mit einer Radarantenne ausgestattet, die ständig kreist, um von überall Botschaften aufzunehmen. Er ist offen für die ganze Welt und stets bereit, auf Modewellen mitzureiten. Das nennt sich Selbstentfaltung, ein artifizielles Bekenntnis zur synthetischen Lust.

Bereits 1950 entdeckte der amerikanische Soziologe David Riesman am Horizont der reichen Industrienationen diesen Typus, den er «außen-geleitet» nannte.[2] Wie der Name trefflich sagt, schlägt der Außengeleitete seine Wurzeln nicht mehr in die Tiefe. Er orientiert sich in der Breite an dem horizontal gelagerten Beziehungsgeflecht.

Das Ich des Außengeleiteten hat keinen festen Kern. Kein gestrenges Über-Ich steuert, wie der verinnerlichte Zeigefinger des Vaters, das Verhalten. Statt dessen füttert der Außengeleitete seine Identität mit Beziehungen und Informationen, die sein Selbst stärken, ihn für andere als wertvoll auszeichnen. Trend- und beziehungssüchtig saugt die Seele den Input auf, der ihr die Welt offenbart und die Gewißheit verschafft, dazuzugehören, nicht verlorenzugehen, jemand zu sein.

Dieses labile Selbstgefühl hat der Wissenschaftler Kenneth Gergen zu einem neuen Daseinsbekenntnis formuliert: «Ich kommuniziere, also bin ich.»[3] Trends ohne Geschichte, Beziehungen ohne Vergangenheit, flüchtige Identitäten auf Abruf – das verändert auch die sexuelle Lust. Intimität wird zum Zwang für Menschen, die sich erst in der Kommunikation als wirklich oder da erleben. Beziehungen versprechen Lebendigkeit, sie sind Surrogate für die fehlende innere Orientierung. Sexualität, meint David Riesman, kann für den Außengeleiteten als «die dauernde Suche nach einem ihm möglicherweise entgehenden Werterlebnis formuliert werden», als Ersatz für eigene Werte, Lust auf Sex als maskierte Hoffnung auf eine Identität.

Diese heimliche Hoffnung wird von den Medien am Leben gehalten: Immer neue Sex-Trends werben für immer neue Lebensstile, die immer neues Konsumverhalten fordern. Die Dynamik ist ohne Ende; das Ich braucht die Nahrung aus dem Beziehungsnetz. Sex wird zum Zwang, weil er der Mega-Trend ist.

Doch in der vielfältigen Kommunikation schleift sich Sex zur glatten Oberfläche, an der sich niemand stößt und niemand festhalten kann. Jean Baudrillard drückt das so aus: «Wenn alles sexuell wird, ist nichts mehr sexuell.» Die Jagd nach Intimität gleicht der Sehnsucht nach Sonnenschein in der Wüste oder nach Wasser auf dem Meer: Sie ist ein Paradoxon, eine Sucht ohne Befriedigung, aus der allein die Abstinenz befreien kann.

So kann auch Lustlosigkeit die Antwort auf die unendliche Sehnsucht nach Sex sein. Vielleicht, um die Intimität mit Erotik wieder zur Sinnlichkeit aufzumöbeln, zu etwas Wertvollem, das reifen muß; vielleicht, um wieder konkrete Lust zu empfinden, wenn

Erinnerung nicht mehr verdrängt wird durch die Gegenwart und Zukunft die Hoffnung von Gestern wieder in sich trägt.

Lustlosigkeit kann auch die Antwort sein auf die Erfahrung, daß Sex kein stabiles Ich garantiert, keine dauerhafte Orientierung vermittelt. Sie kann die Angst ausdrücken, festgelegt zu werden und dadurch die Beziehung zur Welt, zur Lebendigkeit zu verlieren. Vielleicht bedeutet sie auch Resignation, Rückzug aus dem allgegenwärtigen Beziehungszwang, Vereinzelung, Isolation. Für jeden Menschen bedeutet Lustlosigkeit etwas anderes. Der Zeitgeist trifft in jedem Individuum auf andere Spuren, die sich unterschiedlich abgelagert und unterschiedliche psychische Schichten und Vergangenheiten geprägt haben. So wird jeder aufgrund seiner eigenen Biographie mit dem Zeitgeist anders umgehen.

Doch eines scheint allen Außengeleiteten gemeinsam: die Abhängigkeit vom Atmosphärischen. Lust und Unlust kommen und gehen mit dem Ambiente, das sie trägt. Wenn die Innenwelt nicht mehr stabil ist, reagieren die Sensoren auf die Außenwelt sensibel. Echtheit hört sich in dieser Kommunikationswelt wie die rhythmustragenden Bässe einer konturlosen Melodie an: Sie sollen für den Takt und die Orientierung des Orchesters sorgen.

Auch Heinrich B. ist abhängig von der «richtigen» Umgebung, der «richtigen» Stimmung; erst wenn der Stil paßt, erwachen seine Lebensgeister, seine Lust, die genauso schnell wieder verschwinden kann. Wie komplex und gleichzeitig labil seine Identität und seine Beziehungen sind, wird an seiner episch tastenden Art, über sich selbst und seine Lust und Unlust zu reden, erfahrbar.

Die Zerbrechlichkeit der Lust

Heinrich B. schätzt, wie alle anderen Gäste auch, das unaufdringliche Design des Lokals; es verleiht ihren Gesprächen, ihrer Kleidung, ihren Gesten den gewünschten Rahmen. Vor allem aber ihrem Umgang miteinander. Das vorherrschende Stahlblau der Inneneinrichtung dämpft die reichlich ausgetauschten Küßchen und Umarmungen mit Bekannten – und hier scheinen alle mit allen irgendwie bekannt zu sein – auf das richtige Maß. Öffentlich Intimität zu mimen gehört zum guten Ton. Die Worte kennen alle, mit denen Nähe, «Echtheit», wie die meisten zu sagen pflegen, herzustellen ist. Doch das vielbeschworene Bedürfnis nach Authentizität hält sich die Waage mit dem Bedürfnis nach Distanz.

Ernesto, der Besitzer, lenkt trefflich die moderate Stimmung. Mit den Damen tauscht er kurzen zarten Wangenkontakt aus, den Männern drückt er stark und knapp, aber nie kumpelhaft die Rechte. Natürlich steckt seine tadellose Figur in einem teuren Understatement-Anzug. Ernesto ist Italiener, was hier nur heißen soll, daß er ein besonderes Gespür für die Wünsche seiner Gäste hat. Zum Beispiel kann sein lässiger Charme das Lokal hauchzart erotisieren, seine exquisiten Tagesempfehlungen die Essensauswahl zu einer gewichtigen Entscheidung gestalten, seine Nachfrage, ob der Schnupfen der letzten Woche überstanden sei, die Gäste zu erinnerungswürdigen Persönlichkeiten stilisieren.

Für Heinrich B., den 32jährigen Pressereferenten einer großen Stiftung, ist Ernesto das personifizierte Leben, die ganze diesseitige Fülle an ausgeschöpften Möglichkeiten. Natürlich sieht man Ernesto auch immer mit den schönsten Frauen in der Stadt. Heinrich B. hegt die unbestimmte Hoffnung, daß etwas von Ernestos Füllhorn für ihn abfällt.

Früher war das Lokal eine Studentenkneipe mit zuviel Rauch, zu lauten Diskussionen, zu hemdsärmeligem Biergenuß, der den Kontakt zur arbeitenden Bevölkerung herstellen sollte; die Theke war übersät mit Wasserringen, und der Garderobenständer stürzte im Winter zuweilen den Eintretenden entgegen, wenn er zu voll und schief bepackt war. Ernesto hat die Bartheke übernommen, zwar ohne Wasser- und Zigaretten-Spuren, aber im ursprünglich dunklen Ton mit dem verschnörkelten Zapfhahn und den alten harten Hockern. Dieser nostalgische Akzent mußte sein; er gibt Bodenhaftung und steht für Echtheit.

Wenn Heinrich B. zufälligerweise abends nichts anderes vorhat, geht er zu «seinem» Italiener. Hier pulsiert, so sieht es Heinrich, immer Leben. Wenigstens jenes Leben, das Heinrich für bedeutsam hält. Hier kann man sich immer mit jemandem über den neuesten Film austauschen, man hört, wer mit wem in der Stadt was macht, und tastet gemeinsam ab, von was oder wem man künftig noch oder noch mehr hören wird, wo «man» und nicht jedermann hinfährt, ob man es wieder wagen darf, sich für Fußball zu begeistern. Man hört etwas über Medienleute, die sowieso am Puls der Zeit sind, und erfährt, welche Philosophen augenblicklich von wem gelesen werden.

Heinrich B. ist kein Mensch für stille Abende zu zweit mit seiner Freundin. Wenn er mittags noch keine Verabredung für abends hat, wird er nervös – oder er entscheidet sich eben für den Italiener. Heinrich B. braucht das Gefühl, dort zu sein, wo man ist, oder das zu tun, was man tut. Dann erst fühlt er sich lebendig und als Mensch. So bestärken sich Heinrich B. und seine Bekannten – denn die sind Heinrich zum Teil recht ähnlich – darin, etwas Gewichtiges zu sein und zu tun, wenn sie zusammentreffen. Auch die Bekannten sind ständig bemüht, ihr Beziehungsnetz dadurch zu festigen, daß sie regelmäßig gesehen werden. Dieses Netzwerk ist Heimat, persönlichkeitsstiftend und sinngebend, eine erweiterte Familie, die das Gefühl vermittelt, zu einem großen Ganzen dazuzugehören, mehr Anteil an der Welt zu haben als in einer intimen Kleinfamilie und trotzdem irgendwo aufgehoben zu sein. In diesem Klima gegenseitiger Bestärkung wächst Heinrichs Mut und Lebensfreude. Jedenfalls reicht es für eine vage Lust auf Verliebtsein.

Trotzdem spricht Heinrich ganz ohne Hintergedanken mit seiner Nachbarin an der Theke. Beide warten auf einen Sitzplatz im vollen Restaurant. Niemand ahnt, daß aus diesem Small talk mehr wird als die übliche gegenseitige Bestätigung. Schon gar nicht Heinrich selbst. Er könnte auch nicht sagen, ob er mit dieser Frau wirklich etwas haben möchte. An diesem Abend faszinieren ihn einfach die zwei blitzend weißen Reihen winziger Zähne, die die Frau jedesmal entblößt, wenn sie einen dieser spitzen Lacher von sich gibt.

Das geschieht recht oft; und entsprechend häufig heftet Heinrich seine Augen an ihr Gesicht. Aus den Augenwinkeln nimmt er auch die molligen Schenkel in der engen Hose wahr, die reizenden schmalen Hände und zarten Füßchen, die sie artig nebeneinander auf der dafür vorgesehenen Stange an der Theke stehen hat.

Langsam wächst Heinrichs Lust. Auch die Frau scheint von ihm entzückt, denn Heinrich sieht nicht schlecht aus und wirkt etwas linkisch, etwas abwesend und sehr intellektuell, was seine Nickel-brille noch unterstreicht. Eine attraktive Mischung für Frauen mit mütterlichen Gefühlen, die sich ihrer Intellektualität vergewissern möchten. Irgendwie kommen sich die beiden näher. Heinrich schafft es, sie zu berühren. Der Test fällt für beide positiv aus. Ähn-liche Begegnungen widerfahren Heinrich manchmal bei Vernissa-gen, Lesungen, im Theater oder Kino – seltener auf Parties. Da ist die Stimmung zu absichtsvoll, schließlich geht man auf Parties, um Kontakte zu festigen oder zu knüpfen. Ein neutraler Grund des Zu-sammenseins, wie ein Essen, ein Film oder das neue Buch eines Schriftstellers, fehlt. Das macht Parties für Heinrich B. so mühsam. Ständig muß er beweisen, daß er ganz ohne Hintergedanken die Party besucht. Aber hingehen muß er, denn es ist die Gelegenheit, viele Bekannte auf einen Schlag wiederzusehen.

Auf einer Party hätte er die Frau mit den blanken Zähnchen kaum angesprochen. Wohl aber hier, beim Italiener. Es kommt zu einer lockeren Verabredung zum nächsten Essen, zu der die Frau auch ihre Freundin, die an ihrer anderen Seite sitzt, mitnehmen will. Schon auf dem Heimweg packen Heinrich B. Bedenken. Was hat ihn bloß an dieser Frau angezogen? Selbst wenn sie hübsch anzuse-hen ist, muß er sich denn gleich verabreden? Sie könnte ja mehr wollen, und wer weiß, ob das dann klappt. Vielleicht verspricht ihr munterer Mund viel zu viel; wahrscheinlich ist sie öde, lebens-ängstlich, sucht einen Mann für immer und fürs Ecksofa. Vielleicht strickt sie sogar! Was ist, wenn er mit ihr schläft und sie dann nicht mehr los wird? Draußen, vor Ernestos Lokal, schwindet die Lust aufs Verliebtsein rapide.

Heinrich B. macht sich keine Illusionen über sich. Er weiß, daß er seelische Krücken braucht, um sich lebendig – und das schließt die Lust mit ein – zu fühlen. Krücken wie die Gewißheit, unter Menschen zu sein, die auf irgendeinem Gebiet bedeutsam sind, vor allem aber, die irgendwie lebendiger sind als er selbst, Menschen, die es auf eine geheimnisvolle Weise verstehen, randvoll von Möglichkeiten zu stecken und sie genußvoll auszuschöpfen. Heinrich charakterisiert sich gern mit einem 1987 veröffentlichten Gedicht von Robert Gernhardt:

«Körper in Cafés verstehn es,
nicht zu sagen, was sie meinen.
Trinken cool aus großen Gläsern,
statt vollrohr in sie zu weinen,
Haben kein Problem mit Gesten,
da die quasi null bedeuten:
Sich umarmen geht ganz easy,
man umarmt sich ja vor Leuten.
Aber dann in den vier Wänden
müssen Körper Flagge zeigen.
Voll hängt er in ihren Sielen
und die Hölle voller Geigen.»[4]

Ein Gedicht über das zerbrechliche Verhältnis von Lust und Nähe. Wie oft schon hat Heinrich erlebt, daß die Lust auf dem schmalen Steg zwischen Distanz und Nähe abstürzte. Schon eine Kleinigkeit kann sie hinwegfegen: Wenn eine Frau zuviel Wärme herstellt, wenn sie sich im Bett an ihn kuschelt, wenn sie zu grell lacht oder pausenlos schwatzt, wenn die Harmonie zwischen äußerer und geistiger Attraktivität wankt. Oder umgekehrt: Wenn eine Frau selbst Distanz herstellt, wenn sie ihm ihre Lebendigkeit nicht schenkt, wenn er das, was er in sie hineinprojizierte, nicht erhält.

Heinrich weiß, daß vieles von dem, was er erwartet, gar nicht zu erfüllen ist. Er durchschaut seine Wünsche, die er an Frauen knüpft, als Hoffnung auf Selbsterhöhung, auf Lustpotenzen, auf Lebendigkeit, auf eine unversiegbare Energie, auf einen Sinn im Leben. Es ist eine Liste dessen, was er an sich selbst vermißt. «Ich definiere mich über das, was mir fehlt», erklärt er. «Dann bleiben mir wenigstens vage Ziele, obwohl ich den Weg dahin auch nicht kenne.»

Sollten darüber die Tränen fließen? «Ja und nein. Für mich sind die Tränen halb Parodie auf die melancholische Selbstbespiegelung, aber auch reale Klage über die tatsächliche Leere.»

Die Geschichte mit der Frau aus Ernestos Lokal entwickelte sich doch noch weiter. Heinrich konnte sich aufraffen, die Verabredung zu halten. Die Lust kam wieder. Nebst Zähnen, Schenkeln, Händen und Füßen überzeugten nun auch noch eine freche Frisur und der passende Po dazu. Nach der zweiten Verabredung meinte Heinrich bereits, eine versteckte geistige Potenz bei der Frau zu entdecken. Wie sie so ganz selbstverständlich über den *Mann ohne Eigenschaften* sprach, fand Heinrich sehr bemerkenswert. Nach dem dritten Treffen überzeugte sie ihn vollends, und er nahm sie mit nach Hause. Von da an ging's bergab. Je öfter sie sich sahen, desto mehr unangenehme Dinge fielen Heinrich an ihr auf. Irgendwann war's nur noch die «Hölle voller Geigen»: Seine Rolle als Liebhaber konnte er nicht mehr ausfüllen; Lust und Potenz waren verflogen. Außerdem lernte er bei einer Führung durch die neue Kubistenausstellung eine Frau kennen, die um Klassen lebendiger war – meinte er.

Mit der Zähnchen-Frau wurde es schwierig; es gab Szenen, obwohl er äußerst einfühlsam war. Aber, das mußte sie ja sehen, seine Lust versagte bei ihr. Einen durchschlagenderen Beweis gibt es nicht; und dafür kann er nichts. Dann vergaß er Verabredungen mit ihr und entschuldigte sich anschließend vehement. Nein, er wollte sie nicht verletzen. Er könnte nie brutal sein – «manchmal möchte ich es aber».

Das ist die Kehrseite seines scheinbar so sanften Wesens. Mit dieser dunklen Seite kommt er ganz schlecht zurecht. Es fällt ihm schwer, mehr darüber zu berichten. Es ist halt jene Seite, meint er selbstbeschwichtigend, die in der Jugend immer zu kurz gekommen ist: «Ich bin mit ‹brutaler› Sanftheit erzogen worden. Dagegen kann sich ein Kind nicht wehren. Alles, was ich als Ärger aufstaute, wurde in einem Meer von Sanftmut und Güte ertränkt.» Seine Eltern vermieden ängstlich jeden Konflikt; Wutausbrüche brachte sie in Panik. «Mit einer leblos-trockenen Fürsorge schlichen sie sich in mein Innerstes ein», klagt Heinrich.

Er hatte als Kind nur eine Forderung zu erfüllen: das moderate Familienklima nicht zu stören. Er durfte alles tun, Hauptsache, es gab keinen Krach, keine Diskussionen oder Auseinandersetzungen. Seine Eltern brauchten und mißbrauchten Heinrich für ihr eigenes Harmonie- und Zärtlichkeitsbedürfnis. Sie setzten keine Maßstäbe; was Heinrich an Idealen aufbaute, gleicht eher Tagträumen ohne reale Basis. In dieser Phantasiewelt verstaute er seine ganzen Aggressionen. Noch heute kann Heinrich mit Wut und Ärger nicht richtig umgehen. Auch nicht mit seinen sexuellen Phantasien, die meist einen sadistischen Anstrich haben. Wenn er sie unterdrückt und verdrängt, verschwindet auch die Lust, wie wenn die Verdrängung Lust und Lebendigkeit absorbieren würde.

Eigentlich wagt er selbst kaum, genau zu betrachten, was in ihm geschieht. «Manchmal denke ich, daß alle Frustrationserlebnisse in meiner Psyche Zähne bekommen und mich innerlich aushöhlen.» Wenn ihm so zumute ist, sucht er eine neue Frau, die sein Vakuum füllen soll. In diese Hoffnung ist die Enttäuschung mit eingebaut, ja es scheint, daß er den Fehlschlag sucht, damit er sich mit Rückzug und Unlust rächen kann: Rache für das «tote» Elternhaus, in dem Gefühle nur beschränkt zugelassen waren. Rache für die desillusionierte Lust, mit der er immer mehr verknüpft als ein Orgasmus bieten kann. Rache für das libidinös besetzte Studium, an das er Wünsche nach tiefen Einsichten und großen Geistern knüpfte und nur jämmerliche, überfüllte Seminare bekam. Rache für entgangene Freuden, weil sich Frauen für andere Männer entschieden oder dafür, daß sich seine Ideale von einer wunderbaren, lustvollen und befreiten Welt in Luft auflösten. Doch nie schafft er es, seine Aggressionen zu zeigen, und schon gar nicht dort, wo sie hingehören. Mit seiner Wut zieht er die ganze Lebendigkeit von der Außenwelt ab in seine Seele, die wie ein schwarzes Loch im Weltall alle Dynamik rundherum einsaugt, mikroverdichtet und für ewig einbehält. Sein Kommentar: «Dann denke ich, mein Leben zieht ohne mich wie ein Film an mir vorbei.»

Vielleicht verdichten sich gerade in ausgehenden Jahrhunderten die Enttäuschungen über alles Nicht-Erfüllte, über die unverbesserliche Menschheit, über Ideale, die sich als dünne Tünche über schimmligem Hintergrund entpuppen. Das scheinbar unendliche Angebot an käuflichen Lebensmöglichkeiten wird als Falle durchschaut; jeder ahnt, daß er letztendlich nicht das bekommt, was er erwartet. Und trotzdem macht fast jeder mit, weil er die Hoffnung nicht aufgeben mag. Gähnende Lust, die alles verspricht und doch nichts festhält – unterschwellig wissen wir möglicherweise, daß allzu pralles Leben und echtes Engagement die Harmonie ins Chaos kippen könnte; daß ein breit geflochtenes Beziehungsnetz und nicht unverrückbare Werte die Welt zusammenhält. Deshalb ist intimen Beziehungen von Anfang an ein Verfallsdatum eingeschrieben, das dann beginnt, wenn das Verhältnis zu eng oder zu exklusiv zu werden droht.

Heinrichs zentrale Erfahrung aus der Kindheit, daß alle mit allen auf moderate, sanfte Weise miteinander auskommen müssen, setzt sich als gesellschaftliche Erfahrung fort: Ein valium-sedierter Mensch fügt sich besser in die Masse als einer, der seine Lust und Lebendigkeit voll ausleben will. Der Kreislauf zwischen Hoffnung, Wagnis einer Annäherung, Enttäuschung, Rückzug, Unlust garantiert wenigstens, daß das Beziehungsgeflecht keiner aggressiven oder sonstwie intensiven Zerreißprobe ausgesetzt ist. Der Widerschein von Identität wird mit der Schemenhaftigkeit der Lust erkauft.

Der paradiesische Körper

«Wer mich liebt, soll mir nachfolgen» – verkündete ein Werbefoto, das eine wohlgeformte, weibliche Hinteransicht in hautengen und wölbungsnah abgeschnittenen Jeans der Marke «Jesus» zeigte. Der Vatikan empörte sich, aber der Schöpfer des Fotos, Oliviero Toscani, gab sich erstaunt: Nicht Blasphemie sei seine Absicht, sondern universale Werte zu verkünden, wie Schönheit und Liebe. Toscani, der Marken rund um die Welt einen guten Namen gab, hat einen Riecher für wirkungsvolle Werbung: Die Verknüpfung mit Anstößigem gibt der Nacktheit ihren Kick. Also wirbt der Zeitgeistkenner mit Lästerlichem.

Allein, das Laster ist im Schwinden. Die heiße Hinteransicht hat als alleinige Attraktion längst ausgedient; anstößig ist nur noch der Slogan. Je mehr öffentliche Anteilnahme der Körper und seine Funktionen erleben, desto tiefer, bis in religiöse Schichten, muß die Werbung greifen, um überhaupt einen Kitzel zu erregen. Der Körper besitzt kaum noch Tabuzonen. Oberschenkel, Po, Taille, Busen, Glatze – alles kann seriöses Partythema sein. Denn alles untersteht bestimmten Normen der Ästhetik, deren Einhaltung unablässige Kontrolle fordert. Ständig muß das Resultat präsentabel sein, am Strand, in der Sauna, im Minirock, unterm T-Shirt, in engen Jeans oder nur vor der Selbstzensur. Schönheit, Gesundheit, Lust und Jugend heißt das neue Evangelium, das von Selbstentfaltung, Liebe, Geliebtwerden jenen kündet, die ihm folgen. Die Religion des «Paradise Now» verschiebt nicht mehr aufs Jenseits, was im Diesseits erreichbar scheint.

Das Nadelöhr ins irdische Paradies ist der perfekte Körper. Mund- und Schweißgeruch, Embonpoint und Hängebusen, Alter und Krankheit trennen vom Paradies. Die zivilisierte Menschheit gibt Milliarden jährlich für Pillen und Tabletten, Pflegemittel und Kosmetik aus, die zeitgemäßen Aphrodisiaka. Ungepflegte Stillosigkeit liegt nicht im Trend. Trimmen, Schwimmen, Sport, Gymnastik, bewußtes Ernähren, Pflegen, Kuren und das körperliche Ergebnis modisch ausstaffieren – das sind Rituale des Körperkults. Nach allzu üppigen Tafelfreuden kann sich der Sündige einen Fastenablaß holen. Und in den Konsumtempeln des Designs, in den Fitness-Instituten und Kosmetikstudios, finden die Gläubigen Hilfe auf dem Weg zur Vollkommenheit des Körpers, die Liebe, Glück, das Paradies verspricht.

Ärzte schaffen die Voraussetzung für die gefragte Normgestalt: die Gesundheit. Ohne sie hat der Körper keine Chance. Kranke sind Sünder wider sich selbst. Auch Kranke an der Seele. Schönheit muß von innen kommen, verkünden die Ratgeber des Positiven Denkens. Selbst das Denken darf nicht entgleiten. Doch weder Gesicht noch Körper sollen Spuren der Mühsal mit sich selbst aufweisen, im Gegenteil. Alles muß erstrahlen wie die Lilie auf dem Felde, wie ein Glanzstück natürlicher Schönheit. Denn nur Natur kann einhalten, was das Paradies verspricht: ewige Lust und Liebe. Doch das Ziel der Übung erweist sich als Schimäre. Die absolute Selbstkontrolle hat den Körper zum visuellen Kunstwerk erstarren lassen: «Anfassen verboten.» Sexualität dagegen lebt von Berührung und Verschmelzung, vom Anfassen und vom Spüren, von Hingabe und Sich-gehen-Lassen.

«Wenn ich top aussehe und in Form bin, arbeite ich, und dann ist natürlich nichts mit Sex. Und sonst habe ich das Gefühl, mich niemandem zeigen zu dürfen», schildert die 29jährige Edith ihr Dilemma mit der Lust. «Meistens, vor allem in der Woche, bin ich einfach zu kaputt. Mein Mann übrigens auch. Er arbeitet genausoviel wie ich, und abends reicht es nicht mehr für eine Extra-Anstrengung.» Edith ist seit zwei Jahren leitende Angestellte in einer Werbeagentur. Gleich nach dem Abitur entschied sie sich für diese «Wahnsinnsbranche, in der man mehr als ganz gefordert wird, weil man seine Ideen mit der ganzen Erscheinung verkaufen muß, so ähnlich wie TV-Moderatoren».

Die ungeheuer wachsende Medien- und Werbebranche ist besonders anfällig für den Schönheitskult. «Es ist bei uns schon ein bißchen wie im Show-Business», meint Edith. «Männer müssen immer so aussehen, wie wenn ganz Hollywood für sie schwärmen würde, und Frauen, als ob sie Robert Redford betören könnten. Aber mir macht das Spaß – noch. Nächstes Jahr, wenn ich dreißig werde, habe ich vielleicht ein Tief. Das bleibt nicht aus. Aber mit Geschmack und eisernem Willen kann man sich bis vierzig in der Branche halten.» Die brillant aussehende Edith könnte Redford im Nu erobern; nur mit ihrem Mann will es so recht nicht klappen. «Wir haben einfach beide zuviel zu tun», rechtfertigt sie die ruhigen Nächte, und fügt hinzu: «Bei meinen Kolleginnen und Kollegen läuft sicher nicht mehr. Aber keiner redet darüber, alle tun so, als ob sie es täglich mit einer anderen trieben.» Ganz unerwartet fügt sie hinzu: «Aber mein Mann könnte sich doch etwas mehr um mich kümmern. Ab und zu packen mich doch Zweifel, ob er findet, daß ich gut aussehe. Obwohl ich mich zu Hause nicht gehenlasse. Und wenn es mir schlecht geht, schlafe ich im Gästezimmer.»

Ediths Selbstzweifel wurzeln nicht in ihrem Aussehen, sie sind die Folge des Schönheitsmythos, der als «geheimes Unterleben die junge Freiheit der Emanzipation vergiftet», wie Naomi Wolf in ihrem Buch *Der Mythos Schönheit* schreibt. «Mit Schönheitsvorstellungen infiziert, leiden die Frauen an Selbsthaß, körperlichen Obsessionen, Horror vor dem Altern und einer verzweifelten Besorgnis, die Selbstkontrolle zu verlieren.»[5] Schritt für Schritt mit der Befreiung von den Zwängen der alten Hausfrauenrolle, so Wolf, haben die Zwänge des Schönheitswahns von der Frau Besitz ergriffen.

In den vierziger Jahren des 19. Jahrhunderts erschienen die ersten Aktfotos von Prostituierten, Mitte des Jahrhunderts die ersten Anzeigen, die mit schönen Frauen warben. Die neuen fotografischen und massenmedialen Techniken verbreiteten die Schönheitsideale, während die viktorianische Prüderie dem neuen Körperkult ein letztes großes Gefecht lieferte. Das neue sexuelle Bewußtsein der Frau erblickte kaum das Licht der Welt und war schon umstellt von den besorgten Augen der modernen Frau. Der Kampf um die neuen Körpernormen ist ein Kampf gegen sich selbst, gegen Übergewicht und körperliche «Defizite». Wolf: «Das Modellgewicht liegt 23 Prozent unter dem der Durchschnittsfrau; also steigen Eßstörungen exponentiell. Massenneurosen gehören zum Konzept, um die Selbstkontrolle am Laufen zu halten.» Hungern gehört zum alltäglichen Kampf des Willens gegen den Körper.

Für einige, besonders für junge Mädchen, hat sich Hungern bereits vom ursprünglichen Zweck zur Gewichtsreduktion abgekoppelt. Sie hungern um des Hungerns willen. Der Überfluß nährt offenbar den Wunsch nach Hunger oder Askese. Die eigentliche «Hungerkrankheit», wie die Magersucht oder Anorexie auch heißt, ist nur eine der auffälligsten zivilisatorischen Hungerkrankheiten. Hunger nach einer unerreichbaren Liebe liegt oft Depressionen zugrunde, die in der mit Beziehungen überfütterten Gesellschaft stark zunehmen.

Die Sehnsucht dieser Hungernden zielt wohl, wie jede Sehnsucht, auf das andere. Bisher mußte jedes Ziel, das ein endgültiges Paradies versprach, irgendwann einem neuen Heilsversprechen weichen. Auch die sexuelle Revolution erfüllte nicht die Erwartungen. Hungern ist eine sinnreiche Antwort auf heutige Enttäuschungen: Wer hungert, verweigert sich dem Konsum – auch dem sexuellen, wer hungert, erhält menschliche Fürsorge und Zuwendung, wer hungert, entzieht sich passiv der Erwachsenenwelt und bittet insgeheim darum, getragen zu werden.

Schließlich verändert das Hungern den Menschen selbst: die allgemeine Lustlosigkeit steigert sich, und die Libido erlischt ganz. Magersüchtige Mädchen, ergab eine Studie in den USA, suchen keine sexuellen Kontakte und masturbieren – parallel zu ihrem abnehmenden Körpergewicht – immer seltener. Lustlosigkeit und Ekel vor allem Körperlichen erfassen das ganze Wesen. Das Körperliche auszuschalten, scheint die logische Konsequenz der ästhetischen Norm, die alles Körperliche der Selbstkontrolle unterwirft, vielleicht die Konsequenz des Zivilisationsprozesses überhaupt.

Norbert Elias hat festgestellt, daß die Menschen seit dem Mittelalter zunehmend ihre körperlichen Bedürfnisse und Verhaltensweisen «zivilisierten», zum Beispiel mit Messer und Gabel essen lernten, nicht mehr in die Ecke spuckten, abgenagte Knochen nicht mehr hinter sich warfen, sich kämmten, sich wuschen, nicht mehr nackt und nicht mehr mit vielen anderen zusammen irgendwo schliefen.[6] Als die Sexualität ihren Namen bekam, wurde auch das Nachtkleid allgemeine Mode.

Heute ist die Körperkontrolle so weit verinnerlicht, daß wir sogar nackt am Strand liegen können, ohne übereinander herzufallen. Das Nackte ist ästhetisch und steril geworden. Die allgegenwärtige Nacktheit beweist weniger ein natürliches Körpergefühl als vielmehr, daß kulturelle Normen die Natur immer versteckter, aber um so wirkungsvoller im Zaume halten. Selbstbeobachtung ohne äußeren Zwang ist die Zauberformel. Sie schöpft ihre Wirkkraft aus der Definition des Glücks, die absolut vernünftig, zwingend, wissenschaftlich überprüfbar klingt. Sie umfaßt nur das, was der Mensch sich selber zutraut: auszukosten, was im eigenen Körper steckt. Diese Verheißung macht den Menschen zum Vollstrecker und zugleich zum Opfer seines Glücks – er kann sich ohne Ende um die Optimierung von Körper und Leben bemühen, mitnichten jedoch ist die paradiesische Erfüllung seiner Erwartungen garantiert.

Dem neuen Glücksversprechen beugen sich auch die Männer. Der Schönheitskult hat sich zum Körperkult ausgeweitet, der die Hoffnung auf ein langes, lustvolles Erdendasein vertritt und Schönheit mit Gesundheit verquickt. Nur Unangepaßte pfeifen auf die Selbstkontrolle und zerstören ihre Gesundheit, ihre Schönheit und ihre Lebenschancen durch Nikotin, Alkohol und andere Drogen. Moderne In-Menschen beweisen, daß sie Auserwählte des «guten» Lebens sind, indem sie dynamisch, jung, potent sind. Doch das reale Paradies ist zerbrechlich, menschlich, flüchtig wie der paradiesische Genuß, die Sexualität. An sie heften sich lautlos wieder alle Wünsche, die einst ihrer Erfüllung im Himmel harrten: absolutes Geliebtwerden, Aufgehobensein, Romantik, ein Mensch sein, der bei seinem Namen gerufen wird und nicht in der Masse der Unbekannten untergeht.

Dem Druck des Begehrens ist das körperliche Lustpotential nicht gewachsen. Auf leisen Sohlen hat es sich davongemacht. Bücher und Therapien häufen sich, die eine bessere Lust versprechen, Techniken vermitteln, die den letzten Rest unbewältigter Schamhaftigkeit überwältigen, die den perfekten Orgasmus als Griff nach dem ewig Lebendigen verkaufen, frei nach Wilhelm Reich: «Die Orgasmus-Formel ist die Formel alles Lebenden.»[7]

Mit dem Körper wird auch die Sexualität perfektioniert, die damit ihre subversive Kraft verliert. Wenn zur Gesundheit offiziell gesunder Sex gehört, wenn in allen Medienkanälen Debatten ausgetragen werden, wie vollkommene Lust zu erreichen ist, mutiert die Sexualität zum zahmen Haustier. Vielleicht wird sie eines Tages, wenn die letzten Bastionen des katholischen Widerstands gegen die körperliche Lust gefallen sind, nur noch ein klägliches Dasein führen, eingezäunt von Ratschlägen und Rezepten zum richtigen Gebrauch der erogenen Zonen. Die Sorge um das körperliche Wohlergehen und ein langes Leben domestiziert fortan den Körper und die Sexualität. Wen wundert es, daß Edith und ihr Mann, junge, schöne, moderne, aufgeklärte Menschen, denen Sexualität viel bedeuten sollte, an ihr versagen?

Reden, reden, reden

Das Schweigen zwischen zwei Menschen füllte noch im letzten Jahrhundert ganze Novellen[8] mit Sehnsüchten, Hoffnungen, Ungewißheiten, Mißverständnissen, Fehlentscheidungen, Trauer, Schmerz... Ach, hätten sich die Liebenden doch gegenseitig offenbart! Da sind wir heute schon ganz anders drauf. Der Gewinner unserer Zeit ist ein Mensch, «welcher mit den geringsten Widerständen oder dem geringsten Zögern die Produkte seiner Intimsphäre auszubreiten weiß», meint der Psychologe G. C. Rosenwald.[9] Sex ist verbaler Wettbewerb; die Lust am Machen widersetzt durch die Lust am Darüberreden.

«Ich hatte hintereinander zwei Maulhelden als Liebhaber; mir reicht's», begründet Ines, warum sie weder über Sex noch Unlust reden mag. Im übrigen sei sowieso nicht viel zu sagen, denn es gebe nur zwei Männer-Kategorien: «Die Machos und die Maulhelden. Die ersten erniedrigen dich, die zweiten überschütten dich mit Worten und mit sonst gar nichts.» Den Trip macht sie nicht mehr mit.

Nachdem die Sexualität aus der Schweigezone erlöst worden ist, erschien Reden als Weg zur Wahrheit. Und da die Wahrheit, wie man sagt, frei macht, eilte man mit der wissenschaftlichen, medialen und privaten Thematisierung der körperlichen Lust immer neuen Freiheiten entgegen. Solange alles im Fluß war, Wahrheit nicht mehr als unteilbar ewiges Wesen der Dinge, sondern als eine Größe betrachtet wurde, die immer wieder neu ausgehandelt werden mußte, funktionierte der Aufbruch in die neue Kommunikationskultur. Verschwiegene sexuelle Wünsche wurden ans Licht der öffentlichen Diskussion gezerrt, erhielten das Gütesiegel der Normalität und wurden kurzfristig zur Norm deklariert, bis sich eine neue durchsetzte. Jeder Wunsch hatte eine Chance.

Doch die ewige Leier über die Intimitäten ist mittlerweile zum Ritual erstarrt, das in ständig neuen Verkleidungen auftritt. «Der Sex dient heute als Stützpunkt jener alten Form, die dem Abendland so vertraut und wichtig ist, der Form der Predigt», schrieb der französische Philosoph Michel Foucault 1976. «Eine große sexuelle Predigt – die ihre scharfsinnigen Theologen und ihre populären Kanzelredner hat – durchzieht seit einigen Jahrzehnten unsere Gesellschaft, geißelt die alte Ordnung, denunziert die Heucheleien und besingt das Recht des Unmittelbaren und des Wirklichen; sie läßt uns von einem neuen Jerusalem träumen.»[10] Es geht nicht mehr um die individuelle Lust, sondern ums Reden, den Diskurs über den Sex an sich, die neue Verheißung für jene, die das Ritual einhalten.

Nicht alle folgen den neuen Predigern. Viele klagen, daß die Lust entschwindet, wenn über sie geredet wird. Anderen wiederum kommt das Dauerpalaver über Sex gerade recht, um zu tarnen, daß sie, rhetorisch gewieft, nur ihren eigenen Willen durchsetzen. Alle aber haben verstanden, daß eine Beziehung ohne «Beziehungsarbeit und Verständigung», ohne Kommunikation also, nicht zu schaffen ist. Denn schließlich wird von Beziehungen heute genau das Gegenteil von dem erwartet, was sie bezwecken: Sie sollen die individuelle Freiheit beider Partner garantieren. Mit der beredten Sexualität verändern sich auch die Partnerschaftskonflikte. Problemgespräche über Sexualität gehören zu einer bewußten Partnerschaft. Wo dieser Austausch fehlt, muß ein Konfliktgespräch geführt werden. Die unterschiedliche Gesprächsbereitschaft ist ein allgemein anerkanntes und weitverbreitetes Beziehungsproblem geworden. Auch für den 30jährigen Stephan.

Stephan erinnert sich nicht mehr genau, wann seine damalige Freundin Erna begann, ihn in der Kunst der Kommunikation zu unterrichten. «Leider immer zu Unzeiten. Wenn wir schön zusammen im Bett lagen und sich bei mir allerhand regte.» Dann konnte sie beispielsweise fragen, wie er sich jetzt gerade fühle oder wie er sie erlebe... Eher hätte er über den Mondflug reden mögen als seine Verfassung preiszugeben. «Denn sie begnügte sich nicht mit einem ‹toll fühle ich mich›, sie wollte es ganz genau wissen.» Das führte zu weiteren Reflexionen über die Größe ihrer Brust oder ob er Kastrationsängste hätte. «Und ab und zu erledigte sie mich mit Sprüchen wie: ‹Waren andere Frauen besser als ich?›» Nach der Scheidung von ihrem ersten Mann vertraute Erna ihr Seelenleben einer Gruppentherapie an. Dort lernte sie, über alles zu reden, was sie beschäftigt. «Eines Tages glaubte sie wirklich, daß sich Beziehungsprobleme wegquasseln lassen.» Stephan ist nicht gut zu sprechen auf Erna. Schließlich hatte er sich von ihr mehr erhofft, denn es begann sehr vielversprechend. «Aber eines Tages trampelte sie mir nur noch auf den Nerven herum.» Und dann beendete sie zu guter Letzt die Freundschaft. Das kränkte seinen Stolz doch sehr. Die Geschichte ließ Stephan nicht los. Seinen ganzen Bekanntenkreis fragte er, was sie von einer solchen Frau hielten. Alle, aber auch alle hätten ihm versichert, daß Mann mit einer solchen Frau nicht schlafen könne. «Entweder reden oder vögeln», war die einhellige Meinung.

Mit der Lust ist es wohl wie mit dem Bergsteigen: Sobald man versucht zu überlegen, wie das geht, klappt nichts mehr. Die Koordination scheint so schwierig, daß Absturzgefahr droht. Viele Männer halten es deshalb noch immer mit der unmittelbaren Sprache des Körpers. Auch Erich kann mit Diskussionen über die eigene Befindlichkeit wenig anfangen: «Frauen, die alles diskutieren wollen, bringen mich um. Ich habe meine kleinen Geheimnisse, und die will ich auch behalten. Ich gebe viel von mir, aber einiges gehört mir allein.» Das Schatzkästlein der Phantasien und Erinnerungen dient Erich als Versteck, wo ihn keine Frau je findet. Dort darf er sein und denken, wie er will. Wenn er in diesem Kästlein kramt, fühlt er sich als freier Mann allein mit seinen Schätzen, entlastet von der Bürde der Wirklichkeit. Und Frauen sind für ihn harte Realität: «Sie sind anspruchsvoll, gerade, wenn sie sich bescheiden geben.» Nicht finanzielle Ansprüche drücken Erich, sondern die emotionalen Erwartungen der Frauen. «Nur wenn ich schweige, kann ich mich diesem Druck einigermaßen entziehen.»

Was sich für manche Männer als Plage darstellt, erscheint Frauen häufig als Entlastung. Sie haben schon immer, fern vom heutigen Geständniszwang, eine eigene Sprache gefunden, um ihre Emotionen zu bereden. Intimität, oder wie es früher poetischer, aber aufschlußreicher hieß, Hingabe, ist für Frauen noch immer bedrohlicher als für Männer, besonders in nicht stabilen Beziehungen. Indem sie reden, versuchen sie, den Partner kennen und verstehen zu lernen und bauen so diffuse Ängste davor ab, mißbraucht zu werden. Eine stumme Beziehung beunruhigt vor allem unsichere Frauen. Männer wiederum, die nie gelernt haben, ihre Gefühle zu artikulieren, oder die es nie nötig hatten, reagieren auf die Offenheit der Frauen verschreckt. Vielen wird deutlich, daß sich Frauen im Gespräch entlasten und in einer Weise selbst erleben, die ihnen eher verschlossen bleibt. Neid und Angst vor dieser Welt der Offenbarungen verstärkt den Wunsch, nichts von sich selbst herzugeben.

Wie entlastend Reden sein kann, schildert die 30jährige Lehrerin Nelly. «Ich halte sehr viel davon, über die eigenen Gefühle zu sprechen. Wie sonst hätte ich erfahren, wie andere mich sehen?» Sie empfindet diese korrigierenden Rückmeldungen von anderen als einen nicht zu überschätzenden Teil einer Beziehung. «Meine Freunde haben mir – wenigstens sagten sie es – ehrlich gesagt, was sie von meinen Phantasien und Gefühlen beim Schmusen und beim Sex halten.» Früher sei sie nie sicher gewesen, ob sie «normal empfinde». Erst die Gespräche hätten ihr Sicherheit und damit auch den Spaß an der Sache geschenkt. Aber keiner der Freunde gab jemals so richtig etwas von sich selber preis. Deshalb fragt sich Nelly hin und wieder, ob es richtig sei, alles von sich zu erzählen. Jetzt, wo sie genug Sicherheit hat, würde sie sich nicht mehr ganz so offen geben. «Wenigstens nicht von Anfang an und nicht bei einem Mann, der über sich selbst gar nichts erzählt.»

Die intime Kommunikation ist eine sensible Angelegenheit und bedarf eines ausgebildeten Einfühlungsvermögens. Mütterlicher Trost bei einem neuen Liebhaber, der gerade versagte, kann der Lust den absoluten Todesstoß versetzen. Benutzt die langjährige Ehefrau dieselben Worte, können sie durchaus aufmunternd wirken. Will ein Mann gekränkt und beharrlich über die Lustlosigkeit seiner Freundin schweigen, erfährt er nie, daß ihre fehlende Lust vielleicht durch einen kleinen «technischen Trick», ein nur zentimeterbreit verschobenes Streicheln etwa, zu beheben wäre. Fragt ein anderer hingegen dauernd selbstgefällig, ob er alles richtig mache, verdirbt er ganz gewiß die Stimmung. Fühlt sich ein Partner ständig unzufrieden, ist Schweigen kein guter Ratgeber.

Zum richtigen Zeitpunkt im richtigen Tonfall das Richtige zu sagen und im falschen Zeitpunkt zu schweigen, scheint für den Erfolg ausschlaggebend. Und trotz allem ist es manchmal hilfreich, zur falschen Zeit zu platzen – denn welche Zeit richtig und welche falsch ist, zeigt sich oft erst im nachinein. Jene, deren männliche Muskelkraft meistens geschwinder ist als die geistige Anpassungsfähigkeit, verzichten deshalb häufig auf eine Extra-Anstrengung und genießen, was es zu genießen gibt, ohne darüber nachzudenken, welche gemeinsame Sprache man mit der Partnerin finden könnte. Wie wär's, wenn dieser stumme genitale Ernst durch etwas Selbstironie, ein paar kleine Schmeicheleien oder nette Zweideutigkeiten aufgeheitert würde? Etwas Spielerei hält die aggressiven Seiten der Sexualität angenehm in Schach.

Der therapeutische Machbarkeitswahn

1977, mitten in Manhattan, versucht ein hypersensibler und ziemlich angezehrter Intellektueller, sich im Gestrüpp der Umwelt, seiner Sexualität und Seele zurechtzufinden. Panik erfaßt ihn, wenn andere zu nahe sind, Horror, wenn ihm Natur pur begegnet, und seinen sexuellen Regungen droht ständig Stromausfall. Ohne Psychiater scheint überhaupt nichts mehr zu laufen. Doch – o Ironie des Schicksals – erweisen sich die Seelenspezialisten selbst als hilfsbedürftig. Die Situation des mit seiner Lust und seinem Leben hadernden Nervenbündels ist desolat: Woody Allen schuf mit dem *Stadtneurotiker* eine Kultfigur. «Ein von der ‹amerikanischen Psychokrankheit› Infizierter», nannte ihn ein hiesiger, vor der epidemischen Ausbreitung des Seelenleidens schaudernder Feuilletonist. Ein anderer Kritiker ließ sich ganz unprofessionell zu einem Rat hinreißen: «Man möchte dem ‹Stadtneurotiker› zurufen: ‹Vergiß deine Seele, liebe, lebe!›»

Der Kino-Antiheld traf offensichtlich einen Nerv der Zeit. Immer mehr Menschen fühlen sich außerstande, ohne Expertenhilfe mit sich und anderen richtig umzugehen. Seit den siebziger Jahren überschwemmen – verglichen mit dem mehrfach gebrochenen Prototypen aus Downtown-Manhattan – häufig recht muntere Neurotiker die Großstädte der Alten Welt. Wer sich zu den feinsinnigen Zeitgenossen zählt, braucht eine Therapie. Therapien adeln. Sie gehören zum Image einer dünnhäutigen urbanen Seele und beweisen, daß man das Klassenziel der Zeit erreicht, authentisch, offen, reflektiert zu sein. Nur Bürger mit beschränktem Bewußtseinshorizont und der provinziellen Angst vor Selbstentblößung bleiben therapieresistent. Sie gelten als aussterbende Spezies mit einer wenig subtilen Sexualität. Therapeutisch Versierte dagegen tauchen mit Wonne in die Abgründe ihrer Seele ab, die randvoll ist mit vielschichtigen Problemen, die die Lust erdrücken. Das Bekenntnis zur Therapiebedürftigkeit dokumentiert, daß der Pfad zu Höherem, zur Selbstentfaltung beschritten wird. Die Seelenspezialisten belohnen ihrerseits die Öffnung des Selbst wie einst die Priester den reuigen Sünder: Mit dem Gefühl, zu den besseren Menschen zu gehören. «Es herrscht ein Klima, das alles, was irgendwie psychologisch und psychotherapeutisch sich geriert, mit der Aura des Superioren oder zumindest Angemessenen versieht», beschreibt der streitbare Sexualwissenschaftler Martin Dannecker die Stimmung in der Therapiegesellschaft.[11]

Dem massenhaften Wunsch, das Intimleben in berufene Hände zu legen, nimmt sich eine wachsende Schar von psychologischen Beratern an. Wie von einer kollektiven Angst geführt, daß Lust und Unlust unkontrolliert hingenommen werden könnten, verbreiten sie die frohe Botschaft, daß Lust zu den machbaren Dingen zählt. Und wie alles, was dem Wahn der Machbarkeit anheim fällt, wird unter der therapeutischen Regie auch die Lust zu einer allzu komplexen Sache, um sie den Laien zu überlassen. Schaffte erst das psychologische Angebot die Nachfrage nach Expertenwissen? Martin Dannecker hegt schon lange den Verdacht. Mit der Ausbreitung des Wissens um die seelischen Vorgänge, so meint er, gehe «eine Einbuße der Fähigkeit der Menschen einher, mit Psychischem in Alltagssituationen umgehen zu können».

Tatsächlich entwickeln viele Therapien eine entmündigende Eigendynamik, der im Glücksfall eine Phase des psychischen Wiederaufbaus folgt. Die erste Etappe der Abwärtsspirale umfaßt die Entdeckung der Bedürftigkeit. «Ich wußte nicht, *wie* kaputt ich war», seufzt Sylvia N., eine 48jährige Hausfrau. Sie brach vor 24 Jahren ihr Geschichtsstudium ab, als sich das erste Kind anmeldete. Mit Ende 30 fühlte sie sich plötzlich nicht mehr top. Eine Freundin überzeugte sie davon, daß sie einen Therapeuten aufsuchen müßte. «Damals glaubte ich, einfach in einer Midlife-Krise zu stecken, weil ich mich unnütz fühlte und auch keine richtige Perspektive vor mir hatte.» Heute kann sie sich überhaupt nicht mehr vorstellen, wie sie ihr Leben damals aushielt. Es klappte einfach nichts mehr. Vor allem nicht im Bett. Ihr Mann wollte mindestens einmal wöchentlich mit ihr schlafen. Sie ließ es geschehen, obwohl er kein guter Liebhaber war und sie mit ihm keine Lust empfand. «Aber ich glaubte halt, daß ich ihm das schuldig sei.»

Mit 40 lernte Sylvia einen «sehr zärtlichen, wunderbaren Mann» kennen, mit dem einfach alles bestens schien. Der Schlußstrich unter ihre Ehe war damit gezogen. Sie verweigerte sich ihrem Mann und trennte sich schließlich endgültig von ihm. Doch kaum hatte Sylvia ihren Mann verlassen, merkte sie, daß auch ihr Freund sie nicht zu neuen Ufern führen konnte. «Es schockierte mich, als ich spürte, daß ich mich auch bei ihm nicht voll aufgehoben fühlte.» In der turbulenten Zeit blieb der Therapeut ein fester Fels, der jedoch Sylvias Willen zum Aufbruch in ein neues Leben auf Dauer nicht gewachsen war. «Ein knappes Jahr nach meiner Scheidung mußte ich mir einen neuen Therapeuten suchen. Der erste verkannte meine Sexualität.» Es kränkte Sylvia tief, als er durchblicken ließ, daß sie lernen müßte, ohne ihn zu leben. «Dabei hatte ich mich noch nie als richtig sexuelles Wesen gefühlt.» Sie verwandelte fraglos ihr eigenes Problem in eine Aufgabe des Therapeuten.

Nein, in sexueller Hinsicht will Sylvia keine Kompromisse mehr machen. Sie strebt nach einem Ziel, sie will irgendwann den Rausch körperlicher Liebe erleben – und wenn sie noch zehn Jahre warten muß. Ihr zweiter Therapeut unterstützte sie darin voll und ganz. Vor zwei Jahren allerdings erlahmte auch dessen therapeutischer Elan. Also wechselte sie «in eine Gruppe», der sie nun langsam «entwächst». Auf psychologische Unterstützung will sie allerdings nicht verzichten. Je länger Sylvia von ihren Therapieerfahrungen berichtet, desto heftiger drängt sich die Ahnung auf, daß es nicht mehr um ihre Genesung und ihre Erlebnisfähigkeit geht, sondern um das erhebende Gefühl, daß sich alles um sie dreht.

Sollte der Psychoboom nichts weiter sein als eine Beschäftigungstherapie? Und haben Seelenarchitekten potemkinsche Dörfer, Attrappen glückseliger Selbstentfaltung und Sexualität konstruiert, um die Kargheit autodidaktischer Lust kraß vorzuführen? Die Mechanismen sind verschlungener. Therapeuten und Klienten spielen dasselbe ‹Berate-mich-ich-berate-dich›-Gesellschaftsspiel. Je lockerer die moralischen Zwänge werden, desto kleinmaschiger ist das Netz gegenseitiger Abhängigkeiten. Jeder knüpft sich selbst mit Haut und Haaren in das Geflecht, das jeden trägt. Unzählige legen ihr Intimstes frei, um vom Fachmann wie ein abhängiges Kind durch das Labyrinth ihrer Wünsche geleitet zu werden. Selbst wenn Therapeuten möchten, sie werden ihre Kunden nicht mehr los.

Dannecker kennt die Struktur der Entmündigung: «Noch der trivialste Rat eines Psychoexperten gilt heutzutage ungleich mehr als der subtile eines Mitmenschen. Der Psychologe ist zum Träger des Geheimnisses geworden, das die Psychologie vorher den Menschen mit ungeheurem Aufwand entriß. Als solcher ist er jetzt derjenige, der die Lösungen für die quälenden Fragen des Lebens weiß. Um das festzustellen, braucht man nur einmal die Reaktionen von Menschen in Alltagssituationen zu beobachten, wenn sich einer unter ihnen als Berufs-Psychologe entpuppt. Sogleich wird dieser zum Zauberer verklärt.»

Nun hat der Zauberer ein anderes Fluidum als der Wissenschaftler. Ein Forscher muß sich seine Erkenntnisse erarbeiten, ein Magier dagegen weiß. Die Psychologen haben das Stadium der Wissenschaft zum Teil bereits durchschritten und treten nun als Hexenmeister auf. Ihr Wort hat eine ganz eigene Kraft, dessen Wirkung nicht selten im Verhältnis zur Schlichtheit der Aussage steigt. Die mit vielschichtigen Problemen überfütterten Zeitgenossen genießen die leicht verdauliche Kost wie eine Offenbarung. Sie konsumieren eifrig jeden neuen Brocken aus der Psychoküche, und manche Mixer einschlägiger Einsichten mühen sich redlich, die Nachfrage zu befriedigen.

Die Zeit, als Therapien noch subversive Sprengkraft besaßen, weil sie bedrückende Tabus aufbrachen, ist fern. Vor hundert Jahren erntete der junge Sigmund Freud Hohn und Feindschaft unter den Kollegen, als er den Ödiupuskomplex vorstellte, den er seinen eigenen Kindheitserinnerungen abgerungen hatte. Nun ist Ödipus erwachsen, ein schmucker Jüngling, mit dem sich gerne alle zeigen. Wer hat noch nie seinen Namen ausgesprochen, um ganz beiläufig anzudeuten, daß er zur Gemeinde der Tabufreien gehört? Wie von einem inneren Offenbarungszwang getrieben, übertrifft man sich darin, zu beweisen, daß man nichts verbirgt. Grandiose Seelenexhibitionisten quälen sich sogar in öffentlichen Psycho-Shows, ihre nackten Erfahrungen wirkungsvoll zu präsentieren. Ein entnervter Moderator prägte in einer Talk-Show den Spruch: «Nun wissen wir ja alle, wie Ihr Sexualleben ausschaut. Jetzt sagen Sie uns doch bitte noch, was Sie sonst tun.»

Obwohl die Sucht nach Offenheit und Spezialisten, die die Seele verzaubern und das reibungslose menschliche Funktionieren sichern, stetig wächst, wirkt der Therapismus noch nicht flächendeckend. Ruth C. Cohn, eine Pionierin der Alltagspsychologie, sieht noch ein unendlich weites Feld, das auf seine Kultivierung wartet: «Unter dem Antrieb des tiefgehenden Wunsches, mehr Menschen psychologisch zu erreichen, habe ich in den letzten fünfzehn Jahren daran gearbeitet, gruppentherapeutische Techniken zu modifizieren und sie in Schulklassen, Organisationen, Exekutiv- und Mitarbeitergruppen zu verwenden...»[12] Aus ihren Worten spricht die Sicherheit einer Frau, die gebraucht wird. Ihr hehrer Impetus hat viele ihrer Kolleginnen und Kollegen erfaßt, die sich mit ganzer Kraft dafür einsetzen, daß kein Team ohne Supervision, keine Schulklasse ohne gruppendynamische Selbstreflexion, keine Institution ohne psychologische Beratung bleibt. Sie sorgen dafür, daß sich die Laien nicht mehr um den anderen kümmern müssen. Das therapeutische Netz hält die Gesellschaft besser zusammen als alle Gesetze dies vermöchten. In ihm können sich die Menschen aufgehoben fühlen, sich tragen lassen in seiner Fürsorglichkeit.

Denn Therapie ordnet und regelt die Gefühle, sie erklärt und glättet, was sonst chaotisch in den Seelen brodelt und sich jederzeit eruptiv entladen könnte. 1968 brachte eine gemischt-geschlechtliche Wohngemeinschaft die bürgerlichen Phantasien noch zum Kochen und verbreitete Revolutionsstimmung. Heute machen sich Eltern Sorgen, wenn ihre Tochter mit 17 Jahren noch nicht die Pille nimmt. Und wenn die eigene Lust der wissenschaftlich genormten Leistungskurve, wie, wann und wie oft Sex stattfinden soll, nicht entspricht, sieht man sich besorgt nach professioneller Hilfe um. Da gibt es viel zu tun, denn nie ist alles, wie es sein soll. «Noch nie wurde so viel über Sex geredet – und noch nie gab es so viele Probleme damit», titelte eine Frauenzeitschrift zu Beginn der neunziger Jahre. Selten einhellig widersprechen die beiden Sexualforscher Gunther Schmidt und Martin Dannecker dieser Aussage. Sexuelle Störungen hätten nicht zugenommen; sie würden nur zunehmend höher bewertet. Deshalb seien Partnerschaften durch sexuelle Probleme verletzlicher geworden. Nicht die Schwierigkeiten selbst sind gewachsen, sondern die Sensibilität für Störungen.

Die Psychowelle hat Lustlosigkeit per se als problematisch deklariert – selbst wenn der einzelne gut damit leben könnte. Das persönliche Empfinden ist nicht mehr Maßstab des Glücks, schon gar nicht das körperliche Fühlen. Bevor Sylvia ihre Therapie begann, kam sie mit ihrem Mann schlecht und recht klar, auch wenn nicht alles ideal war. In der Therapie verschob sich ihre Wahrnehmung. Nun *wußte* sie, daß sie unglücklich gewesen war. Hier wird deutlich, daß sich hinter dem Schlagwort von der Individualisierung die sanfte Zähmung menschlicher Unikate zu vermessen, öffentlich begutachteten und therapeutisch optimierten Musterindividuen verbirgt. Glücklich soll er sein, dieser Einzelmensch, und berechenbar. Für das kollektive Wohlbefinden sorgt die zum Zaubermeister erhöhte Wissenschaft, die sagt, was gut und schlecht, was normal und was abweichend ist. Auch oder gerade die sexuelle Lust entgeht nicht ihrem Zugriff.

Nichts Körperliches soll dem Zufall überlassen bleiben. Barbara Duden hat diese «Umstülpung» der Wahrnehmung am Beispiel der Schwangerschaft über die letzten Jahrhunderte nachgezeichnet.[13] Experten haben sich zunehmend der Natur angenommen, sie durchleuchtet, vermessen, verglichen, analysiert, interpretiert und das Ergebnis der Mutter zurückgespielt. In früheren Jahrhunderten stand eine Schwangerschaft erst dann fest, wenn die Frau die erste Kindsregung in ihrem Leib wahrgenommen hatte. Das subjektive Empfinden galt als wahr und schuf Fakten. Seitdem Frauen über Geräte jederzeit in ihr Inneres sehen können, *weiß* die Mutter von der Schwangerschaft, bevor sie sie spürt. Das verändert ihre Einstellung zum Fötus, zu dem sie ein abstraktes Verhältnis aufbauen muß, bevor sie ihn sinnlich wahrnimmt. Fortan gehört ihr Körper nicht mehr ihr allein. Verantwortungsvolle Schwangere gehen regelmäßig zu ärztlichen Untersuchungen und kümmern sich auch sonst rund um die Uhr um etwas, das einstmals keine Wirklichkeit war.

So wie Psychologen der Seele ihre Geheimnisse entlocken, gewinnen Ärzte dem Leib immer mehr Wissen ab. Sie checken uns durch und sagen, ob wir gesund sind oder krank. Wir können krank sein, auch wenn wir uns gesund fühlen. Also müssen wir neu fühlen lernen. Das subjektive Fühlen ist abgewertet. Frauen fragen sich besorgt, ob das, was sie im Bett erleben, wohl ein «richtiger» Orgasmus sei. Sie vertrauen nicht sich selbst, sondern einer objektiven Norm. Andere beschäftigen sich damit, ob sie Hilfe brauchen, weil sie augenblicklich keine sexuelle Lust empfinden. Sylvia wartet auf eine Lust, von der sie nur *weiß,* daß es sie geben soll, ein von der Wissenschaft genormtes und von den Medien pausenlos proklamiertes Ideal. Ziel ist das perfekte Erleben. Möglich, daß es der Lust eines Tages ergeht wie der Schwangerschaft: sie gipfelt nicht mehr in der lebendigen Freude am sinnlichen Erleben, sondern in der Sorge um ihre Perfektionierung.

Ein Beziehungsexperiment und seine Folgen

Sanft und stolz wippt Robert F. seinen kleinen Sohn Philip auf den Knien. Ihm gegenüber hält seine junge, dunkelhaarige Frau Isabelle einen großen Bildband in ihren Händen. Hinter ihr an der Wand stehen hunderte weiterer Bücher, wohl mehr Belletristik als Philosophie. Jedenfalls ist von Roberts stattlicher Sammlung philosophischer Werke nichts zu sehen, auch nicht die blauen Marx-Engels-Bände, die ihn durch sein Studium begleitet haben. Auf dem niedrigen, weiß lackierten Tisch vor Isabelle und Robert stehen zwei halb gefüllte, ziselierte Rotweinkelche. Leise klassische Musik verleiht dem locker, aber nicht billig gekleideten Dreigestirn einen Hauch von Ewigkeit. Szenebild der neunziger Jahre mit dem Titel «Die heilige Kleinfamilie».

Robert wollte eigentlich über Sexualität reden, aber die Atmosphäre ist nicht danach. Also berichtet er über seine langjährige Beziehung zu Christiane sinnbildlich für seine gereifte Einstellung in Sachen Sexualität. «Isabelle kennt mein Vorleben», leitet er seine Erzählung ein, um gar nicht erst das Gefühl aufkommen zu lassen, es könnte etwas peinlich werden. Disharmonie verstieße eklatant gegen die ausgesuchte Ästhetik des Heimes. Gekonnt geistesabwesend schmökert Isabelle in ihrem Buch, derweil Robert erzählt.

«Anfang der siebziger Jahre, als ich Christiane kennenlernte, war eine andere Zeit», gibt er bekannt. «Wir mußten noch gegen verknöcherte Strukturen kämpfen. Alles war Aufbruch, und das war gut so.» Robert lächelt selbstgewiß. Alles, was die jungen Leute von damals taten, hatte auch eine gesellschaftliche Dimension, auch Sexualität, «die eine ganz zentrale Rolle spielte». Glücklicherweise legt Robert nicht die ausgeleierte Platte über die sexuelle Revolution auf. Er ist ein feinsinniger Mann, der andere nicht langweilen mag.

«Ja, Christiane war eine außerordentlich attraktive und politisch aktive Frau, damals.» Sie hätte jeden haben können, versichert Robert. Christiane und er galten als festes, wenn auch nach allen Seiten offenes Paar, sie pflegten dieselben Ideale, dieselben geistigen Inter-

essen und denselben Lebensstil und schliefen regelmäßig miteinander, wogegen sie mit anderen Partnern nur sporadische Liaisons
eingingen. Beide studierten Politikwissenschaften. Christiane
setzte ihre Überzeugungen etwas radikaler durch, organisierte
Aktionen und Demos. Aber sonst arbeiteten sie im Studium zusammen. Knapp vierzehn Jahre waren sie befreundet.

Aber alle Gemeinsamkeiten konnten das unvermeidliche Schicksal nicht abwenden: Das Ende, so sieht es Robert heute, steckte von
Anfang an in der Beziehung. Eine vor allem über den Kopf gesteu-
erte Freundschaft könne auf die Dauer nicht überleben, dazu gehöre
auch so etwas wie Leidenschaft, meint er mit einem zärtlichen Lächeln in Richtung Isabelle, die sich nicht beeindruckt zeigt. Robert
wagt sich weiter vor: «Vielleicht könnte man es auch Liebe nennen
– aber natürlich nicht mit dem romantisch-engen Beigeschmack.»
Hat er Angst, Isabelle mit seinen hemmungslosen Ansprüchen zu
erschrecken? Mit Christiane hatte Robert – außer der bekannten
Kopfverbindung – nur Sex. Sex sei zwar ungemein wichtig, aber
nicht, wie ihn Christiane in den letzten Jahren ihres Zusammenseins
praktiziert hätte. Wie eine unreife Studentin habe sie Männer nur
nach deren sexueller Bereitschaftsquote eingeteilt und ihn, Robert,
ständig angemacht. «Sie kapierte nicht, daß auch Männer ein Recht
auf Verweigerung haben, wenn ihnen das Arrangement nicht gefällt.» Und Robert gefiel das Arrangement mit Christiane immer
weniger, weil sie sich einfach nicht weiterentwickelt habe. Zum
Beispiel hätte sie alle Verheirateten «Spießer» genannt! Souverän,
männlich, fair verliert Robert kein unfeines Wort über Christiane.
Schließlich verstößt er nicht gegen den guten Geschmack. Er bedauert vielmehr, daß «dieses intelligente Mädchen» nur wissenschaftliche Mitarbeiterin an einem Soziologischen Institut geworden ist. «Sie hätte etwas Besseres verdient», versichert Professor
Dr. Robert F. gönnerhaft.

«Dieser Lump!» ereifert sich einen Tag später, in einem anderen
Stadtteil, Roberts ehemalige Freundin Christiane. Die Wut paßt zu
der ausdrucksvollen, etwas hageren Frau mit den großen, intensiven Augen und einer riesigen dunkelbraunen Wuschelmähne.
««Kopfbeziehung› nennt man offensichtlich heute, wenn einer tote

Hosen hat.» Zugegeben, die Sprache der 43jährigen Christiane steckt noch in Studentenschuhen. Aber sie kann es nun einmal nicht leiden, wenn man mit einem falschen Zungenschlag über Sex redet. Dazu hat sie zu lange gegen die eigenen Verklemmungen angekämpft. «Zwischen Robert und mir hat es einfach nicht mehr geklappt, weil wir beide verkrampft einem aufgeklärten Lustideal anhingen», stellt sie richtig. Begonnen hat es sehr vergnüglich. Sie machten nicht nur Sex, sie sprachen auch viel darüber, probierten aus, was ihnen Lust bereitete, suchten sich gegenseitig nach erogenen Zonen ab und ließen sich vom marxistischen Sexualvordenker Wilhelm Reich und modernen Erforschern der Sexualität zu neuen Praktiken inspirieren. «Wir empfanden uns als Sex-Virtuosen – wenigstens am Anfang.» Christiane verstummt. Ihr Schweigen und die merkwürdig unordentliche Kahlheit ihrer Wohnung drücken aufs Gemüt. Sie besitzt kaum Möbel, aber überall liegen Bücher, Vasen, Kerzenständer, Schreibutensilien, Schallplatten wie nutzlos gewordene Kultgegenstände herum, die keinen festen Platz mehr haben, aber aus Pietät nicht weggeworfen worden sind. Dazwischen prangt fremd ein blank polierter alter Samowar.

Christianes gesenkter Kopf signalisiert Alarm. Vielleicht bricht sie gleich in Tränen aus. Aber sie gibt sich einen Ruck, zieht die Schultern hoch und blickt nach vorne wie auf ein fiktives Ziel. Will sie Robert anspringen? «Robert und ich haben bewußt darauf verzichtet, zu heiraten und Kinder zu haben. Wir wollten nicht diese ganze Kleinfamilien-Enge reproduzieren. Ich fühle mich von ihm auch in dieser Beziehung betrogen.» Sie lacht bitter selbstironisch: «Wir wollten ein Paar wie Sartre und die Beauvoir werden.» Jedenfalls zählten sie sich zur Avantgarde und gestatteten sich gegenseitig selbstredend jede sexuelle Freiheit. Schon im ersten Jahr ihrer Freundschaft begann Robert, seine Freiheit reichlich auszunutzen. Selbst verlängerte Wochenenden verbrachte er mit anderen Frauen. Aber Eifersucht hätte sie nie zugegeben, obwohl ihre verletzten Gefühle ständig drohten, aus ihr herauszubrechen. Wenn es nicht mehr auszuhalten war, nahm sie Rache als selbstverordnete Medizin. Dann schlief sie mit einem anderen, auch wenn sie sich dazu zwingen mußte. «Irgendwann gewöhnte ich mich so daran, daß es wie ein Reflex war.»

Zwänge waren an der Tagesordnung. Beispielsweise vermieden Christiane und Robert, mehr als einen Tag und eine Nacht zusammen zu bleiben. Beide hatten eine eigene Wohnung – man wollte sich nicht kontrollieren. Dafür erzählte man sich alles ganz offen, ganz genau und unerbittlich. Ein ungeschriebenes Gesetz verbot dabei jegliche emotionale Entladung. Aber niemals sprach man von Liebe, höchstens von Geliebten.

«Das Tödlichste an der Beziehung war möglicherweise der Bumszwang, der auch beinhaltete, daß beide einen technisch versierten Orgasmus hinlegten», gesteht Christiane freimütig. Beide glaubten – jedenfalls in den ersten Jahren – an die Befreiung der Menschheit durch die Befreiung der Triebe, also bewiesen sie sich gegenseitig mit extensiven Sex-Wünschen, wie befreit sie waren. «Ich dachte, daß ich mich bereithalten müßte, sobald er klingelte, und er meinte wahrscheinlich, er müßte die Hose schon an der Haustür aufmachen.» Wenn sie sich trafen, kam immer erst dieses «Sex-Ritual, obwohl die Lust zunehmend dahinsiechte». Der Zwang erdrückte langsam, aber sicher jede spontane Freude am gemeinsamen Zusammensein. Doch beide waren unfähig, die Beziehung zu ändern. Robert löste das Problem, indem er bei Christiane immer seltener auftauchte.

«Im Bett versagten wir nach und nach beide. Manchmal kam ich mir vor wie in einer Vorlesung, wo man plötzlich nicht mehr weiß, worum es eigentlich geht», stellt Christiane fest. Das Ende nahte. Innerlich hatten sie sich ohnehin kaum je gestattet, einen wirklichen Anfang zu machen, sich dem anderen mit Haut und Haaren und der ganzen Kraft der Seele hinzugeben. Trotzdem traf Christiane die Nachricht tief, daß Robert eine Jüngere heiraten werde.

Trotzig startete sie eine orgiastische Safari durch die Betten Ehemaliger – mit kläglichem Erfolg. Einige hatten den Mut, sich von vornherein zu verweigern, mit den anderen war es nicht die reine Lust. «Es war aus mit der Großwildjagd. Ich mußte mir eingestehen, daß mich der Überdruß gepackt hatte. Schon das Wort ‹Sex› löste in mir Aversionen aus.»

Kann eine sexuelle Beziehung, wie sie Christiane und Robert führten, überhaupt ihren Reiz bewahren? Der Wissenschaftler Peter Prange, ein Kenner freizügiger Epochen in der Geschichte, glaubt, daß die Rechnung der rationalen sexuellen Befreiung aus den sechziger und siebziger Jahren nicht aufgeht: «Im Zeitalter der Sextechnologie erfassen Impotenz und Frigidität immer breitere Teile der Bevölkerung als eine Art seelischer Hungersnot, die nicht zuletzt der Reduktion des Geschlechtslebens auf eine geregelte Orgasmusproduktion entspringt.»[14] Ist die von Ängsten, symbiotischen Wünschen, seelischen Begierden, Ewigkeitsansprüchen, Selbsterhöhung gereinigte Begegnung der Geschlechter ein toter, von seinen eigenen Pfeilen getroffener Amor? Prange blickt zurück in die Vergangenheit und findet Parallelen, die der klinisch reinen Lust wenig Chancen geben. Zum Beispiel scheiterte im 18. Jahrhundert ein radikales gesellschaftliches Experiment freizügiger Sexualität. Es war die Zeit der Libertinage des Rokoko, als sich der französische Adel in der Technik der reinen Lust versuchte. Die Experten der Ausschweifung, die Libertins, gaben sich nicht nur dem Genusse hin, sie machten aus der Lust eine Kunstfertigkeit, ein Wissen, ein Savoir-vivre. Selbst Orgien liefen nach einem ausgetüftelten Plan ab. Der Intellekt wollte den Körper zu einer perfekt ablaufenden Maschinerie dressieren. Er sollte Sklave der eigenen Lust sein, ohne die Seele zu belästigen, ohne Ängste, ohne Liebe, ohne sich zu verschenken. Die Marquise X. war eine besonders talentierte Könnerin der Lust. Sie ergötzte sich nicht nur daran, sondern pflegte auch vorzüglich ihren pikanten Ruf. So erzählt sie einem Freund bei der Toilette, daß sie es schon vor dem Frühstück wohl zwei-, vielleicht auch dreimal getrieben habe. Natürlich jeweils anders. Die betont beiläufige Erwähnung einer gewollt alltäglichen Handlung findet der Freund einfach köstlich, so ganz nach der libertinen Mode: Statt Hingabe Angabe, statt religiöser Askese virtuose Erotik, statt Liebe Lust. Lust war Wissenschaft, wertneutral, ohne symbolische Überlast, Ratio contra Leidenschaft.

Der langfristige Erfolg jedoch war kläglich: Statt der erhofften Lust-Steigerung blieb alles nur Lust-Steuerung. Am Ende verlor sich die Lust im vernünftigen Plan und starb an Überzüchtung.

Sexualität braucht offensichtlich Dramen, Sehnsucht, eine kleine Unvernunft der Seele – oder die Androhung von Höllenstrafen –, um dauerhaft Lust zu stiften. Vielleicht ist deshalb aus der Zeit der erotischen Libertinage nur noch die Erinnerung an den Marquis de Sade lebendig, dem von 1740 bis 1814 lebenden atheistischen Erotomanen. Er hat nicht versucht, aus der reinen Liebe eine reine Wissenschaft der Sexualität zu machen, an deren Kälte die Lust erfror. In seinen schriftstellerischen Phantasien und wohl auch in seinem Leben verkehrte er die religiöse Bestrafung sexueller Sünden zur lustvollen körperlichen Züchtigung. Vielleicht zeigt der teils nach ihm benannte *Sadomasochismus* am auffälligsten, wie eng Lust, Sexualität, Schuld, Bestrafung, Selbstbestrafung miteinander liiert sind. Solange der Sexualität noch eine Spur von Sünde anhaftet, ist die Lust gerettet. In der modernen Welt braucht die Lust verstärkt andere Seelennahrung. Der Sexualforscher Martin Dannecker nennt das Elixier «Versteckenspielen»: «Hinter dem Rücken ihres aufgeklärten Programms aber suchen die Menschen nach dem entschwundenen Tabu und inszenieren unablässig kleine sexuelle Dramen. Sie scheinen zu wissen, daß die sexuelle Lust keine abstrakte Größe ist. Sexuelle Lust wird von wirklichen Menschen wirklich erlebt oder auch nicht. Sie stellt sich durchaus nicht automatisch ein, wenn dem Sexuellen alle Beschränkungen aus dem Weg geräumt sind.»[15]

Der Paar-Therapeut Jürg Willi plädiert für ein Stückchen Sehnsucht, das Beziehungen – wie ein Stück Zucker den Kaffee – versüßen und genußvoll machen soll. Beziehungen müßten wieder die Kraft zum Warten und zum Ungewissen haben, in einem klar abgesteckten Rahmen bliebe alles flach und öde.[16]

Robert hat sich instinktiv aus dem rationalen Arrangement mit Christiane in ein träumerisches Seelengärtchen gerettet, das ihm offensichtlich Genuß bereitet. Doch lauert wiederum Gefahr: Die Biedermeier-Harmonie könnte die Lust genauso ersticken wie zuvor die Sextechnologie sie verödete.

Für Christiane ist die Vergangenheit noch Gegenwart. Sie hat bis heute keinen neuen festen Freund gefunden, denn sie hat innerlich die Beziehung zu Robert noch nicht aufgegeben. Zuviel war damit verknüpft, sie fühlte Wut und Trauer und konnte nicht loslassen. In einem prüden Elternhaus aufgewachsen, wurde die sexuelle Befreiung zu einem zentralen Lebensinhalt. Deren Ziele eignete sie sich aus Überzeugung an, arbeitete und identifizierte sich schließlich damit. Allzu ernst nahm sie es mit der Ideologie. Für Robert hingegen war die Zeit der Wohngemeinschaften eine prima Gelegenheit, ein Leben nach dem Lustprinzip zu testen. Das Politische gab dem Arrangement den gewissen Tiefgang, mit dem er sich gerne schmückte, das er als zierendes Beiwerk auch schnell wieder über Bord werfen konnte. Christiane empfindet noch heute Roberts Heirat als einen Anschlag auf ihre Identität, ihre Dynamik, Lebenslust und Libido. Sie trifft im Innersten, daß er sich eine neue Lebensrealität schaffen konnte, von der aus ihm die Vergangenheit als unerheblich erscheint. Seine Lust an der Zärtlichkeit und der Liebe zur Familie schiebt Christiane zur Seite. Christiane wollte mit der sexuellen Revolution die Lust und den ganzen Menschen zum vollen Bewußtsein führen, doch ihr selbst ist nichts geblieben als ihre Wut.

Frauen und Männer, Macht
und Ohnmacht

Sexy, aber keine Lust auf Sex!

«Männer umschwirrn mich wie Motten das Licht,
und wenn sie verbrennen,
ja dafür kann ich nicht...»

Marlene Dietrich in *Der Blaue Engel*, 1930

Man kennt sie, doch man sollte sich hüten, sich näher mit ihnen
einzulassen, zumindest nicht sexuell. Denn in diesem Bereich erlebt
man aller Voraussicht nach eine Abfuhr. Oder eine herbe Enttäuschung. Dabei scheinen sie doch alles zu versprechen! Die Rede ist
von jenen glitzernden Menschen, denen es mühelos gelingt, die Luft
mit erotischen Schwingungen zu erfüllen. Schon in wenigen Minu-
ten können sie eine langweilige Party in ein Feuerwerk verwandeln,
den Depressiven bringen sie zum Lachen, den Verklemmten ent-
hemmen sie, dem Zwanghaften öffnen sie die Grenzen. Die Auftritte
dieser Salonlöwen – meist sind es Löwinnen – gleichen großartigen
Selbstinszenierungen. Ihr Witz, ihr Übermut, ihre Präsenz, ihre Fähigkeit, andere aus ihrer Reserve zu locken, haben etwas Betörendes.
«Männer umschwirrn mich wie Motten das Licht, und wenn sie
verbrennen, ja dafür kann ich nicht...» singt Marlene Dietrich als
fesche Lola-Lola im *Blauen Engel*, 1930 gedreht von Sternberg. Lola-
Marlene verkörpert den Typ des Vamps der dreißiger Jahre, Sinn-
bild einer Frau, die Begierde weckt, den Mann auf seinen Trieb
reduziert und sich an den Zuckungen des Zugrundegerichteten
weidet.

Die Geschichte des Films, gedreht nach dem Roman «Professor
Unrat» von Heinrich Mann, ist bekannt: Marlene kommt als Lola-
Lola in eine norddeutsche Kleinstadt, begegnet dort dem weltfrem-

den Gymnasialprofessor Rat (Emil Jannings) und macht den welt-fremden und eigenbrötlerischen Mann alsbald hörig. Der Studien-rat gibt seine Existenz auf, reist mit der Truppe mit und endet, eine tragisch-ruinierte Existenz, als Dummer August. Die traurige Schlußsequenz: Seine Truppe gastiert in seiner Heimatstadt. Vor aller Augen wird ein Ei auf seinem Kopf zerschlagen, dessen Inhalt an ihm herabrinnt, von Filmhistorikern als treffendes Symbol eines fehlgeleiteten Ejakulats interpretiert. Die fesche Lola hingegen bleibt gänzlich ungerührt. Für sie geht der Tingeltangel weiter. Was kümmert's sie, wenn die Männer so blöd sind?

Der «Mythos Marlene» und auch der «Mythos Greta Garbo» bewegen noch heute die Gemüter. Beide scheinen ein Geheimnis zu verbergen. Beide gelten als klassische Herzensbrecherin, die betört und irritiert, aber nicht will, daß sie jemand nach Haus in den Salon begleitet. Denn das könnte sie möglicherweise einengen in ihrem ewig neuen Spiel mit den Möglichkeiten, getreu dem Motto: «Ich weiß nicht, zu wem ich gehöre, ich bin doch zu schade für einen allein.» Gerade dieses Ungreifbare ist es, was fasziniert. Beide sind eher Symbol des Eros als Liebende oder Geliebte. Insofern bieten sie sich an als Projektionsfläche unendlicher Phantasien. Der Film-historiker Enno Patalas [1] versteht die beiden Schauspielerinnen als Verkörperung des Typs der «Pan-Erotikerinnen». Ihre Zuneigung gilt nicht zielgerichtet dem Mann, sie gilt auch den Frauen, den Tieren, den Wolken, den Blumen, den Gegenständen. Ihr Reiz ap-pelliert an Frauen und Männer zugleich, an Heteros und Homose-xuelle. Schon das Lola-Kostüm im *Blauen Engel* charakterisiert sexuelle Zweideutigkeit: der Zylinder, männliches Attribut, sym-bolisiert Lolas Willen zur Herrschaft über das andere Geschlecht. Eine offensiv zur Schau gestellte Männlichkeit. Ebenso bemerkens-wert die Darbietung ihrer berühmten Beine, in Seidenstrümpfen sichtbar bis zum Schenkelansatz und zum Strumpfband – ein Lock-mittel, ein Versprechen der Lust. Doch, wie gesagt, einer Lust, die sich nicht erfüllt.

Der Vamp, die Femme fatale stürzt den Mann gewöhnlich ins Verderben. Wenn sie überhaupt etwas mit Lust erfüllt, dann ist es das. Statt Lust am Sex Lust an der Rache? Doch Rache an wem? Am

Patriarchat, das für die Frauen gemeinhin die Rolle des Opfers bereithält? Oder Rachlust am Vater der frühen Kindheit, der seine kleine Tochter zu wenig oder gar nicht beachtete? Und dessen Blick man jetzt – als erwachsene Frau – durch übersteigerte Attraktivität in Bann schlägt? Und den man endlich bestraft, indem man sich im letzten Moment entzieht? Nur eben, daß bei diesem Spiel nicht der reale Vater betroffen ist, sondern stellvertretend für ihn andere Männer? Eine Frage, die sich auch beim folgenden Beispiel stellt. Es handelt sich dabei ebenfalls um eine Art Femme fatale, jedoch nicht von der Leinwand, sondern aus dem Alltag. «Die Männer, die sich in mich verlieben, sind schön arm dran», sagt, nicht ohne Schadenfreude, Antonia H., eine attraktive Enddreißigerin. Sie hat drei Söhne, einen erfolgreichen Mann, in ihrer Freizeit ist sie unglaublich aktiv – sie reitet, geht schwimmen, spielt Golf, seitdem Tennis zu populär geworden ist –, segelt mit ihrem Mann, nimmt Gesangsunterricht, neuerdings belegt sie Philosophie an der Uni, «den Abschluß schaffe ich sicher nicht».

Das ganze «Sexgetöse» in den Medien findet Antonia reichlich übertrieben. Sie selbst, sagt sie klipp und klar, könne ganz gut ohne Sex leben. Sex ist für sie einfach nicht wichtig. Um so erstaunlicher, mit welchem Vergnügen sie Männer an der Nase herumführt. Wenn sie mit ihrem Mann eine Party besucht, und das geschieht oft, zieht sie sofort alle Blicke auf sich. Sind attraktive Männer in der Nähe, fängt sie fast zwanghaft an zu flirten und beobachtet dann mit großem Vergnügen, wenn sich wieder mal einer «auf ihre Fährte» locken läßt. Das klingt nach Jagdlust, Jagdtrieb. Nur: Das Jagen selbst macht Spaß, die erlegte Beute, wenn sie nicht mehr zappelt, ist bereits ohne Interesse. «Die Männer spielen seit Jahrhunderten die Eroberer. Das ist ihnen in Fleisch und Blut übergegangen», sagt Antonia und spöttelt: «Wenn ich als Frau so tue, als ob ich Lust auf einen hätte, dann reagiert der prompt mit sehnsüchtigen Hundeaugen. Das ist doch ein ganz einfaches, sehr simpel gestricktes Programm bei den meisten Männern, leicht durchschaubar.» Antonia findet dieses für sie so simpel laufende Reiz-Reaktions-Schema fast schon ein bißchen «widerlich». Leise Verachtung klingt in ihrer Stimme, wenn sie erzählt, wie «diese Flirts» am Morgen danach und auch später immer wieder anrufen, sie zum Essen einladen, Blumen schicken. Antonia, selbstbewußt: «Alle, aber auch alle halten mich für wahnsinnig aufregend, für wahnsinnig sexy. Und ich empfinde es dabei als Triumph, daß ich nichts empfinde!»

Ihr Mann gibt in diesem Spiel eine Art Bollwerk ab: Durch seine Gegenwart – und Antonia flirtet ausschließlich in seiner Anwesenheit – fühlt sie sich beschützt wie ein kleines Mädchen vor den bösen Buben. Sie weiß, daß dadurch das Ganze unter Kontrolle gehalten wird und keiner ernsthaft etwas von ihr wollen kann. Zugleich spürt Antonia, wie ihr Mann es genießt, wenn sie von anderen begehrt wird. Das steigert ihren Marktwert als attraktive Gattin, mit der er, der tüchtige Geschäftsmann, sich gerne nach außen hin zeigt. Die gut gekleidete, allseits bewunderte Frau als Statussymbol – ein wenig erinnert das an Papas Liebling, an das Kind, das mit all seinen Rüschen und Talenten der staunenden Verwandtschaft vorgeführt wird wie ein dressiertes Äffchen. Daß es hierbei nur um den Effekt geht, nicht um die wahren Gefühle und Bedürfnisse dieses Wesens, spielt keine Rolle. Antonia, die attraktive, aufregende Frau: nimmt sie wengistens ihren Mann ernst und fühlt sich von ihm als Person ernst genommen? Läßt sie deshalb die anderen Herren so leichten Herzens abblitzen, weil sie bei ihrem Mann eine erfüllte Sexualität findet? Nein. Auch hier scheint es nur um Show, um das Abspielen von Programmen zu gehen. Antonia: «Mein Mann scheint dauernd Lust auf Sex zu haben. Das gilt aber nicht mir persönlich. Dabei beweist er sich nur seine Männlichkeit. Nicht daß er damit Probleme hätte. Aber er ist eben ein Mann, der auch sein Programm hat.»

Oft läßt er ihr gar keine Zeit, Lust auf Sex zu entwickeln. So schnell, so drängend will er «nichts anderes, als im Bett alles zu vergessen», etwa wenn er von einer anstrengenden Geschäftsreise nach Hause zurückkehrt. «Am liebsten wäre es ihm, ich würde bereits in Reizwäsche an der Tür auf ihn warten», sagt Antonia. Sie weiß: beim Sex, da will er einfach auftanken, den Alltagsfrust vergessen, egal, ob ihr gerade danach ist oder nicht. Gewiß, manchmal sagt sie schon «njet». Doch sie will ihn ja auch nicht kastrieren. Um des lieben Friedens willen macht sie halt mit, weil sie weiß, ihre Unlust hat ja mit ihm persönlich gar nichts zu tun.

Emotional hat sie ihm gegenüber ohnehin längst dichtgemacht. Durch seine langen Dienstreisen, seine häufige Abwesenheit hat sie sich innerlich von ihm entfernt. Frauen, fällt ihr ein, seien zärtlicher, einfühlsamer. Ja, vielleicht wird sie eines Tages «ihre bürgerlichen Hemmungen» überwinden und sich auf eine Frauenbeziehung einlassen. Anklänge gab es neulich schon einmal. Und wenn ihr Mann sie ganz in Ruhe ließe? Antonia: «Ich weiß, es klingt paradox, aber das würde mich kränken.» Begehrt werden, Aufmerksamkeit erregen, Applaus bekommen – das verschafft ihr Genugtuung und Befriedigung, auch wenn sie weiß, daß es dabei gar nicht so sehr um sie persönlich geht. So lebt sie weiter mit all ihren Widersprüchen, bricht Herzen und spielt die aufregende Frau an den verschiedenen Schauplätzen ihres Lebens.

«Histrionische Selbstdarstellung: Sexuelles Theater» nennt die amerikanische Psychoanalytikerin und Sexualtherapeutin Avodah Offit dieses Spiel. Histrionismus leitet sich ab vom Histrion, einem Komödianten im alten Rom, der Possen und Späße vorführte und damit sein Publikum amüsierte und erheiterte. «Das primäre Kunstmittel des histrionischen Charakters ist die Verführung», sagt Avodah Offit.[2] Damit verweist sie auf eine Domäne der Frauen. Denn häufiger sind sie es, die aus dem Leben ein Drama machen und dazu neigen, andere Menschen mit ihren Gefühlen zu rühren und in Bewegung zu versetzen. In der Vergangenheit, so Avodah Offit, wurden die zu Theatralik neigenden Frauen von den Psychiatern meist als «hysterisch» eingestuft. Hysterie ist eine im wesentlichen weibliche Störung; begrifflich abgeleitet von dem griechischen Wort *hysteria*, Gebärmutter. Im Altertum glaubte man, die emotionalen Schwierigkeiten der Frauen rührten daher, daß dieses unberechenbare und unvernünftige Organ in den Leibern derjenigen umherirrte, die nicht klug genug waren, es an seinem gebührenden Platz festzuhalten[3].

Lange Zeit vermuteten Therapeuten fast zwangsläufig, daß sich hinter dem stark exaltierten Wesen einer «Hysterikerin» sexuelle Hemmungen verbergen. Anders die Einschätzung der Histrionin.

Sie kann, sagt Avodah Offit, «ganz rege und ansprechbar» reagieren. Von ihrer soziopathischen Schwester unterscheidet sie sich jedoch durch eine gekonnte Selbstinszenierung, deren Lebenselement das sexuelle Theater ist, voller Ereignisse und Höhepunkte – diese freilich meist außerhalb des Bettes. Vor allem gilt das ihrer Ansicht nach für den Typus der «sexuell überhaupt nicht zugänglichen Versucherin», von der Therapeutin angesiedelt in der Mitte zwischen gut integriertem Komödiantentum und einer voll ausgewachsenen Persönlichkeitsstörung. Offit: «Obwohl man dieses Hemmnis bei ihr am wenigsten erwarten würde, ist die Sexualität ihre größte Barriere gegen die Welt. Sie hat allgemein Angst vor dem Verkehr oder fühlt sich davon angewidert; und ihr ist es zuzuschreiben, wenn die Institution der Koketterie in schlechtem Ruf steht. Die in Aussicht gestellte Lust verwandelt sich am Bettrand in Ekel und Haß. Ich kann einfach nicht. Ich mag nicht. Bitte, mach mich nicht... Mir wird schlecht, wenn ich bloß daran denke.»[4] Der Flirt, als unendliche verbale Vorlust, ist es, der die Versucherin befriedigt. Ihr Hunger nach Beachtung ist größer als ihr Hunger nach Sex. Andere zu beherrschen und zu dirigieren, das schafft ihr ein Gefühl der Selbstachtung und des eigenen Wertes.

Ist die histrionische Frau verheiratet, so hat ihr Mann auch eine Rolle zu spielen – die des festen Lebensankers, des Gefährten, des väterlichen Versorgers. Oft ist er von ihrer Attraktivität fasziniert. Er findet an ihren Aufführungen Gefallen, erfreut sich an der Buntheit und dem Schwung, den sie in sein oft etwas ödes, arbeitsames und zwanghaft strukturiertes Leben bringt. «Sexuell beklagt sich die histrionische Frau meistens darüber, daß ihr Mann ein schlechter Liebhaber oder ganz und gar impotent sei. Kein Wunder, denn die Frau verlangt so viel, daß es ihm völlig unmöglich ist, sie je zufriedenzustellen. Wenn die körperliche Technik in Ordnung ist, findet die Frau, der Mann verbalisiere nicht genug. Er sagt nicht oft genug, daß er sie liebt, oder er zeigt nicht genug Gefühl. Es ist ganz selten, daß die Frau die Liebkosungen ihres Mannes erregender empfindet als die Gummihände eines Streichelautomaten.»[5] Die Folge davon: Die Männer geben es im allgemeinen auf, ihrer anspruchsvollen Frau gefallen zu wollen. Sie haben sich mit einer

Routine abgefunden, von der sie meinen, irgendwie müsse ihre Frau damit schon zufrieden sein. Solche Arrangements können, wie wir am Beispiel von Antonia gezeigt haben, recht gut über die Jahre tragen. Wenn die Histrionin sexuell auch nicht hält, was sie verspricht, so entschädigt sie doch auf andere Weise. Ihre Gegenwart ist niemals langweilig, ihre Auftritte ziehen immer wieder in Bann, rufen Bewunderung und Verblüffung hervor, erotisieren und verströmen Lebenslust. Der histrionische Charakter, so Offit, hat die Gabe, mit allen empfindsam ausgefahrenen Antennen das Wesen des andern intuitiv zu erfassen und zu erspüren, wie man ihn sich geneigt machen kann.

Ein Talent, dessen Entwicklung Tiefenpsychologen zurückführen in die frühe Kindheit. Vor allem Alice Miller, die Schweizer Psychoanalytikerin, hat in ihren Studien zum *Drama des begabten Kindes* deutlich gemacht[6], wie gerade besonders empfindsame Kinder dazu gebraucht werden, von klein auf ihr wahres Selbst zu verleugnen. Um sich von ihrer ich-bezogenen Mutter überhaupt ein wenig Beachtung und Liebe zu erringen, lernen sie frühzeitig, die von ihnen gewünschten Rollen zu spielen. «Es geht gar nicht um mich selbst, es geht um den Zirkus, den ich veranstalte» – wer mit dieser Überzeugung groß geworden ist, wird auch später im Leben wie auf einer Bühne stehen. Die Intimität als Ausdruck wechselseitiger tiefer Liebe hat darin wenig Platz. Denn sie findet meist unter Ausschluß der Öffentlichkeit statt.

Irritationen

«Ihre Hand umschloß einen gewaltigen muskulösen Pfahl, der prall gefüllt mit Blut in ihrer Hand wie ein Tier pulsierte. Den Tränen nahe, vor lauter Dankbarkeit und Ekstase, richtete sie ihn in ihr eigenes feuchtes und schwülstiges Fleisch. Die Wucht, mit der er in sie eindrang, die unglaubliche Lust, ließ sie aufstöhnen, und dann empfing ihr Körper die wilden Pfeile seiner blitzartigen Stöße. Sie wölbte ihr Becken höher und höher, bis sie zum erstenmal von einem Orgasmus in Stücke gerissen wurde, und als schließlich Höhepunkt nach Höhepunkt ihren Körper ausgedörrt hatte wie nach einer Feuersbrunst und sie es nicht länger ertragen konnte, schrie sie: ‹Nun hol dir deinen Spaß, schnell, bevor ich sterbe...›»[7] Ein Zitat aus dem Roman *Der Clan* von Harold Robbins. In Auflagen von 150 Millionen Exemplaren wurden von Robbins' Büchern verkauft. Der Autor gilt Psychologen als ein einflußreicher Sexualaufklärer.

Es ist noch gar nicht so lange her, da verbarg die Generation unserer Mütter schamhaft vergleichsweise züchtige Bücher wie *Lady Chatterleys Lover* errötend ganz unten im Wäscheschrank: es gehörte sich nicht, so etwas zu lesen. Für Kinder schon gar nicht. Ganz zu schweigen von den wilhelminischen Zeiten, wo zum Beispiel das weibliche Knie ein Stimulans war, dessen öffentliche Entblößung ein Skandalon provozierte. Heute braucht nichts mehr entblößt zu werden. Alles liegt offen zutage. Die oben ausgebreitete «Fleischeslust» gehört zum serienmäßigen Output einer Industrie, die Pornohefte, -filme und -zeitschriften am Fließband produziert, jedermann zugänglich. Die Folge: Es gehört schon fast zum guten Ton, ohne Hemmungen in aller Öffentlichkeit über Masturbation, vaginalen oder klitoralen Orgasmus, Seitensprünge und Stellungen zu reden oder sich in einer Talk-Show davon erzählen zu lassen.

Wer mit seinem Sexualleben zufrieden ist, so die Beobachtung des Sexualtherapeuten Steffen Fliegel, den ficht solches Gerede nicht weiter an. Er oder sie reagiert höchstens belustigt oder gelangweilt auf derartige, oft unfreiwillig komisch wirkende Enthüllungen und wendet sich anderen Themen zu. Anders dagegen die Ratlosen, die sexuell Ängstlichen, Gehemmten und Verschlossenen. Steffen Fliegel: «Sie lassen sich von diesen Mythen und Normen, die uns heute viel stärker aufgedrängt werden als früher, leicht beeinflussen und machen sie sich eventuell zu eigen. Viele schämen sich dann, wenn es im Bett nicht klappt, fühlen sich als Versager und wissen nicht, daß sie möglicherweise Opfer falscher Vorstellungen, gesellschaftlicher Ideologien und Mythen geworden sind.»[8]

Eines dieser Opfer ist Sabine, 27 Jahre alt. Sie ist eine beredsame, burschikos auftretende junge Frau, die sich nach dem Fachabitur und der Schneiderlehre mit allerlei Jobs – Taxifahren, Goldschmieden – durchs Leben schlägt. Sabine ist, wie sie beklagt, in einer sexualfeindlichen Familie aufgewachsen. Solange sie denken kann, hatten ihre Eltern zwei getrennte Schlafzimmer, angeblich, weil ihr Vater nachts schnarchte. Als sie 6 Jahre alt war, trennten sich ihre Eltern. Seitdem hat sie nie mehr etwas Sinnlich-Sexualfreundliches bei ihrer Mutter wahrgenommen. Im Gegenteil: Wenn mal im Fernsehen irgend etwas mit Liebe zu sehen war, da machte ihre Mutter ein angeekeltes, angewidertes Gesicht und, sagt Sabine, «ich hab versucht, ihr das nachzumachen». Als sie mit 16 wie ihre Freundinnen die Pille wollte, zog ihre Mutter wieder so ein Gesicht, verweigerte strikt die Unterschrift für den Frauenarzt mit den Worten: «Bewahr dir das doch für später auf!»

«All das hat in mir sehr viel kaputt gemacht», klagt Sabine, die gleich zu Beginn unseres Gesprächs sagt, daß sie bis heute, trotz vieler Männerbeziehungen, noch immer keinen Orgasmus gehabt habe. So, als sei das ein ganz wichtiges Persönlichkeitsmerkmal. Und wer hat «Schuld» daran? Die Mutter natürlich, aber nicht nur sie. Sabine forscht in zwei Richtungen. Denn sie hat nicht nur das angeekelte Gesicht der Mutter vor Augen, ihr macht auch das genau entgegengesetzte Modell zu schaffen: jene Filme, die sie sich spätabends als Kind und als Heranwachsende auf den Privatsendern ansah, heimlich, wenn die Mutter schon schlief oder niemand zu Hause war. Sabine: «Die Frauen, die dort im Fernsehen Liebe machten, waren so ekstatisch, so exzessiv, so nymphomanisch, so leidenschaftlich, so laut, so hingabefähig, so schön – da bin ich ganz kleinlaut geworden und habe gedacht: ja, alle anderen Frauen können es viel besser als ich, für die ist die Sexualität schön, nur für mich nicht. Ich bin dann ganz naßforsch an die Sache rangegangen, hab meinen Freundinnen gesagt: der nächste, der mir schöne Augen macht, der ist's! Ich habe es auch dann ganz forciert mit mir machen lassen, aber der Schuß ging nach hinten los. Es hat Jahre gedauert, bis ich mir diesen Selbstbetrug eingestanden habe. In meiner ersten Beziehung habe ich den Orgasmus immer nur vorgegaukelt, habe Oper im Bett gespielt, so wie ich es bei den schönen Fernsehfrauen gesehen habe, hab mein Gesicht verzogen, mich aufgebäumt – ich hab gedacht, so müßte das eben ablaufen, das sei ich meinem Partner schuldig.»

Ein Selbstbetrug, gegen den die gründliche Sexualerziehung in der Schule keine wirksame Prophylaxe war. «Emanzipatorisch» und «nicht-repressiv», so verstand sich die Sexualerziehung, die auf Beschluß der Kultusministerkonferenz der Länder 1968 ihren hoffnungsvollen Siegeszug an den Schulen antrat, Bienen- und Hühnervölker als Aufklärungsmodelle aus dem Biologieunterricht vertrieb, um die Dinge tatsächlich beim Namen zu nennen. Eine notwendige Enttabuisierung, eine Versachlichung. Das bis dahin geltende «Darüber spricht man nicht» wurde mit pädagogischem Elan vom Tisch gefegt. Sabine: «Ich bin auf eine sehr liberale Schule gegangen, wo wir oft und andauernd über Sexualität im Unterricht geredet haben. Diese ganzen technischen Abläufe mit Eisprung und Samenerguß, mit Menstruation und Pollution haben wir von vorn bis hinten durchgekaut und kennengelernt. Doch das Emotionale blieb auf der Strecke. Also, die ganze Sache war bei mir nur noch im Kopf, etwas sehr Abstraktes.»

Ein zugegeben trauriges Ergebnis, wie es sich engagierte Sexualpädagogen in der Aufbruchstimmung der 68er Jahre gewiß nicht gewünscht haben. Längst mehren sich die Stimmen selbstkritischer Bilanz. Thomas Ziehe, Psychologe und Erziehungswissenschaftler an der Universität Frankfurt: «Ich bin nicht wehmütig hinsichtlich der Vergangenheit. Ich bin aber wehmütig hinsichtlich der nicht erwarteten Kosten, die die Befreiung mit sich bringt.» Mit durchaus gemischten Gefühlen denkt der 1947 geborene Wissenschaftler an seine eigene Pubertät zurück, an die damals vorherrschenden «weißen Flecken auf der Landkarte der Körper», auf der man herzklopfend ausharrte, «unerfahren, unwissend, zu sehr sprachunkundig, daß wir nicht einmal jemanden hätten fragen können».[9] Die Ängste von damals waren die Ängste vor unbekanntem Neuland: «Es war eine Belastung, immer zu wenig zu wissen und immer mehr Wissen zu brauchen.»[10]

Nun ist das Wissen da. Geheimnisse gibt es keine mehr. Die weißen Flecken auf der Landkarte sind gründlich durchforscht und vermessen. Durch die Medien, durch den Sexualkundeunterricht wissen die Heranwachsenden, wie es läuft oder laufen sollte, lange bevor sie selbst eigene sexuelle Erfahrungen im engeren Sinne machen. Wie das Beispiel von Sabine zeigt, haben sich dadurch neue Schwierigkeiten aufgetan. Das Stichwort von der «Mediatisierung der Erfahrung» macht unter Pädagogen die Runde: durch das immense durch Medien und Schule vermittelte Vorabwissen werden die Wahrnehmung, die Interaktion, die Bedürfnisse in großem Maße beeinflußt – die Möglichkeit eigener primärer Erfahrungen dagegen schrumpft. Thomas Ziehe: «Die Welt ist, überspitzt ausgedrückt, längst bekannt, bevor sie erfahren wird. Alles ist schon besetzt. Besetzt mit gesellschaftlich produzierten Bildern und Deutungen, die eine ungeheure Aufdringlichkeit haben. Wie auch immer Jugendliche sich verhalten, sie sind in Gefahr, ihr medial vermitteltes Wissen quasi handelnd zu zitieren. Im Extremfall erleben sie später eine sexuelle Situation dann so, als handelten sie nach einem vorher genau einstudierten Drehbuch...»[11]

Sabines Wahrnehmung der luststöhnenden Fernsehfrauen und ihr Versuch, es ihnen gleichzutun, zeigt, wie selbstbetrügerisch, wie wenig genußvoll derartige Bett-Zitate sind. Zumal der einzelne dabei nicht nur Akteur, sondern zugleich auch Regisseur zu sein hat. Ziehe: «Der Blick, den man für sich selbst, für die Wahrnehmung eigener Empfindungen haben kann, wird gleichsam enteignet; der eigene Blick ist dann einer von außen.» Einer, der kontrolliert, ob auch alles gut läuft, ob Bewegung, Gestik, Mimik, Stimmen mit den vorgegebenen Rollen übereinstimmen. Dazu der gängige Gesprächsfetzen aus einem Porno: «Habe ich es auch gut gemacht?» fragt sie post aktum. «Du warst vollkommen!» antwortet er. Also eine Eins plus. Doch was ist, wenn es Fünfen hagelt?

Viele Menschen kennen Zensierungen ihres Verhaltens aus der Kindheit. Der strenge, prüfende Blick der Mutter hat sie von klein auf in Schach gehalten, wenn auch mit umgekehrtem Vorzeichen. So auch bei Sabine: «Meine Oma erzählte mir immer von einem lieben Gott, der alles und jedes sieht. Der durchs Schlüsselloch und durch die Wände blickt. Also habe ich meine ersten Onanieversuche gleich wieder eingestellt, weil ich dem lieben Gott etwas so Schreckliches nicht zeigen wollte.» Von klein auf hat Sabine gelernt, es anderen recht zu machen, ihren Erwartungen und Vorstellungen zu entsprechen. Der Mutter, der Oma, dem lieben Gott. Später dann den Leitbildern aus Schule und Fernsehen. Wie viele junge Frauen ihres Alters ist sie eine Gefangene zwischen alten Leitbildern und neuen Lebensformen. Sie lebt im Zwischenreich des «Nicht mehr» und des «Noch nicht». Sie will sich frei machen vom Einfluß ihrer Herkunftsfamilie, will sexualfeindlichen Erziehungsballast über Bord werfen. Und doch muß sie immer wieder schmerzlich erkennen: Hinten ist für sie kein Land mehr in Sicht, vorne sind noch keine Ufer zu erkennen.

Identitätsarbeit ist angesagt, mit all den Enttäuschungen, Entbindungen, den inneren Einbrüchen und Entscheidungskonflikten, den Störungen und Krisen, die so gar nicht zu dem von außen vermittelten Mythos der Machbarkeit passen. In der Fiktion des einzelnen vom reibungslosen Durchs-Leben-Gehen spielt die vollkommene Sexualität eine Hauptrolle. Eine gefährliche Fehleinschätzung, die auf Dauer mehr Unglück als Glück bringt. Sexualität kann immer nur *eine* Quelle der Lust und Lebensfreude sein, sie kann, selbst wenn sie hier und dort zu einem glücklichen Bewußtsein verhilft, «nicht über die drängenden Lebensqualen des Menschen hinwegtäuschen», sagt Martin Dannecker. «So schrecklich es für manche Sexualpädagogen auch sein mag: die Sexualität ist nur ein Moment des Lebens und nicht einmal dessen wichtigstes. Deswegen auch vermag das größte sexuelle Glück das allgemeine Unglück nicht zu überstrahlen.»[12]

Jungen Frauen wie Sabine aber hat man anderes erzählt. Sie glauben, der gelungene Orgasmus sei das Indiz eines gelungenen Lebens, zumindest einer gelungenen Beziehung. Und wenn «die Sache» dann nicht klappt, ist es Zeit, auseinanderzugehen... Diese Erfahrung hat Sabine mit Sören gemacht, mit dem sie ab dem 18. Lebensjahr eine sechsjährige Beziehung begann. Beherzt und wiederum sehr forciert steuerte sie nun genau den umgekehrten Kurs: Gleich am Anfang sagte sie dem recht unerfahrenen 21jährigen Mann, daß sie im Bett eigentlich noch nie so etwas wie Lust oder gar den Höhepunkt empfunden hätte. Sabine hat bei diesem für sie furchtbaren Geständnis «Blut und Wasser geschwitzt». Wie erwartet, hat Sören sehr verständnisvoll reagiert. Dennoch: «Durch dieses Geständnis haben sich die Hemmungen zwischen uns gegenseitig erst so richtig aufgebaut», weiß Sabine heute. Sörens Hilflosigkeit im Umgang mit Frauen – er hatte ein ausgesprochenes Faible für die ganz schwierigen – fand in Sabine neue Nahrung. Fortan streichelte der ernste Sören ihren Körper so vorsichtig wie den einer kaputten Puppe, «er hatte immer so traurige Augen, weil er merkte, daß irgend etwas nicht stimmte».

Am qualvollsten war es im Urlaub. Die schönen, entspannten Situationen am Meer, bei Sonne und Wind, hatten für Sabine etwas Bedrohliches. Alles schien auf Glück programmiert, auf Lust, auf Rausch und Ekstase. Sie empfand einen äußeren Erwartungs-, einen quälenden Leistungsdruck und reagierte darauf als immer um Anpassung bemühte Person mit Angst. Noch stärker als bisher fühlte sich Sabine in das getrieben, was Psychologen die «Selbstverstärkungsfalle» nennen: «Je mehr man versucht, sexuelle Erregung zu produzieren, je mehr man sich selbst beobachtet, je größer die Angst vor dem Versagen wird, um so stärker schnappt die Falle zu», sagt Sexualtherapeut Steffen Fliegel. Sexuelle Bedürfnisse spielen in solchen Situationen kaum noch eine Rolle. Im Vordergrund steht die Angst, daß «es» wieder nicht gelingen wird, daß bei einem, wie Sabine sagt, «alles danebengeht» und sich das miese Gefühl wieder einmal bestätigt, «eine Versagerin auf der ganzen Linie» zu sein. Oft hat Sabine auf solch provokatives Glücksszenario mit der Flucht nach vorn reagiert, mit einem trotzigen «Jetzt erst recht». Oft hat sie sich selbst Mut gemacht, sich selbst gut zugeredet: «Na komm, Sabine, bring's schnell hinter dich! Verdirb ihm nicht den Spaß, laß ihn nur machen, wenn es ihm nur gefällt.»

Ob's dem schweigsamen Sören tatsächlich gefallen hat oder nicht – Sabine hat es nie so recht herausgefunden. Eines aber kennt sie genau: Den Klang, den bitteren Klang ihrer inneren Stimme: «Hauptsache, *er* hat seinen Spaß! Hauptsache, *er* ist zufrieden...» Sätze, die bei einer nach außen so emanzipiert auftretenden jungen Frau erstaunen mögen. Die aber doch direkt zurückweisen auf ihre Mutter als wichtigster Brücke zur Tradition. Immer noch bekommen kleine Mädchen Sätze zu hören wie «Sei nicht so egoistisch!», «Tu's mir zuliebe», «Denk nicht dauernd an dich!», Sätze, mit denen Mütter ihre Töchter zum weiblichen Gehorsam trainieren. Anpassung und Aufopferung auch im intimen Beisammensein werden damit vorprogrammiert.

Das Phantom der Mutter, so die amerikanische Sexualtherapeutin Avodah Offit, kann im Schlafzimmer noch mit zugegen sein, wenn die Tochter sie sich vernünftigerweise längst aus dem Sinn geschlagen haben sollte. Offit: «Das Bild der Mutter kann am Bettrand erscheinen, strickend und stirnrunzelnd. Sie warnt die Tochter vor Hochmut und Hoffnung. Sie selbst hat schließlich auch kein Vergnügen gehabt an dieser öden und schmutzigen Sache; sie hat sich nur hingegeben, pflichtbewußt, voll Ekel und Verzweiflung, und das mit einem Mann, der auf dem Konto des Charakters nicht viel aufzuweisen hatte. Sei nicht blöd! flüstert Mama. Dir wird's auch nicht besser gehn als mir. Liebe, das ist nicht wahr, und Geschlechtsverkehr ist der Vorbote der Enttäuschung. Bei mir ist es schiefgegangen, und bei dir kommt's auch so.»[13]

Bittere Botschaften. Sie lassen sich nicht einfach abschütteln wie Regentropfen von der Öljacke. Und sie belasten doppelt, weil sie dem öffentlichen Bild der genußfähigen, wilden und autonomen Frau so total entgegengesetzt sind. Sechs Jahre hat sich Sabine mit Sören so durchgeschlagen, immer bemüht, den Ballast der Mutter über Bord zu werfen, an sich zu arbeiten, und auch den unerfahrenen Sören zu verändern. Immer hatte sie das ungute Gefühl: Wie er es auch macht, irgendwie macht er es falsch! So gern hätte sie eine gute Lektion abgeliefert! Sabine: «Oftmals hab ich mir gewünscht, wenn wir im Bett waren, daß das Ganze noch länger ginge, aber dann war er schon fertig, und hinterher war ich dann immer ganz traurig, deprimiert, wütend auf ihn, auf mich. Sein größter Wunsch wäre ja gewesen, daß es mir genausoviel Spaß macht, wie ihm, aber wir konnten uns selbst eben nicht helfen.»

Um sie nicht weiter zu verletzen, hat Sören, ohnehin kein Mensch der großen Worte, sich über die ganze Sache ausgeschwiegen. Er hat sie in sich vergraben, wie Sabine, die nach außen hin eine toll funktionierende Partnerschaft inszenierte. Bis auf den Tag, als sie es endlich wagte, einer Freundin von ihren Bettproblemen zu berichten. Ein immenser Schritt nach vorn! Mit Hilfe dieser Freundin, sagt Sabine, hat sie endlich gelernt, ja zu sich selbst zu sagen, und auch dazu, daß sie «eben nicht so ekstatisch, so exzessiv ist wie andere Frauen». Seit einem Jahr lebt sie allein in einer kleinen, renovierungsbedürftigen Wohnung. Getrennt von Sören, ohne Sex, gelassen, abwartend.[14]

Die freiwillige Unterwerfung

Melanie, 20 Jahre alt, Studentin an einer Fachhochschule für Grafik-Design, ist eine ausgesprochen attraktive Erscheinung. Dunkle, große Augen, voller Mund, apart gekleidet, höflich, aufmerksam und zugewandt, selbstsicher in ihren Bewegungen und Gesten – ein Bild wie aus einem Modejournal. Ihr Berufswunsch, «etwas in der Modebranche», scheint ihr wie auf den Leib geschneidert. Ihr gelungenes Äußeres ist nicht zufällig. Dahinter steckt harte kompensatorische Arbeit. Melanie steht oft prüfend vor dem Spiegel und fragt sich nach ihrem Wert. Wie viele Frauen, denen Kosmetik und Kleidung wichtig ist wie eine Haut, hat sie zu ihrem eigenen sexuellen Ich, zu ihrem Körper, kein Liebesverhältnis. Melanie definiert sich von außen. Erst der Spiegel sagt ihr, ob sie begehrenswert ist oder nicht. Wenn sie sich mal schlecht fühlt, einen Pickel entdeckt, oder sie meint, sie sei zu dick – bei ihrer auffallenden Schlankheit ein Kuriosum –, dann sinkt ihr Selbstwertgefühl auf Null. Das hat Auswirkungen auf ihre Partnerschaft, auch auf ihre Intimität. Melanie: «Wenn ich mit mir selbst nicht im Einklang bin, entsteht bei mir generell sexuelle Unlust. Wenn ich mich nicht mag, dann kann ich mich auch nicht hingeben, dann denke ich, der Partner mag mich zwangsläufig auch nicht.»

Projektive Identifikation nennen Psychologen diesen Vorgang: Man sieht den anderen nicht als eigenständiges Wesen, sondern immer nur durch die Brille der eigenen Befindlichkeit und Bedürftigkeit. Ein bedenklicher Mechanismus, vor allem in Zeiten, wo man sich nicht selbst akzeptiert, sich selbst Feind ist. Dann wird der andere auch nur noch als Feind wahrgenommen, auch wenn die Realität dagegen spricht. Doch wie will man Realität und damit den anderen, losgelöst von sich selbst, wahrnehmen, wenn man zur Verschmelzung neigt? Ich und du als zwei getrennte Pole nicht, noch nicht, auseinanderhalten kann? Viele erwachsene Beziehungen, sagen die Psychologen, ähneln der frühen Mutter-Kind-Symbiose, in der der Säugling dyadisch mit der Mutter verbunden ist – er fühlt sich als Teilobjekt von ihr, ist nicht in der Lage, sich abzugrenzen.

Melanie ist aufgewachsen in einem liberalen Elternhaus, Sexualität an sich war nie ein Problem für sie. Freizügig wurde über alles geredet, Tabus und Verbote gab es nicht. Melanie schlief mit 13 zum erstenmal mit einem Jungen. Ihre Mutter machte sie als älteste Tochter zu ihrer Vertrauten, Melanie gab ihr zeitweise Halt, wobei sie, wie sich später herausstellte, doch selbst Halt gebraucht hätte. Wie sehr, das wird deutlich, wenn sie von ihrer dreijährigen Beziehung spricht. Melanie war gerade 16, als sie den um ein Jahr älteren Peter kennenlernte. Äußerlich emanzipiert, spürte sie zu diesem Zeitpunkt innerlich eine große Leere und Unsicherheit. Die Mittlere Reife hatte sie mit Ach und Krach hinter sich gebracht; ihre Eltern lebten seit Jahren in Scheidung. Melanie war auf eigenen Wunsch ausgezogen und hockte allein in einem kleinen Zimmer in der Stadt, ohne Orientierung, ohne berufliche oder private Perspektive, jung und doch schon lebensmüde. Und da kommt er, Peter, gleichsam als Götterbote, als Lichtgestalt im Dunkel. Ein attraktiver junger Mann aus behütetem Zuhause, Abiturient der Waldorfschule, überzeugter Anthroposoph, randvoll mit Werten und Normen, einem faszinierend klaren Weltbild, einem fast missionarischen Eifer, was die Verbreitung des «richtigen Lebens» betrifft. Melanie und Peter verlieben sich. Er nimmt sie mit zu wissenschaftlichen Vorträgen und klassischen Konzerten, versucht sie anzustecken mit seiner Begeisterung für Eurythmie. Schon bald wird er zum Lehrmeister für sie, verkörpert ein Ich-Ideal, dessen Forderungen sie sich klaglos unterwirft. Alles was ihm seicht, oberflächlich, ungesund erscheint, wird fortan unterlassen. Melanie hört auf, in seiner Gegenwart zu rauchen, sie verzichtet auf die geliebten Pop- und Rockkonzerte, sie unterbricht den Kontakt zu ihrer einzigen Freundin Svenja, weil Peter deren lockeren Lebensstil nicht akzeptiert. «In der Beziehung zu ihm habe ich nie nein gesagt, immer habe ich alles mitgemacht, natürlich auch im Bett!» sagt Melanie und schaudert. Was hätte sie, das zutiefst verunsicherte Mädchen, ihm denn anderes geben können als ihren Körper? Nur wenn er mit ihr schlief, hatte sie das Gefühl, begehrenswert zu sein. Und wenn er mal keine Lust hatte, fühlte sie sich als Nichts.

«Doch eigentlich hatte er dauernd Lust», sagt sie mit bitterem Nachgeschmack. Oft kam er abends noch bei ihr vorbei, um kurz mit ihr zu schlafen. Gern hätte sie gewollt, daß er danach noch ein wenig bleibt. Doch meist entschwand er gleich wieder, um noch für die Schule zu arbeiten. Melanie hielt ihn nicht auf. Sein Gehen war ihr auch recht. Sie war ganz sein Geschöpf, sein Objekt, vor allem sein Sexualobjekt. Hingabe? Erregung? Körperlich-seelisches-sich-füreinander-Öffnen und ihn, auch im übertragenen Sinne, als Liebenden ganz in sich aufnehmen? Davon konnte keine Rede sein. Melanie hatte höchst selten einen Orgasmus mit ihm. Doch ging es überhaupt um sie, um ihre Befriedigung?

«In den meisten Frauen ist auch heute sehr tief das Gefühl verankert, daß sie mit ihrer sexuellen Hingabe dem Mann ein Geschenk machen», schreibt die Sozialwissenschaftlerin Herrad Schenk[15]. Gewiß, Frauen von heute erwarten für dieses Geschenk nicht mehr lebenslänglichen Unterhalt, ein Eheversprechen oder materielle Zuwendung im Gegenzug. Aber gerade weil sie es heutzutage «umsonst» tun, bleibt, so Schenk, «die vage Erwartung, daß der Mann ihnen dafür etwas Immaterielles schuldig sei: Dankbarkeit, fortgesetztes Interesse an ihrer Person oder gar Liebe». Um diese Liebe nicht zu verlieren, hieß es für Melanie also, mitmachen um jeden Preis! Daß man in sie eindringt, daß man ihre Gefühle, ihre Grenzen nicht respektiert, diese Lektion hatte sie schließlich von klein auf gelernt. War nicht auch ihre Mutter mit ihren Eheproblemen und inneren Dramen dauernd in sie eingedrungen, ohne daß sie sich hätte schützen können? Hatte sie nicht auch damals Stunde um Stunde ihre Gefühlsattacken über sich ergehen lassen, nur um ihre Liebe nicht zu verlieren? Hatte sie nicht schon damals erfahren, ein fügsames Objekt zu sein, an dem der Stärkere seine Willkür befriedigt?

Melanie tat alles, das Nein ihres Körpers, seine innere Rebellion geflissentlich zu überhören. Für sie gab es nur eins: Tun, was der Herr und Meister will, und wie er es will. «Abhängige Frauen suchen manchmal ihre seelische Autonomie in der Frigidität», sagen Therapeuten. [16] Das Nein des Körpers ist sozusagen die letzte Möglichkeit einer inneren Rebellion. «Was, wenn die Genitalien, wie das Herz, eine Weisheit haben, die tiefer ist als die des Geistes?» fragt Sam Keen, amerikanischer Psychologe und Philosoph. Die Genitalien, meint er, sagen oftmals die Wahrheit. Deshalb räumt er ihnen, vielleicht etwas pathetisch, einen wichtigen Platz ein, den einer «Avantgarde unserer veränderten Männer- und Frauenbilder.» Er nennt sie Vorreiter einer Rebellion gegen die alte Tyrannei des Kopfes. Welche Botschaft hat ihre Weigerung? Sam Keen läßt die Stimme der frigiden Frau sprechen: «Ich habe es satt, als Objekt – Stück, Kätzchen, Möse, Weib, Ding – behandelt zu werden.» [17] Ich habe es satt! Es stinkt mir! Worte, die Melanie aus ihrem dreijährigen Beziehungsknast hätten heraushelfen oder die Tür wenigstens ein Stück hätten öffnen können. Doch Melanie schwieg eisern und sagte sich zunehmend häufiger: Augen zu und durch!

Auch während des vierwöchigen Griechenlandurlaubes, dem furchtbaren Höhepunkt und schließlichen Abschluß ihrer Beziehung zu Peter. Melanie: «Jeden Tag hat er mit mir geschlafen, ein- bis dreimal. Und ich hatte überhaupt keine Lust. Aber er wollte immer. Es gab keine Zwischentöne zwischen uns, keine Zärtlichkeiten. Wenn er mich mal anfaßte, wußte ich sofort, wo es langging. Und wenn ich einmal den Arm um ihn legte, ging es auch sofort ins Bett. Da gab es kein Vertun!» Doch ihre Angst, ihn durch ein Nein zu verlieren, war größer als der Mut, ihre Gefühle und Bedürfnisse zu spüren und beim Namen zu nennen. Statt dessen sprach ihr Körper. Melanie litt zunehmend unter Ekelgefühlen, bis zum Brechreiz. In seiner Gegenwart etwas zu essen, etwas in sich aufzunehmen, das wurde immer schwieriger. Sie litt an dem Gefühl, innerlich zu frieren. Sie war kühl, fühlte sich erkaltet, erkältet, war dauernd verschnupft, auch im Hochsommer. «Total verbraucht, innerlich leer, depressiv» kam sie nach Hause. «Sicher hätte ich den Absprung von ihm nie geschafft, hätte noch weiter gelitten, viele Wochen, Monate, Jahre, wie andere Frauen es auch tun. Doch zum Glück tauchte plötzlich meine Freundin Svenja auf!»

Am ersten Tag nach dem Urlaub wagte Melanie eine kleine Sabotage. Bummelte mit Svenja durch die Stadt, ging mit ihr Kaffeetrinken, ins Kino, machte mit ihr lauter vergnügte, «oberflächliche» Sachen, die Peter schlecht fand. Zum erstenmal seit langem fühlte sie sich frei, locker, um Zentnerlasten erleichtert. Als Peter abends arglos vor ihrer Tür stand, so weitermachen wollte wie bisher, wies Melanie ihm die Tür: Schluß! Aus! Vorbei! Daß Peter aus allen Wolken fiel, weinte, sich von der besten Seite zeigte, die nächsten Tage immer wieder völlig verzweifelt anrief, einen Zusammenbruch hatte, das rührte sie wenig. Wie ein Preßlufthammer ging die in ihr aufgestaute Wut auf ihn nieder. Ohne Pardon. Da gab es keine Aussprache, kein Zurück. Ein Jahr lang hat Melanie allein gelebt, um sich selbst ein wenig zu finden. Sex war ihr eklig. Heute hat sie einen Partner, mit dem sie sich wohl fühlt. Melanie: «Jetzt versuche ich, wenn ich nein fühle, auch nein zu sagen!» Und ihr Freund, ein acht Jahre älterer Innenarchitekt, ermutigt sie immer wieder darin, ihre Gefühle zu äußern, zu ihren eigenen Wünschen und Bedürfnissen zu stehen, sich unabhängig zu machen von dem Urteil der anderen, auch vom Urteil des Spiegels. Die Sexualität mit ihm kann sie genießen. Denn er drängt sie nicht, ist gelassener, erwachsener, kann auch mal verzichten, ohne ihr damit Schuldgefühle zu machen. Melanie fühlt sich nicht gleich verstoßen oder weniger geliebt, wenn sie mal nein sagt. «Und wenn wir beide mal keine Lust haben oder nur der eine von uns nicht, dann kuscheln wir manchmal ganz einfach miteinander. Oder wir machen ganz etwas anderes. Zum Beispiel spielen wir Schach im Bett.»

Ob ein so entspanntes Verhältnis auch mit ihrem Freund Peter möglich gewesen wäre? Hätte sie ihm nicht offener, selbstbewußter begegnen können? Hätte er sie dann nicht nur als Objekt seiner Belehrungen und Begierden, sondern als eigenständige Partnerin erlebt, als eine Person im eigenen Recht? Müßige Fragen im nachhinein. Statt zu spekulieren, wollen wir an dieser Stelle noch eine andere Beziehung in den Blick nehmen, die in ihrer Trostlosigkeit und Konventionalität in vielem der von Melanie geschilderten Beziehung ähnelt. Es geht um ein Buch, das an manchen Schulen seit Jahren auf der Lektüre-Liste steht, so beispielhaft und aufrüttelnd sind die darin geschilderten Szenen. In dem 1977 erschienenen Roman *Wie kommt das Salz ins Meer* schildert die österreichische Autorin Brigitte Schwaiger das zwangsläufige Scheitern einer Ehe zwischen einer jungen, gänzlich orientierungslosen Frau und einem Ingenieur, Prototyp eines gesellschaftlich und beruflich ambitionierten Mannes, der seine Lebendigkeit auf dem Altar gesellschaftlicher Konvention opfert.[18] Das verzweifelte Bedürfnis der Ich-Erzählerin nach Wärme, nach Liebe, nach Gefühl und Verständnis wird im Keim erstickt. Die Hochzeit, vor der sie in letzter Sekunde zurückschreckt, wird für sie zur Farce. Die Hochzeitsnacht im Hotel zum Alptraum. Während er im Bett auf sie wartet, fühlt sie sich so kalt, daß sie baden muß. Wenn er derweil doch nur einen Herzanfall bekäme! Wenn doch eine Bombe im Hotel explodieren würde! Wenn einer von beiden doch an Nasenbluten sterben würde!

Doch nichts Rettendes naht. Statt dessen eine Szene der Hilflosigkeit und Sprachlosigkeit, in der selbst das Nein ungehört bleibt, weil der frisch Angetraute es nicht hören will: «Da bist du endlich, sagt er. Er läßt die Hand wandern, wickelt aus, fragt, ob er Licht machen darf, setzt spitze Küsse auf meiner Haut ab, die sich nicht wehren kann, denn wenn eine Frau nicht will, daß man sie küßt, so muß sie es ausführlich begründen, und wenn sie das getan hat, bekommt sie dafür einen Kuß, weil es rührend ist, wenn Frauen sich bemühen, etwas zu erklären, weil eine Frau eine Frau ist. Männer sagen einfach nein, und wenn sie nicht wollen, dann können sie auch nicht. Ich sage: nein. Das Spiel beginnt. Warum nicht? Weil ich unglücklich bin, Rolf. Er dreht das Licht auf, schaut mich an und findet, daß unglückliche Menschen anders aussehen. Ich drehe das Licht aus. Er dreht es auf. Küßt mich auf die Nase, weil sie aufgebogen ist, und Stupsnasen schreien ja danach, angestupst und geküßt zu werden. Und was ich alles sage in dieser Nacht, rühr mich nicht an, laß mich schlafen, ich will nicht, ich würde viel lieber allein spazierengehen jetzt, ohne dich, das alles gilt nicht, weil Rolf das Licht immer wieder aufdreht und mich anschaut, und Stupsnasen können sagen, was sie wollen, sie sehen aus, wie sie aussehen, vorher und nachher, und seine Hand tastet weiter, ich verscheuche sie, er sagt, das hat er sich anders vorgestellt, das Bett kracht, jetzt darf ich nicht mehr nein sagen, schließlich ist er ein Mann und nicht aus Holz, und ich schreie: nein! Da liegt er wieder neben mir, sein Herz klopft, ich höre es, ich fürchte, daß er weinen wird, dann werde ich naß sein von seinen Tränen. Ich habe eine große Schuld auf mich geladen, ich weiß es ja, und vielleicht hilft er mir ab morgen, daß wir diese Schuld aufteilen und allmählich freier werden und wieder atmen können, miteinander.»[19]

Allmählich frei werden und wieder atmen können – dieser Wunsch erfüllt sich nicht. Niemals. Der junge Ehemann pocht auf das, was er für sein Recht hält. Schon am nächsten Morgen, nach ihrem Nein, macht er völlig selbstverständlich den nächsten Vorstoß: «Er lächelt. Komm! Er hört nicht auf, den Arm nach mir auszustrecken, bittend, freundlich, verschlafen, ergeben, und ich lege meine Hand in seine warme, trockene Hand. Er zieht mich zu sich, ich lasse mich ziehen. Er hebt mich ins Bett. Ich lasse mich heben. Er schiebt mein Nachthemd hinauf. Ich lasse mich ganz entblößen. Weil ich draußen bin im Schnee, bei den schwarzen Vögeln, weil ich nicht da sein werde, wenn du mich berührst.»

Die junge Frau läßt die Dinge über sich ergehen. Sie schluckt und schluckt, später schluckt sie auch die vom Arzt verschriebenen Tranquilizer, die rosa Brille für ihre zunehmend kränker werdende Seele. Die gepflegte Wohnung erweist sich zunehmend als «ausbruchsicheres Gefängnis», sie hat darin zu funktionieren wie ein Küchenautomat. «Komm, sagt Rolf, laß dich küssen. Er streichelt und lobt mich, sei nicht so steif, küß mich richtig, knöpfe deine Bluse auf, sieh mir in die Augen… Küß mich! Früher hat er das nicht so grob gesagt, da tat ich es wahrscheinlich freiwillig. Ich stelle mir vor, wir spielen eine Filmszene. Das half immer. Wenn ich etwas angestellt hatte und vor den Eltern Rechenschaft und Reue ablegen mußte, dachte ich, daß ich ein Kinderstar bin, der seine Rolle spielt. Ton ab, Bild ab, siebenundzwanzigste Einstellung: Frau küßt Mann. Er knöpft sein bügelfreies und silanisiertes Hemd auf, wirft es auf den Boden, benimmt sich plötzlich wie ein Junggeselle, und ich denke nur daran, wie ich es waschen muß. Aber jetzt ist ihm das Hemd nicht wichtig, und die Haut zwischen meinen Schenkeln ist empfindlich. Was er tut, ist Leichenschändung.»

Warum wehrt sie sich nicht? Warum spielt sie das Spiel mit? Warum muß der in der Kindheit erprobte Trick mit der Filmszene immer noch herhalten? Auch der Seitensprung mit einem befreundeten Arzt erweist sich bald als Sackgasse. Auch hier wird sie zum Objekt gemacht, wenn auch unter anderen Vorzeichen. «Sie unartiges Kind», sagt der Richter zu ihr, als sie schließlich wegen Ehebruchs geschieden wird. Ein Kind, das endlich erwachsen wird.

Die schwachen Männer

Fünf Frauen ohne sexuelle Lust, ein Ehemann, eine Therapeutin, ein Therapeut und ein Moderator sitzen im Kreis vor laufender NDR-Kamera und forschen nach den Gründen, wieso die Lust so häufig ausbleibt. «Mein Mann ist zu wenig – wie soll ich sagen – Mann», wagt die Frau, die ihren Ehemann mitgebracht hat, eine Vermutung. Das Argument besticht die anderen auf Anhieb. Zusammengesunken, mit einem um Vergebung flehenden Blick, kauert der Gescholtene in seinem Sessel. «Was verstehen Sie unter männlich?» möchte die Therapeutin wissen. «Er fragt immer, was ich möchte, statt zu sagen, was er will.» Niemand wundert sich, warum das ein Fehler ist. Alle verstehen das Problem: «Mein Mann ist auch so», sekundiert eine zweite Frau. Die Therapeutin forscht genauer nach. «Na, so nachgiebig eben», präzisiert die Lustlose.

Nachgiebig zu sein wirkt offensichtlich wenig männlich. Und nicht-männlichen Männern fehlt der Sex-Appeal. Steigt die sexuelle Attraktivität der Männer mit ihrer Durchsetzungskraft? «Ja, schon», meint die erste Frau. «Übrigens weiß mein Mann gar nicht, was ihm Spaß macht.» Ob das stimmt oder nicht, ist dem Ehemann nicht zu entlocken. Möglich, daß er selbst *das* nicht weiß. Er hat abgeschaltet, zeigt keine Regung mehr. Der Seelenstriptease geht trotzdem weiter, etwa: «Ich möchte, daß mein Mann fremdgeht.» Der überraschende Hintergrund dieses ungewöhnlichen Wunsches: «Damit er sich selber besser kennenlernt.» Die dritte Frau, deren Mann auch zu «weich» ist, findet die Idee bestechend. Aber resigniert stellen beide Frauen fest, daß sie unheilbar monogame Männer haben.

Je sicherer die Frauen vortragen, was sie sexuell abturnt, desto stiller geben sich die Therapeuten. Wie sollen sie erklären, was so gar nicht ins zeitgemäße Weltbild paßt? Eigentlich sehnen sich Frauen doch nach zärtlichen Männern, Machos auf knallharten Egotrips gaben bisher zuverlässige Feindbilder der unterdrückten und damit aller Frauen ab. Nun soll diese Type Endstation der Sehnsucht sein? Für die Generation der Großmütter war das der Horizont der Wünsche. Ein richtiger Mann wußte, was er wollte und setzte seinen Willen durch. Notfalls raubte er sogar die Auserwählte seines Herzens. Meistens führte zwar eine weniger dramatische Hartnäckigkeit zum Ziel, aber eine richtige Frau wurde erobert, und ein richtiger Mann konnte um sie kämpfen.

Das Bild ist weniger verstaubt, als es erscheinen mag. Weder die weibliche Emanzipation noch die verbale Fetisch-Fledderei immunisierten nachhaltig die über Jahrhunderte geltenden Rollenmuster. Ein Mann fühlt sich immer noch besonders stark und männlich, wenn sich eine Frau von ihm erobern läßt. Und Frauen tanken weibliche Identität, wenn sich ein männlicher Mann forsch um sie bemüht. Die Identitäten ergänzen sich gegenseitig. Männer meiden auffallend oft selbstbewußte Frauen. Und wenig draufgängerische Männer vermitteln vielen Frauen das Gefühl, nicht begehrt zu sein, als Frau zu versagen. Vor diesem Hintergrund gewinnt die schiefe Logik, daß der Mann fremdgehen sollte, an Sinn: Mit diesem, scheinbar vom Trieb diktierten Akt, könnte er wenigstens einen Teil seiner Manneswürde retten und der Frau beweisen, daß sie doch einen richtigen Kerl zum Manne hat. Denn Fremdgänger sind Eroberertypen, ständig auf der Jagd und so richtig männlich. Viele Männer bewahren sich einen kläglichen Rest dieser alten Männlichkeit, indem sie wenigstens egozentrisch fordernd sind, selbst wenn sie dabei lasch bleiben. Auf andere nachgiebig einzugehen kommt offenbar einem endgültigen Verzicht auf Männlichkeit zugunsten weiblicher Eigenschaften gleich.

Lust ist an Bilder von Geschlechtlichkeit gebunden. So ist nicht die machohafte Art an sich Agens der Sinnlichkeit, erst die gedankliche Verknüpfung dieses Verhaltens mit dem potenten männlichen Geschlecht verleiht dem durchsetzungsfähigen Mann sexuellen Reiz. Auch die Gesellschaft baut auf diese Muster: Führungskräfte in der Wirtschaft gelten dann als besonders potent, wenn sie durchsetzungsstark und männlich sind. Potenz steht für Macht und Geld, Attribute, die Männer sinnlich machen. Ob es uns paßt oder nicht: Diese Bilder führen in uns ein zähes Eigenleben und treiben manche Frauen immer wieder in die Arme von Partnern, die sie nach klarer Überzeugung eigentlich ablehnen. Oder wenn sich andere Frauen für einen sensiblen Mann entscheiden, vermiesen ihnen diese Vorstellungen irgendwann die Lust auf den im Grunde idealen Partner.

Erfüllt sich der Wunsch nach einem Chauvi, kann es allerdings fürchterlich werden. Hanna F. hatte 19 Jahre, ihre ganze Ehe lang, von einem überzeugenden «harten» Mann geträumt. Ihr eigener war liebenswürdig, differenziert, versuchte seine Gesprächspartner zu verstehen. Auseinandersetzungen führte er zu Hause nicht. Hanna, die sich um die beiden Kinder kümmerte und ab und zu in einem Labor aushalf, reagierte schließlich nur noch aggressiv auf ihren Mann. Er nahm den Fehdehandschuh nicht auf, bemühte sich noch intensiver um sie, brachte ihr jede Woche Blumen und verlangte überhaupt nichts mehr von ihr, rein gar nichts. «Drei lange Jahre hat er nicht einen einzigen erfolgversprechenden Versuch gestartet, mit mir zu schlafen. Dann war bei mir der Ofen aus.» Sie lachte sich einen Liebhaber an, dessen einzige Rücksicht darin bestand, das Haus zu verlassen, bevor der Ehemann es betrat.

Hanna erzählte ihrem Mann trotzdem alles, «manchmal sogar haarklein, dann wechselte er schon mal die Gesichtsfarbe». Mehr an Reaktion lag nicht drin, obwohl Hanna danach gierte.

Ihr Mann gab ihr nichts von dem, was sie als kaum Vierzigjährige noch vom Leben zu erwarten hatte. «Bei ihm bin ich nie lebendig geworden.» Die Verachtung für ihren Mann erfror langsam sämtliche anderen Gefühle. «Wahrscheinlich hätte ich im letzten Jahr unserer Ehe geschrien, wenn er mich angefaßt hätte.» Ihrer besten Freundin erzählte Hanna, daß sie ihren Mann kaum noch ertragen konnte. Sie wünschte, ihr Mann wäre ausgezogen; seine Sanftheit war für sie eine ständige Provokation.

Die Gestalt des Lovers gewinnt in Hannas Erzählung kaum Kontur. Was sie berichtet, steht immer im Zusammenhang mit ihrer Lebendigkeit, ihrer in seinen Armen wiedergeborenen Lust. Sie stritt sich häufig mit ihm, und sie fand seine Argumente teilweise «scheußlich». Als Mann aber war er «unschlagbar; er hatte etwas von der selbstgefälligen Arroganz eines Stierkämpfers». Jäh vertrieben die Ereignisse die beiden Liebenden aus der Arena der Lust, als sich der Ehemann von einer anderen Frau erobern ließ: Eine geschiedene Freundin, der sich Hanna anvertraut hatte, tröstete den verschmähten Ehemann. Hanna reagierte beleidigt und empört. Die Szenen, die dem Seitensprung folgten, waren höchst unerfreulich. Sie war abgrundtief eifersüchtig. «Was mich am meisten in Rage brachte, war die Scheinheiligkeit, mit der mein Mann meinte, das sei doch, was ich gewollt hätte.» Die Frage, ob ihr Mann das nicht richtig sehe, überhört Hanna mit einem verständnislosen Blick.

Sie nimmt ihre Geschichte anders wahr. Sie wollte einen Mann, der sie wie Tarzan durch den Dschungel trägt und wie ein Stierkämpfer zur Strecke bringt. Sie wollte einen Mann, der ihre erotischen Phantasien nicht an der mütterlichen Gleichmut seiner Rücksicht abprallen läßt, einen Mann, an dem sie sich reiben, mit dem sie streiten und den sie lieben kann.

Lebendige Sexualität hat «etwas zu tun mit dem Wunsch nach Sich-Ausliefern und Ausgeliefert-Sein, mit Lust an Macht und Ohnmacht, mit Lust am Überwältigen und Überwältigt-Werden, mit Schmerz zufügen und Schmerz zugefügt bekommen, mit Lust am

Kampf – mit dem Spüren und Erleben ihrer ‹dunklen› Seiten», schreibt Gunther Schmidt. Denn Sexualität entsteht nicht als Folge von Liebe; sie ist mit unerfüllbaren und trotzdem enttäuschten Wünschen, mit Angst vor Abhängigkeit, «Hingabe und Selbstaufgabe, vor Kontrollverlust und Verletzbarkeit» vollbepackt. Was wir an ihr fürchten, wünschen wir gleichzeitig; was sie uns gibt, kann sie uns auch entreißen. Das weite Spektrum der Gefühle, in das sie uns hüllt, ist die Lebendigkeit.

Je mehr verletzte Gefühle während der Geschlechtsentwicklung in die Sexualität verwoben worden sind, desto aggressiver gibt sie sich. Ganz ohne «aggressive Dynamik» allerdings «ist die Liebe weder zu denken noch zu erleben», formulierte Eberhard Schorsch.[20] In der liberalen Ideologie der friedfertigen Sexualität stecke *das* neue gesellschaftliche Tabu. Nicht zu Unrecht wird die sexuelle Aggressivität gefürchtet, droht sie doch jederzeit abzugleiten in sexuelle Gewalt. Die Übergänge sind vielfach fließend. «Zwischen solchen Entgleisungen und dem Ersticken durch Verleugnung und Verdrängung der ‹bösen Seite› der Sexualität bleibt nur ein schmaler Grat, die Möglichkeit einer lebendigen Sexualität ist immer bedroht und schwer zu verwirklichen.»

Das Kribbeln dieses Abenteuers schürt die Lust: Sich auf eine Reise einzulassen, die knapp am Abgrund längsführt, ist mehr als die lustlose eheliche Pflicht, mit der sich Hannas Mann nervenschonend zufriedengab, bis auch ihn das Abenteuer einholt. Das macht ihn offensichtlich auch für Hanna wieder attraktiv. Ihre Kühle verkehrte sich in Eifersucht, die entbrannte, als ihr Mann scheinbar mit einer anderen Frau erlebte, was sie sich vergeblich von ihm wünschte. Hannas Freunde sparen nicht mit Vorwürfen, daß sie ihr Desaster selber angerichtet habe. Ihr «Fehler» bestand darin, um eine Lust zu kämpfen, die ihr Mann nicht suchte. Ihm waren die auf Beständigkeit ausgerichteten zärtlichen Neigungen in seiner Ehe so wichtig, daß er die Unruhe stiftende Sinnlichkeit beiseite schob. Diese bewahrenden Tendenzen gehören eher zum Bild der Frau. So bleibt der genügsame, verständnisvolle Mann ein ambivalenter, unerotischer Wunschtraum, der Macho dagegen ein ungeliebtes Lustobjekt.

Die Aura der Unnahbarkeit

«Ich bin eine Tigerin im Bett», prophezeit Orra ihrem Geliebten Wiley. «Aber nur aus der Perspektive der oberen Mittelschicht», denkt Wiley. Dreiunddreißig quälend-spannende Seiten lang beschreibt der mehrfach preisgekrönte amerikanische Schriftsteller Harold Brodkey den mannhaften Einsatz seines Helden Wiley, die schöne Orra in das Reich der Lust einzuweihen. Denn die selbsternannte Tigerin jagt nur in der Steppe der Gefühle. Sie meidet die gebirgige Sinnenwelt, in der sich hinter jedem Gipfel ein Abgrund auftun kann.[21] Gleich beim ersten Rendezvous schläft Orra ohne weiteres mit Wiley, aber «sexuell war das Ganze eine ziemlich armselige Angelegenheit; sie konnte nicht kommen, ja, sie spürte nicht einmal besonders viel, soweit ich sah», sinniert Wiley. Sie war – «bei nur ein bißchen kritischer Interpretation» – Jungfrau geblieben. «Und beeinträchtigt, ja verkrüppelt dadurch, daß sie schön war ... sie war erstickt unter den Gefühlen und der Gefühlsseligkeit von Leuten, auf die ihr Äußeres Eindruck gemacht hatte. Sie war schön und verängstigt und leer und scheu und allein und unverwundet und verwundbar (wie ein Krüppel: was kann man einem Krüppel noch antun?).»

Verkrüppelt durch Schönheit. Orra schläft mit Männern, aber sie verschenkt sich nicht – und gewinnt auch nichts. Sie läßt sich ein auf das künstlich-sentimentale Duett in der Rolle der feurigen Liebhaberin, behält aber immer «die Autorität über ihre Reaktionen in den eigenen Händen. Ihre Selbstverleugnung ist ihr eigenes Werk.» Wie sollte sich Orra gehenlassen, wenn alle nur ihre Schönheit wollen? Sie wird nicht als Mädchen geliebt, sondern als Trophäe begehrt. Also dreht sie den Spieß um, bietet sich selbst als «Prunkstück» an – aber nur als Leihgabe. Zu wertvoll ist sie, als daß sie einer allein besitzen könnte.

Eigensinnig besteht Orra darauf, Wiley Lust zu spenden. Das macht ihn sensibel für die Gefahr, die von ihr ausgeht und an der bisher alle Männer scheiterten: «Sie hatten sie überschätzt, und sie waren übererregt gewesen und aus dem Gleichgewicht und beklomm bei dem Gedanken, wie sie wohl von ihr beurteilt würden, sie hatten sich ihr Vergnügen geholt und das Weite gesucht.» Ein übereiltes Vernügen für Versager.

In dieser Gefahrenzone packt Wiley der Ehrgeiz. Er ist versessen darauf, sie zu «knacken»; sein Unterfangen begründet er mit diesen und jenen Eitelkeiten; Besitzansprüche an der Schönen schimmern nur in den Schweißtropfen auf, die beim Einsatz, Orras harte Schale aufzubrechen, perlen: «Ich vergrub mich nackt in der Möse der Tigerin im Bett; die kleinste Schwäche ihres Egos oder ihrer Urteilskraft, und sie ginge auf mich los; und bei dem, was ich tat, war der Grat zwischen Liebe und Übergriff, Ausnutzung und idiotischer Angeberei sehr schmal.» Er will nicht die nette Verliebtheit, die sie ihm bietet. Er will die ganze Liebe, er will ihre Lust, er will sie mit Haut und Haaren. Mit der Potenz eines von einer Frau besessenen jungen Mannes zieht er alle Register der aphrodisiakischen Stimulation. Sie windet sich: «Nein... Nein, Wiley... Bitte nicht. Ich mag das nicht. Nein...» Er hört nicht, macht weiter, lauscht auf ihre inneren Zuckungen. Ab und zu entlockt er ihr einen dünnen Ton. «Sie erschauert. Vor Widerwillen.» Das Bett wird zur Arena, zwei Körper duellieren sich – es geht um des anderen Lust. Die Geschichte endet mit einem klaren Orgasmus der Frau, der das lebenspralle Ereignis einer neuen Welt der Liebe und der Hingabe aufschlägt. Hatte sie es vorher eilig, sich bloß zu verlieben, meint sie nun, Liebe zu erfahren. Sie weint, sie ist verletzlich geworden und auf die Liebe angewiesen. Was passierte, hat Orra zwar befürchtet, aber auch ersehnt, meint Wiley, denn «sie hatte irgendwie die Hoffnung, mich glücklich zu machen, damit ich wirklich Gefallen an ihr fand und glücklich mit ihr wurde und mich ihr aufschloß».

Die Geschichte der *Unschuld*, so der Titel, schildert die Schönheit, die sich zur Verfügung stellt, aber deren kalter Körper letztlich alle – bis auf Wiley – abweist. Orra präsentiert sich, ohne sich hinzugeben. Und doch sehnt sie sich nach Liebe, vor deren Abhängigkeit sie sich gleichzeitig fürchtet. Orra, die Obere-Mittelschicht-Tigerin, fletscht nur Milchzähne. Behütet aufgewachsen, gut im Plappern über Sex, aber bang vor der unmittelbaren Erotik, vor dem heißen Draht zwischen Kopf und Körper, ängstlich und abgrundtief mißtrauisch. *Unschuld* ist die Geschichte eines Dammbruchs der Gefühle, verwirrender, ersehnter und erschreckender Gefühle. Doch die Geschichte läßt sich nicht wiedergeben, ohne sie zu verändern. In dieser eigenen Gestalt wiederum weckt sie Erinnerungen, hängt sich an Vergessenes und läßt es neu erscheinen. Wie die Erinnerung an Florence, die als Übersetzerin wissenschaftlicher Texte arbeitete.

Auch Florence war wie Orra der Star der Schule, ätherisch schön, behütet aufgewachsen und wie ein Juwel sorgfältig von Vaters Hand in jene ihrer Liebhaber übergeben. Nie mußte sie selbst auf andere zugehen, nie hat sie gelernt, die Gefühle anderer einzuschätzen, nie den Prozeß des gegenseitigen Abtastens, nie das Hin und Her von Annäherung und Rückzug. Sie verhielt sich passiv, ließ die anderen auf sie zukommen, ließ sich umsorgen wie ein Kind, das die Mutter als Teil seiner selbst betrachtet.

Die Erinnerung trügt nicht. Florence, heute 44jährig, wirkt immer noch wie damals, als sie zur Schule ging. Schulterlanges Haar umfließt ihr Gesicht, das so schnell niemand vergißt. Keine Partie, weder Augen, Mund, Nase, Kinn, wirkt für sich genommen besonders aufregend. Erst das Zusammenspiel der Züge, die ineinander greifen wie sich viele einzeln unscheinbare Frühlingsblumen zu einem atemberaubenden Blütenmeer verbinden, macht ihre Schönheit aus.

Florence übergeht die Frage, ob sie zu einem Gespräch über ihr Intimleben bereit sei wie einen Fauxpas. Sie redet ohnehin pausenlos über alle Tiefenschichten ihres Lebens. Doch sie tut es, weil sie es will, nicht weil sie andere darum bitten.

Kein Wiley hat bisher Florence' Weg gekreuzt; keiner hat sich gefunden, der es gewagt hätte, sie aufzubrechen, sie anderen und der Lust zu öffnen. Ängstlich haben sie sich vor ihrer Kälte zurückgezogen. Sie suchten nicht ihre Lebendigkeit, sondern ihren Sammlerwert, ihre Schönheit. Nachdem Florence vor sieben Jahren ein beträchtliches Vermögen erbte, ist sie häufig auf Reisen. Und überall findet sie Liebhaber. Wie Orra, läßt sie sich ständig einladen, bewundern, ins Bett mitnehmen. Sie zählt auf und liefert kurze Charakteristika, etwa: «H. wollte in Florenz unbedingt eine Botticelli-Venus aus mir machen. Lächerlich.» Oder: «Wenn ich L. nicht durch einen Trick entkommen wäre, läge er noch immer auf mir, ekelhaft.» Das war in Athen. «Was soll's», schließt sie mit einem Anflug von Ärger ihren sonst müden Bericht über Sex auf Reisen. Reine Statistik, keine Abenteuerstory. Ach, da fällt ihr noch einer ein, damals in New Mexico: «Der war sehr klebrig und wollte mich vom Fleck weg heiraten, ohne mich vorher überhaupt zu berühren. Wenn er bereit gewesen wäre, in Europa zu leben, hätte ich ihn vielleicht genommen.» Eine Beinahe-Ehe ohne körperlichen Hintergrund? «Warum nicht. Schließlich heiratet keine Frau, um garantierten Sex zu haben.» Jedenfalls nicht sie, Florence, denn sie mißt körperlicher Lust keine Bedeutung zu. Ihr Tonfall verweist Sex in den Bereich des Morgenturnens.

«Männer sind unverschämt gierig; im Bett sind sie Schwänze mit geilen Augen.» Die apodiktisch kühle Art, in der Florence ihre Erkenntnis über Männer vorträgt, hat nichts Schockierendes. Halbwegs unanständig klingt jedoch die Frage, ob ihr das denn Spaß mache. «Die gierigen Blicke, vielleicht», bekennt sie ohne Zögern, «aber der Rest... na ja, ein gutes Buch ist besser.» Scheinbar abgebrüht redet Florence, wie Orra auch, über Sex, Männer und was das Ganze soll. Und genau wie Orra hat sie sich nie hingegeben, sondern immer nur bewundern lassen. Bewunderung ist aber auch das einzige, was sie bisher bekam – und vielleicht war auch das eher Selbstbewunderung der Männer, daß sie diese «Trophäe» erobern konnten.

So bleibt auf beiden Seiten nur der schale Geschmack eines verkrüppelten Genusses. Gefangen in ihrer eigenen Sammlerlust, erhalten Florence' Liebhaber nur einen kalten Körper. Und die schöne Florence füttert allein ihre narzißtische Liebe durch die begierigen Blicke. Sie hält sich Beziehungen, sie unterhält sie nicht. Sie verharrt in kindlichen Allmachtsansprüchen, ohne mit allerlei anschmiegsamen Wonnen wie ein Kind, jene zu entzücken, die sie bewundern. Sie mußte nie etwas anderes als schön sein. Ihr Vater bewunderte sie bereits. Sie hatte sich nie gegen Geschwister durchzusetzen, die Aufmerksamkeit ihrer Eltern oder die Liebe ihres Vaters erobern müssen. Doch anders als bei ihrem Vater war die Zuneigung ihrer Liebhaber nicht von Dauer. Um mehr als ein Sammlerstück zu sein, hätte sie auch etwas von sich selbst hergeben müssen. Das aber hatte sie nie gelernt. Genausowenig wie Verzicht. Jede neue Beziehung verstärkte ihre Enttäuschung und damit ihren Rückzug in sich selbst, mit dem sie sich vor Enttäuschungen zu schützen suchte – um den Preis ihrer Lebendigkeit. Nichts hat sie bisher aus ihrer trostlosen Selbstliebe herausgeholt. Im Gegenteil, je älter sie wird, desto hochmütiger, abweisender, lustloser und unlebendiger wirkt sie.

Anders ihre neun Jahre ältere Halbschwester. Sie galt nie als besonders schön, und neben Florence kam sie sich wie Aschenputtel vor. Der Vater achtete darauf, daß sie gute Schulleistungen brachte. Von ihr wurde etwas verlangt, sie mußte sich Anerkennung erarbeiten. Florence beneidet und verachtet ihre Schwester zugleich: «Natürlich steht sie voll im Leben, hat zwei Kinder, einen treuen Mann und eine gute Position. Und natürlich redet sie auf mich ein, daß ich eine feste Anstellung suchen soll.» Florence verzieht herablassend ihren Mund. Die Welt der treuen Männer und sicheren Positionen scheint für sie so weit entfernt wie die Freude an der Hingabe, der Lust und Liebe. Zu platt, zu simpel, zu entwürdigend ist das Tauschgeschäft der Liebe für sie, jener Handel, der beiden Seiten nur dann etwas bringt, wenn beide etwas zum Gelingen beitragen. Ein Stück von sich herzugeben, um etwas zu bekommen, das liegt nur ihrer faden Schwester. Gefangen in ihrem von narzißtischen Allmachtsphantasien besetzten Selbstbild, ist Florence unfähig, eine tatsächliche Freundschaft außerhalb ihrer Scheinbeziehungen einzugehen. Sie mußte sich nie um die Liebe der anderen bemühen, die anderen waren immer für sie da, sie betrachtete sie nur als Ergänzung ihrer selbst. Ihr Verlust allerdings bedeutet dann auch ein Stück Selbstverlust. Genau hier liegt die Verletzlichkeit von Florence: als sich ihr Vater, ihre nie aufgegebene Liebe, einer jüngeren Frau zuwendet, verliert Florence die Lust an sich, an ihrem Selbstbild – und damit an allem, was sie lieben kann (s. S. 188). Die zweite Ehe ihres Vaters kann Florence nur als Verrat empfinden, weil sie sich und ihren Vater immer als Einheit phantasierte.

Auffallend viele schöne Frauen wirken abweisend, lustverachtend, kalt und unlebendig, statuenhaft wie die Venus von Milo. Und auffallend viele von ihnen bleiben ungebunden. Jede hat sicher ihre eigene Geschichte, aber vielen wird wahrscheinlich der Weg zu reifen Beziehungen, in denen beide Teile sich selbst und den anderen als eigenständig akzeptieren können, schwergemacht. Ihre Lust bleibt in kindlicher Weise fixiert, der andere wird gleichzeitig gebraucht und beherrscht, ist Teil der eigenen Identität.

Doch diese Verschmelzungslust, die im Mutter-Säugling-Verhältnis wurzelt, läßt sich im Erwachsenenalter nicht wiederholen. Besonders schönen Frauen – gerade weil sie als Vorzeigestück gehandelt werden – fällt es schwer, narzißtisch symbiotische Wünsche zu befriedigen. Denn die männlichen Trophäensammler suchen ihrerseits Selbstbestätigung. Nicht in der Lage, aufeinander zuzugehen, bleiben deshalb beide Partner in solchen Beziehungen auf ihr «behindertes» Selbst zurückgeworfen. Beide erleben es als bedrohlich, daß sich der jeweils andere verweigert – nicht mehr Luststeigerung, sondern Angstvermeidung ist das Ziel.

Einschneidende Erfahrungen
oder Die Veränderbarkeit der Lust

Ein emotionales Trauma

«Du könntest mir jeden Mann auf den Bauch binden. Ich würde ihn nicht wollen. Mit Martin bin ich rundherum glücklich!» Das sagte sie noch vor fünf Jahren, im Brustton der Überzeugung. Heute sieht alles ganz anders aus. Da würde sie ihren Martin am liebsten nie wiedersehen. Der Sexualität mit ihm entzieht sie sich, so gut sie irgend kann. Am liebsten würde sie dies Kapitel ein für allemal streichen. Was ist passiert?

Daß Kim Söffker so heftig, so kompromißlos reagiert, hat sicherlich auch zu tun mit ihrem Temperament. Sie ist Sekretärin in einer Großstadt, 40 Jahre alt, eine vitale, direkte, konfliktfreudige und spontane Frau. Sehr offen zeigt sie ihre Gefühle, lacht viel und laut, ihr kommen aber auch schnell die Tränen. Alles, was sie tut, tut sie intensiv. Wenn es sein muß, arbeitet sie eine Nacht durch, steht morgens um 6 auf, trinkt eine Tasse Kaffee und macht weiter. Wenn es spannend wird, kann sie aber auch nächtelang durchdiskutieren oder durchlieben. Sexualität, sagt sie, hat in ihrem Leben immer eine zentrale Rolle gespielt. Wenn sie einen liebte, dann auch ganz. Aber wehe, der Typ gefiel ihr nicht mehr. Dann ließ sie ihn gnadenlos fallen. Zum Beispiel Olaf, den sie mit 25 kennenlernte. Er war witzig, intellektuell, geistreich – alles positive Eigenschaften an einem Mann, die sie zum Vibrieren brachten. Aber dann, als sie ihn das erste Mal splitternackt vor sich sah, war es schlagartig aus mit ihrer Lust: «Ich mochte diesen mageren, vornübergebeugten Körper einfach nicht. Und im Umgang mit meinem Körper zeigte er dann so eine Mischung aus Unerfahrenheit und Softheit, die mir nicht lag. Ich hätte selbst ungeheuerlich in die Gänge kommen müssen, damit überhaupt etwas lief, aber dazu hatte ich keine Lust. Ich habe zugesehen, daß ich mich bald von ihm trennte.» Sie tat es so homöopathisch wie möglich. Denn, so ihre Erfahrung, es ist für Männer unglaublich verletzend, wenn man ihnen sagt, daß man sie erotisch nicht sonderlich anziehend findet. Damit würde man sozusagen in ihren sensibelsten Bereich treffen.

Im Falle von Olaf, aber auch in anderen Fällen, ließ Kim deshalb höhere Diplomatie walten. Und die hat sie, bis sie ihren Martin kennenlernte, recht häufig anwenden müssen. Denn, so ihre Erfahrung, viele Männer seien doch «grauhaarige Kinder», die eine Mutterbrust suchen. Die brauchen Zuhörerinnen für ihre Nöte, für ihre Schwierigkeiten am Arbeitsplatz, für ihre verkorksten Beziehungen. Und wenn man ihnen einigermaßen gescheit und geduldig zuhört, wird man leicht von ihnen überhöht, idealisiert, sie fühlen sich geborgen und entdecken dann, wie Kim findet, «überflüssigerweise» auch noch irgendwelche erotische Reize an einem. Diese «selbstbezogenen Narzißten» sind, meint sie, «langweilige Liebhaber. Die wollen einen am liebsten in den Arm nehmen, stundenlang kuscheln und klönen, ohne auf die Idee zu kommen, daß man als Frau vielleicht auch gern noch mal einen Orgasmus hätte, einen zweiten oder auch einen dritten.»

Aber nun zu Martin, ihrer großen Liebe! Sie kennt ihn seit 16 Jahren. Und mit ihm war alles von vornherein ganz anders. Er ist ein temperamentvoller, draufgängerischer, triebhafter Mann. Mit ihm hat sie über Jahre eine ausgeprägte, phantasievolle Sexualität genossen. «Über seine Neugier auf meinen Körper habe ich mich selbst erst so richtig kennengelernt und entdeckt. Man weiß ja schließlich selber nicht, wo man eigentlich ansprechbar und empfindlich ist. Schließlich ist man ja kein Apparat, der sagt: mach mal dies, mach mal das. Was sich in einem tut, das hängt ja auch sehr stark vom anderen ab, von seinem Einfallsreichtum, seiner Phantasie, ob er in der Lage ist, einen innerlich mitzureißen. Und wenn er nur am großen Zeh zippelt, und man beginnt schon zu stöhnen.» Es war, als hätte Kim einen aktiven Mann wie Martin immer gesucht und nun gefunden. Zumal sie selber gern aktiv ist. Zwei-, dreimal die Woche haben sich die beiden miteinander verabredet. Das war immer ein Anlaß, sich zu freuen, sich schön anzuziehen, etwas Besonderes zu unternehmen, gut essen zu gehen oder ins Theater oder Kino. Und anschließend landeten sie im Bett. Eine befriedigende, aufregende Zeit, über Jahre hinweg. Es gab zwischendurch zwar immer mal wieder einen Seitensprung, bei ihm, bei ihr, aber «wir beide», meint sie, sind «nicht so eifersüchtige Naturen, eher großzügig. Wir haben uns daraus keine Szenen gemacht».

Doch dann ging's bergab. Und zwar bezeichnenderweise in dem Moment, als ein Kind kam und die beiden zusammenzogen. Martin liebte seinen kleinen Sohn abgöttisch, und auch Kim war eine stolze, glückliche Mutter. «Doch dieses ganze Gequake den Tag über, die schmutzige Wäsche, die Aletegläser, der Haushaltskram und die viele Arbeit – das war schon ein Dämpfer. Und diese dauernde Kontrolle und diese Vorwürfe!» Kim brauchte nur mal länger zu telefonieren, mit irgendeinem Berufskollegen, den sie gerne mochte, schon fühlte sie sich von Martin beobachtet, kontrolliert, zensiert. Ja, für einen anderen hätte sie Zeit, so lange zu reden, aber für ihn nicht.

Vielleicht hätte sich das Zusammenleben einigermaßen eingespielt, wenn nicht mit der zweiten Schwangerschaft die Katastrophe über sie hereingebrochen wäre! Kims Worte überschlagen sich, wenn sie davon spricht. Tränen treten ihr in die Augen, so wie damals, als es geschah. Als sie hochschwanger war mit dem zweiten Kind und ihr Bauch immer dicker wurde, platzte Martin auf einmal damit heraus: dieses ganze gemeinsame Leben wäre ihm viel zu eng! Er wolle heraus aus der Wohnung, «raus aus der Beziehung!» Ein Satz, der für sie zum emotionalen Trauma geworden ist. Sie wiederholt ihn immer wieder, so dröhnt er noch in ihren Ohren. «Das war für mich eine unheimliche, existentielle Bedrohung! Ich will raus aus der Beziehung! Was hätte das für mich bedeutet? Was hätte ich denn alleine mit zwei kleinen Kindern tun sollen? Ohne irgendeine rechtliche Absicherung – Martin und ich haben ja nicht geheiratet. Ohne materielle Zuwendung? Da sind für mich Welten zerbrochen! Ich hätte mein Leben darauf verwettet, andere Männer mögen so etwas tun, aber Martin, der nie! Bei so einem Mann wie ihm hätte ich das nie, nie für möglich gehalten, daß er sich so schäbig benimmt!»

Während sie versuchte, den Alltag mit dem ersten Kind zu managen und sich auf die zweite Geburt vorzubereiten, neben ihrer Arbeit, zog Martin aus, mietete sich ein Zimmer, traf sich abends mit Freundinnen, auch mit einer Freundin von Kim, mit denen er über seine Enge-Gefühle sprach und mit denen er schlief. Oft wußte Kim nicht, wo er nachts war. Die Vorstellung, wie er mit anderen Frauen im Bett «herumfuhrwerkte», war ihr ekelerregend. Doch es war nicht Eifersucht, die sie quälte. Es war das Gefühl der grenzenlosen Verlassenheit, das sich durch die emotional labile Situation, schwanger zu sein und bald einem Kind das Leben zu schenken, potenzierte. Freundinnen versuchten, ihr beizustehen, ihr Mut zu machen, doch das half wenig. Kim fühlte sich schutzlos, wie das Kind, das sie in sich trug. Martin kreuzte zwar hin und wieder auf, um nach seinem kleinen Sohn zu schauen, doch um Kim machte er einen großen Bogen. Er verhielt sich abweisend, nahm, wie sie sich heute erinnert, sie nicht ein einziges Mal in die Arme! Die Liebe zu ihr schien erloschen. Auch vor Freunden tat er lauthals kund, daß er zwar gerne Kinder hat und in die Welt setzt, daß ihm jedoch das ganze Drum und Dran, insbesondere das enge Familienleben, die Luft zum Atmen nehmen würde.

Und heute? Kims zweites Kind ist 2 Jahre alt. Martin ist reumütig zurückgekehrt. Seine Frauengeschichten sind längst im Sande verlaufen. Es scheint, meint sie, er habe sie alle gewogen und zu leicht befunden. Nach langen Grübeleien ist seine Bilanz wohl so ausgefallen, daß er es doch vorzieht, mit seiner kleinen Familie zusammenzuleben, seine Kinder fände er ausgesprochen niedlich und sie, Kim – inzwischen wieder rank und schlank – auch wieder attraktiv.

«Wenn die Liebe verlorengegangen ist, wenn an der Sexualität keine Liebe mehr beteiligt ist, dann beginnt das Fleisch des anderen zu stinken.» Ein Satz, den die Schauspielerin Jeanne Moreau einmal geäußert haben soll. Ein starker Satz einer starken Frau, die in ihrem Leben keine Kompromisse gemacht hat. Als ihre letzte große Liebe zu einem Amerikaner – sie folgte ihm in die USA – scheiterte, brach sie ohne zu zögern alle Zelte ab und kehrte zurück in ihre Heimatstadt Paris. Nein! Das hat sie oft gesagt. In ihren Filmen und auch in ihrem Leben.

Kim Söffker gefällt dieses Beispiel. In ihrer radikalen Direktheit würde sie es ähnlich formulieren. Ja, es stinkt ihr, mit Martin zu schlafen, und wie! «Ich will und kann einfach körperlich nichts mehr mit ihm zu tun haben!» sagt sie. Oft will er das Ganze ungeschehen machen, sie in den Arm nehmen, doch dann steht sie da, «steif wie eine Spargelstange», unfähig zu einer inneren Rührung. Es sei denn, einer negativen. «Wenn ich mit jemandem schlafe, dann will ich mich dabei fallenlassen, mich dem anderen hingeben, mich öffnen, ihm total vertrauen, aber das geht jetzt mit Martin nicht mehr, durch diese Kränkungen und Verletzungen. Irgend etwas in mir ist zerbrochen, irgend etwas in mir ist kaputt», sagt sie. Seine ausgeprägte Triebhaftigkeit, sein starkes Interesse an Sexualität hatten ihr früher überaus gefallen. Jetzt ekelt sie seine «Gier», wie sie es nennt, an. Ihr massiver Abscheu wird spürbar, wenn sie erzählt, wie er sich selber zur Schau stellt. Wenn es heiß ist, laufe er in der Wohnung in Boxershorts herum, sie findet, das hat etwas Exhibitionistisches. Neulich, bei einem größeren Sommeressen, bei dem er – ein ausgezeichneter Koch – alles vorbereitet hat, lief er demonstrativ mit braungebranntem, nacktem Oberkörper durch die Wohnung. Gewiß, er hat einen sehr schönen Körper, das muß Kim ihm nach wie vor zugestehen. Nur momentan geht ihr alles «auf den Wecker».

Warum kann sie nicht vergeben und verzeihen? Jetzt, wo doch zwei Jahre vergangen sind? Kim sieht die Ursache hauptsächlich in seiner mangelnden Bereitschaft, damals, während ihrer Schwangerschaft, ihr mal richtig zuzuhören, sich mal in ihre Lage zu versetzen. Ja, wenn er auch mal ein wenig nachdenklich geworden wäre, wenn er mal die eigenen Fehler eingestanden hätte – das hätte vielleicht einiges verändert. Doch, so meint Kim, solche Gespräche, ihrer Ansicht nach mit Männern ohnehin schwierig zu führen, hätten nie stattgefunden. Sie ist davon überzeugt, daß er ihre Probleme mit ihm geleugnet und ignoriert hat. Jetzt, wenn sie bei einer Flasche Wein zusammensitzen, reden sie zwar miteinander, aber immer über ein Thema, das Kim nach wie vor verhaßt ist: über ihre Unlust. Stets fühlt sie sich von ihm ins Kreuzverhör genommen, gefragt, wie lange denn dieser Zustand noch anhalten solle, ob sie sich nicht doch mal eines anderen besinnen würde, und so weiter und so fort. Kim haßt diese «ermüdenden Debatten» zunehmend. Dieses Spiel «Ich–bin–doch–so–nett–zu–dir–und–bemühe–mich–so–um–dich», wie hast du dir das denn so gedacht? Ich warte doch nun schon seit zwei Jahren... Eine Mühle ohne Ende. Kim versucht immer wieder zu erklären. Einmal hat sie ihm sogar einen Brief geschrieben, ihre Unlust aufgeschrieben, weil sie dachte, daß er das besser versteht. Sie sagt: «Ich möchte mich vor ihm schützen, er soll nicht wieder so dicht an mich herankommen!» Da sie ja sonst selber sexuell immer so aktiv war, erlebt sie das Ganze wie einen Abfall von 100 Grad auf Null. So, als ob jemand, der jahrelang sehr gerne aß, seit Wochen eine Hungerkur machen will. Oft geht sie abends früh ins Bett, kriegt Kopfschmerzen, wünscht, die Nacht wäre schon vorbei. «Gequältermaßen so ein bißchen mitmischen» – das möchte sie eigentlich nicht. Doch weiß sie auch, daß er ohne sexuelle Befriedigung den ganzen anderen Tag mit schlechter Laune herumläuft, zu unkontrollierten, aggressiven Schüben neigt, die für sie unüberschaubar und daher beängstigend sind.

Seit einiger Zeit haben sie eine Lösung gefunden. Sie machen Petting miteinander. Martin mag das eigentlich ganz gerne, und für Kim ist es ein Ausweg, sich dem «Allerengsten» zu entziehen. «Diese wechselseitige Onanie – mit einem Meter Abstand im Bett – das geht so einigermaßen. Wir kommen dann beide zum Höhepunkt, das ist recht einfach, denn wir kennen uns beide jahrelang schon so gut. Ich habe auch sexuelle Bedürfnisse, brauche hin und wieder auch mal diese Spannungsabfuhr, obgleich ich aber auch darauf verzichten kann, da ist mir alles egal. Nur dieses Aufeinander-, Übereinander, dieses Klatsch, Klatsch, das kann ich nicht mehr ertragen. Schon gar nicht dieses Eindringen! Sicher, ich würde dabei nicht sterben, aber ich will es einfach nicht mehr, daß Martin so in mich reinkommt, mir so nahe kommt. Dieses Sich-Öffnen, Sich-Anvertrauen, das möchte ich mit ihm einfach nicht.» Kim hat das Gefühl, sich vor ihm schützen zu müssen. Wie ein Kind, das man geschlagen hat und das nun automatisch die Hand vors Gesicht hält, aus Angst, es würde wieder und wieder getroffen.

Neuerdings ist Martin eifersüchtig. Wenn sie es nicht mit ihm tut, vielleicht tut sie es dann ja mit anderen? Dieser Gedanke quält ihn zunehmend. Psychologen sagen: Eifersucht in solchen Fällen hat viel mit projektiven Wünschen zu tun. Man vermutet bei dem anderen ein Verhalten, das man unter Umständen selbst gern an den Tag legen würde. Doch in der patriarchalischen Gesellschaft wird gerade bei diesem heiklen Thema oftmals mit zweierlei Maß gemessen. Auch Martin, so scheint es, frönt dieser Doppelmoral. Und so völlig unbegründet sind seine Befürchtungen nicht. Kürzlich war Kim beruflich auf einer Messe. Ein jüngerer Kollege, Dietmar, fiel ihr auf. Am dritten Abend, die Stimmung war weinselig, sagte sie ihm bei einem Tête-à-tête unumwunden, daß sie gern mit ihm schlafen würde. Dietmar hatte das noch nie von einer Frau gehört, er fiel ihr fast um den Hals vor Glück. Für Kim war das nur ein kleines Abenteuer, doch ein bedeutendes. Sie spürte in jener Nacht, daß ihre Fähigkeit, Lust zu empfinden, keineswegs erstorben war. Es war, als hätte ein Vulkan lange in ihr auf den Ausbruch gewartet! Freilich entpuppte Dietmar sich dann aber doch als einer jener Kuschel-Männer, die Kim nicht so besonders lieben gelernt hatte: Zu Hause angekommen, erschöpft, glücklich und verwirrt, organisierte sie alsbald eine erneute Begegnung in seiner Stadt. Doch erwies sich Dietmar als langweilig. Dennoch, sagt Kim: «Ich bin glücklich über dieses Abenteuer, weil ich gemerkt habe, daß ich als Frau noch begehrenswert bin und begehre. Das hat insgesamt meinem Leben wieder Auftrieb gegeben!»

Wenn es finanziell möglich wäre, fände Kim es das beste, Martin und sie würden auseinanderziehen. Dann wäre sie diese Nähe, diesen Alltagsmist, endlich los. Sie könnte sich gut vorstellen, allein mit ihren Kindern in einer Wohnung zu leben. Und dann lieber «einmal kräftig lieben und drei Monate hintereinander wieder gar nicht!» Das fände sie besser als dieses ewige «lahme Aufeinanderglucken». Als Martin von der Affäre mit Dietmar erfuhr, ist er vor Empörung fast geplatzt. Er wollte seinen Rivalen sofort zur Rede stellen, doch Kim hat sich das heftig verbeten. Immerhin: Dieses kleine Abenteuer hat ihrer Beziehung zu Martin neuen Zündstoff gegeben. Mal sehen, wie es weitergeht…

Wenn ein Kind kommt

Damals ahnte Christiane R. nicht, daß sie sehr lange nicht mehr mit ihrem Mann schlafen würde. Es hätte sie auch wenig interessiert. Denn nun war ihr Bauch zum Nabel ihrer Welt geworden, und ihre Umwelt richtete sich danach. Der phlegmatisch-erdgebundene Gang und der abwesend nach innen gerichtete Blick versetzte alle unwillkürlich in vorsichtige Alarmbereitschaft. Der Kellner half ihr beim Sichsetzen und Aufstehen, die Bäckersfrau bediente sie außer der Reihe, der Coiffeur bot ihr zum üblichen Kaffee auch ein Stück Kuchen an. Sie verlangte diese Rücksicht nicht; sie ließ sie halt gewähren. Christiane war schwanger. Nur das Verhalten ihres Mannes schwankte stark. Wenn er seine Frau ausführte, gab er sich ganz rücksichtsvoller Gentleman. Zu Hause jedoch brachen hin und wieder Verdrießlichkeiten durch. Begehrte er dagegen auf, daß er in diesem neuen Drehbuch des Lebens keine Hauptrolle spielte? Oder bat er schlicht um mehr Zuwendung? Christiane wurde immer passiver und reagierte völlig verständnislos auf seine Wünsche nach etwas körperlicher Intimität. Wozu Sex? Sie war schwanger, und er wollte Sex!

Mit der Zeit verflachten seine Auflehnungswellen. Schließlich freute auch er sich auf das Kind. Und schließlich hatte er erlebt, wie Christianes Wunsch, schwanger zu werden, ihr Sexleben beflügelt hatte. Ließ das nicht hoffen, daß die genußvollen Zeiten wiederkommen, wenn das Kind erst einmal da und alles wieder im alten Rhythmus ist? Christianes flaue Sexstimmung während der Schwangerschaft war bereits ein Indiz für die endgültige innere Abkopplung von ihrem Mann.

Die meisten Frauen erleben gerade während der Schwangerschaft ein gesteigertes sexuelles Bedürfnis. Denn der ganze Körper scheint wie auf die Lust eingestellt. Gegen Ende des ersten Trimesters sondert die Vagina verstärkt Gleitsubstanz ab. Während des zweiten Trimesters beschrieben alle vom Forscherpaar William H. Masters und Virginia E. Johnson untersuchten Schwangeren, daß ihre Libido besonders stark sei. «Das äußert sich sowohl in einer gesteigerten Koitus- wie auch einer gesteigerten Masturbationsaktivität. Es wurden bei diesen Frauen auch explosionsartige Orgasmen beobachtet. Zwei Frauen, die früher niemals multiple Orgasmen erlebt hatten, beschrieben und zeigten diese Reaktion der höchsten Erregung zum erstenmal im zweiten Trimester ihrer Schwangerschaft.»[1]

Die Hoffnung von Christianes Mann erfüllte sich nicht. Heute, zwei Jahre nach der Geburt von Philip, weiß Christiane, daß sich viel mehr veränderte, als sie jemals vermutet hatte. Die Umstellungen begannen mit der Umwälzung des Hormonhaushalts direkt nach der Geburt. Sie wurde, wie rund die Hälfte der Gebärenden, aus der Hochstimmung der Schwangerschaft in das Tief der postnatalen Depression, die «Heultage», gestürzt. Bei einem Viertel bis einem Drittel aller Mütter hält das Tief mehrere Wochen an. Und ungefähr jede Zehnte steckt noch nach Monaten in einem schwarzen Loch. Die Psychologin Ursula Nuber: «Von Medizinern wird dieses Phänomen oftmals nicht besonders ernst genommen, weil es eine ganz plausible Erklärung dafür gibt: die Hormonumstellung.» In kurzer Zeit sacken die Östrogen- und Progesteron-Werte ab sowie das Schilddrüsenhormon, das wiederum das Gehirn beeinflußt: Die Neurotransmitter Noradrenalin, Dopamin und Serotonin werden reduziert. Diese beeinflussen auch den Schlaf; Schlafstörungen wiederum greifen in den Verlauf der Depression ein.

Bei den meisten Frauen verschwindet die Wochenbett-Depression so, wie sie gekommen ist. Doch die wichtigste Veränderung im Leben, das Kind, bleibt. Frauen und Männer sind oft viel zuwenig darauf vorbereitet, daß ein Kind ihr Leben, ihre Partnerschaft, ihre Sexualität, ihre Gefühlswelt vollkommen umkrempeln kann. Ein Kind wirkt langfristig wie ein Verstärker auf partnerschaftliche Eigenarten seiner Eltern. Seine fordernde, ständige Anwesenheit intensiviert latent schwelende Konflikte, die bis dahin mit vielerlei Abwechslung verdeckt werden konnten. Ein labiles sexuelles Verhältnis wird offensichtlich.

Ein Kind verteilt über lange Zeit die Liebe neu. Es kann die Eltern gegeneinander ausspielen, es kann sie körperlich so weit erschöpfen, daß zur Lust die Kräfte fehlen, oder es kann die sexuellen Wünsche seiner Eltern in einer Orgie des Schmusens auf sich selbst ableiten. Viele Frauen halten die Berührung einer zarten Babyhaut für unvergleichlich viel genußvoller als den Kontakt mit einem behaarten Wesen mit kaltem Schweißgeruch.

In Christianes Ehe vertiefte das Kind die Fremdheit zwischen seinen Eltern. Nach außen wirkt heute alles wohlgeordnet. Christiane hat ihren Beruf im Mittelmanagement einer Bank wieder aufgenommen. Für Philip sorgt eine Tagesmutter, die sich gut mit dem Kind versteht. Doch die Ehe ist nur noch Schein, Wünsche nach Zärtlichkeit oder Sex sind längst versiegt. «Statt dessen habe ich mit meinem Sohn ein ganz inniges Verhältnis, ein Gefühl, wie mit einem ganz alten Vertrauten. Wir wissen gegenseitig, was uns guttut», schwärmt Christiane unverhohlen. «Wenn ich mit der Welt fertig bin und ihn in meinen Arm nehme, bin ich wieder ruhig und zufrieden. Dann brauche ich nichts anderes mehr.» Vor allem nicht mehr ihren Mann. Doch auch ihm schenkt Philip jene körperliche Nähe, die in der kalten Partnerschaft fehlt, die selbst den Dialog eingefroren hat. «Wir hatten immer eine Kopfbeziehung, die aber kontinuierlich nach oben rutschte. Nun ist sie offensichtlich schon so hoch, daß wir nicht einmal mehr miteinander sprechen können», versucht Christiane die Funkstille auf allen Ebenen zu erklären. Sie erinnert sich, daß ihr Mann noch nie viel von sich selbst gegeben hat, immer ruhig und zurückgezogen lebte. Früher hat sie in dieses Schweigen eine Gemeinsamkeit projiziert, die sie durch innere Zwiegespräche mit ihm füllte. «Seitdem ich mit meinem Sohn diesen intensiven Gefühlsaustausch habe, denke ich, daß es den unausgesprochenen Konsens, den ich zwischen uns vermutete, vielleicht nie gegeben hat.»

Bevor sich Christiane zu einem Kind entschloß – auch dazu sagte ihr Mann nicht viel – machte ihr Sex zunehmend weniger Spaß. Der Wunsch jedoch, schwanger zu werden, intensivierte ihre Aktivität. Ob sie mehr sexuelle Lust empfand oder ob sie nur auf ein Kind versessen war, kann sie heute nicht mehr sagen. Sie weiß nur, daß, wenn sie sich etwas wünscht, sie in der Lage ist, ihr ganzes Verhalten auf die Erfüllung dieses Wunsches zu konzentrieren. Rückblickend verschwimmt deshalb Sex im Kinder-wunsch. «Fruchtbarkeitslust» nennen die Wissenschaftler Angela Jagenow und Oskar Mittag diese in der sexuellen Lust der Frau verborgenen Schatten der Fruchtbarkeit.[2] Weibliche Sexualität bedeute auch die Auseinandersetzung mit der Möglichkeit, schwanger zu werden, den Körper also in zwei Richtungen zu «entfalten». Erst die Pille – teilweise auch andere sichere Verhütungsmittel – bietet den Frauen eine wirkliche Chance, den Augenblicksgenuß am Körper von der Fruchtbarkeit zu trennen und sexuelle Lust «rein» zu genießen. Wenn Frauen im Sinne der «Mütterlichkeit» und des «ganzheitlichen Erlebens» von einer Sexualität zwischen Fruchtbarkeit und Lust schwärmen, so vielleicht deshalb, weil sie befürchten, das spezifisch Weibliche in der Sexualität zu verlieren, jene «innere Heimat», die die Geschlechtsidentität vermittelt. Die Fruchtbarkeitslust als Beschwörung gegen die Furcht vor technisiertem Sex?

«Als ich die Pille nahm», berichtet Christiane, «war Sex nur auf die Befriedigung meiner Lust ausgerichtet. Nachdem ich sie abgesetzt hatte, vermischte sich Sex mit Kinderkriegen so stark, daß mich, als ich nicht sofort schwanger wurde, das Gefühl beschlich, als Frau zu versagen.» Die Verknüpfung von Fruchtbarkeit und Sex erzeugt also nicht nur eine spezifisch weibliche Lust, sondern auch sexuelle Unlust, wenn die Frau nicht (mehr) gebärfähig ist oder wenn sie keine Kinder mehr haben will. Frauen in der Menopause und nach einer Unterleibsoperation schlagen sich häufig mit Minderwertigkeitsgefühlen herum. Sie empfinden sich nicht als «ganze» Frau und schränken dadurch ihre sexuelle Lust erheblich ein. Weil in ihrem Erleben Sex mit Fruchtbarkeit verwachsen ist, geben sie das eine auf, wenn das andere verschwindet. Die ohnehin sensiblen Phasen hormoneller Umstellungen verstärken das Leiden an der scheinbar eigenen Unvollkommenheit und verschärfen die Tendenz, auf alle Signale aus der Umwelt mit Unlust zu reagieren, alles negativ zu deuten und die «Schuld» bei sich selbst zu suchen. So stellt sich langsam tatsächlich ein, was diese Frauen fürchten: ihre Partner ziehen sich zurück. Die Beziehung verdorrt zwischen der wuchernden Selbstunsicherheit und Scham der Frau, die keine neue Identität in sich wachsen läßt, anderen Möglichkeiten des Körpers, vielleicht der reinen sexuellen Lust, keine Chance gibt.

In Umbruchsituationen können Erinnerungen die Zukunft entscheidend bestimmen. Wer Zeiten unbeschwerter, von Selbstzweifeln oder Kinderwunsch befreiten Sexualität erlebte, kann an diese positiven Empfindungen anknüpfen, um den neuen Lebensabschnitt lustvoll zu gestalten. Lust pur hatte Christiane bisher nur mit einem «sehr lebensoffenen, unkomplizierten» Freund erlebt, den sie kurz vor dem Abitur kennenlernte, als sie schon mit ihrem heutigen Mann liiert war. Dieser «vor Lebendigkeit strotzende Mann» brachte Christiane davon ab, Theologie zu studieren und statt dessen auf Wirtschaftswissenschaft umzusatteln. «Er wollte nicht, daß ich so werde wie heute mein Mann ist, der Theologie studiert hat.» Mit diesem unverklemmten Freund war Sex Lebenslust. Dagegen schleppt die Sexualität zwischen Christiane und ihrem Mann immer eine «gewisse dumpfe Schwere» mit. Christiane erzählt von ihrem früheren Freund wie eine alte Frau von ihrer Jugend: damals, als alles anders, besser war. Mit diesem Mann konnte sie lachen, mitten auf der Straße schmusen, albern sein. Als er allerdings ein Techtelmechtel mit einer Kommilitonin hatte, brach Christiane die Beziehung abrupt ab. Ihr Mann, der die ganze Zeit still vor sich hingelitten hatte, nahm sie wieder «bei sich auf wie ein gütiger Vater», meint Christiane sarkastisch. «Ich hatte das Gefühl, tief gesündigt zu haben, und er fühlte sich wohl als Heiliger, weil er vergeben konnte.» Aber darüber gesprochen haben sie nie. Heute findet das Christiane unglaublich, vor allem, daß auch sie keinen Versuch unternahm, irgend etwas zu sagen. «In dieser Geschichte steckt wahrscheinlich eine Wurzel unserer Fremdheit.»

Die Ankunft des Kindes hat alle Ungereimtheiten plötzlich von der undurchsichtigen Glasur, die ihre Beziehung bisher nahtlos überzog, entblößt. «Das macht auch mir angst», gesteht Christiane. «Auch Angst, nicht zu wissen, was passiert, wenn wir mit diesen Wunden wieder intim werden sollten.» Das gibt der sexuellen Unlust weiter Nahrung. Am liebsten will Christiane nicht darüber nachdenken. Und doch ist ihr Wunsch nach Sex nicht ganz eingeschlafen. Mit einem anderen Mann vielleicht, ja, das könnte sie sich theoretisch vorstellen. Und dann möchte sie vielleicht noch ein Baby haben. Ihr Sohn steht buchstäblich bald auf eigenen Beinchen, wenn auch noch wackligen. «Aber schon jetzt packt mich manchmal wieder so eine vage Baby-Sehnsucht.» In diesen Augenblicken wäre es für sie weniger problematisch, mit ihrem Mann zu schlafen.

«Ich finde das ziemlich degoutant», entschuldigt sich Christiane. «Eigentlich kränkt es mich, daß ich wegen eines Kindes wieder mit meinem Mann schlafen könnte – vielleicht.» Sie sieht sich als vernünftige, unsentimentale Frau mit Prinzipien. Doch nun geraten ihre Wünsche in Konflikt mit ihrer Weltanschauung. «Diese Unterleibstriebe waren mir bisher immer hochgradig suspekt», beteuert sie und tröstet sich gleich: «Wenn ich ein anderes Verhältnis zu meinem Mann hätte, von ihm genug Zuwendung und Zärtlichkeit bekommen könnte, würde ich wahrscheinlich keinen Kinderwunsch empfinden.»

Empfinden und Erinnerung fließen ineinander. Reine sexuelle Lust verbindet Christiane mit Fremdgehen, mit jenem lebenslustigen Freund. Sexualität mit ihrem Mann wiederum gewinnt nur dann einen lustvollen Klang, wenn sie mit Schwangerschaft verbunden ist. Ein weiteres Kind hieße, innerlich noch unabhängiger von ihrem Mann zu sein, noch weniger in ihre Ehe zu «investieren». Sie läßt – wie übrigens auch ihr Mann – jede Chance ungenutzt verstreichen, sich gegenseitig wieder näherzukommen. Das erste Kind hat Christianes Ehe bereits den Todesstoß versetzt. Seitdem ist das Paar auf das Kind fixiert, und eine frostige Perfektion dirigiert den Ehealltag.

Den Loyalitätskonflikt, in den viele Frauen zwischen ihrem Baby und ihrem Mann geraten, weil das Kind zum eigentlichen Liebhaber geworden ist, hat Christiane nie erlebt. Sie hat nie ängstlich beobachtet, daß sich ihr Partner zurückgesetzt fühlt. Und sie hat ihre eigene sexuelle Lustlosigkeit nach der Niederkunft gelassen wahrgenommen. Viele Frauen machen sich dagegen Sorgen, wenn ihre Libido vollkommen auf das Kind ausgerichtet ist und sie keine sexuelle Lust nach ihrem Mann mehr spüren. Die Kinderpsychologin Melanie Klein deutete diesen Zustand mit den eigenen frühkindlichen Erinnerungen: mit dem Baby wird die eigene infantile Sehnsucht nach der Mutter wachgerufen und auch gestillt. Zärtlichkeit und Weichheit, Wärme und Nähe, das Ineinanderfließen von Geben und Nehmen, wie es beim Stillen besonders deutlich wird, stillt auch das mütterliche Verlangen nach Einssein, den Wunsch nach dem «Urzustand», dem Passiven, Ewigen.[3] Den Ödipuskomplex sieht die Psychoanalytikerin Judith Klein zusätzlich im Spiel. «Therapeuten sind oft damit konfrontiert, daß eine Frau augenscheinlich das Interesse an der Sexualität oder an ihrer Ehe verliert, wenn sie Mutter wird.»[4] Das scheinbare Desinteresse wurzle in der ödipalen Phase, als die Mutter selbst fünf oder sechs Jahre alt war: Damals wünschte sie sich von ihrem ersten «Liebhaber», dem Vater, ein Kind, was gleichzeitig starke Schuldgefühle und Angst vor der grausamen Rache ihrer Mutter auslöste. «Die unerwünschte Rückkehr der Kindheitsphantasien ist so angsteinflößend, daß die Frau sich in eine masochistische Abwehrhaltung zurückzieht; sie wendet sich gegen ihren Mann und gestattet sich selbst nicht, in der Beziehung zu ihm Freude oder Genuß zu empfinden. Sie zieht sich sexuell zurück.»

Ein Kind bringt immer Bewegung in eine Partnerschaft. Verdrängtes kommt an die Oberfläche, Schwierigkeiten vertiefen sich, und meistens verliert die Sexualität an Stellenwert. Carol Dix resümiert dazu in ihrem Buch über postnatale Depressionen: «Einige von uns Müttern fragen sich, ob unsere sexuellen Beziehungen je wieder so aufregend, zärtlich und erotisch werden, wie sie es waren, bevor wir Eltern wurden.» Die meisten Frauen, mit denen Carol Dix sprach, «wollten doch nur ein Baby».[5] Sie ahnten kaum, welche tiefgreifenden Veränderungen ein Kind auf ihr Intimleben haben könnte. Planende Weitsicht bietet keineswegs eine Garantie, mit den Schwierigkeiten besser fertig zu werden.

Die Erfolgsautorin Doris Lessing schildert in einer ihrer sensiblen Kurzgeschichten, daß auch eine Musterehe unter dem Druck der Kinder abkühlen und eine Frau zerbrechen kann. *To Room*

Nineteen erzählt von den neuverteilten Chancen in einer Partner-schaft, wenn Kinder kommen.[6] Alles beginnt wie eine amerikani-sche Oststaaten-Saga aus der Hollywood-Retorte. Ein schönes, verliebtes, intelligentes, erfolgreiches Paar entschließt sich, eine Familie zu gründen. Die Frau gibt «selbstverständlich für eine Weile» ihren Beruf auf. «Das ist wichtig für die Kinder.»

Die Idylle entfaltet sich mit Haus, Garten, vier wunderbaren Kids und einer ständigen Haushaltshilfe – bis eines Tages der Ehe-mann eine kurze, unbedeutende Affäre mit einer unbedeutenden Frau hat. Natürlich erzählt er seiner Frau Susan die Episode, und natürlich nimmt sie es scheinbar ganz gelassen, so gelassen, daß sie ihm nicht einmal verzeihen muß. Denn sie ist nicht pathetisch. Und ihre Beziehung zu ihm wiegt schwerer als ein oberflächliches Abenteuer. Schließlich sieht er gut aus, und der Versuchungen sind viele – für ihn, nicht für sie. Als Mutter von vier Kindern mit Haus und Garten sind die Chancen erdenklich gering, unbeabsich-tigt in ein kleines sexuelles Abenteuer zu geraten. Nun ja, sie wollte ja das Leben, das sie führt, und ihr Mann ist fürsorglich, ausgeglichen, väterlich – auch zu ihr. Sie führt das Leben, das sich Millionen alleinstehender Frauen wünschen.

Nach dem ganz unbedeutenden Seitensprung ist plötzlich alles nicht mehr so, wie es einst war. Unmerklich wächst Susans Ab-hängigkeit von dem, was sie von ihrer Familie bekommt und was sie ihr gibt. Allmählich kann sie nicht mehr ohne diesen fürsorg-lichen Gefühlsaustausch leben. Als ihre Jüngsten zur Schule kom-men, überfällt sie Unruhe, gegen die sie sich mit überflüssigen Tä-tigkeiten zu wehren sucht. Die wenigen Stunden täglicher Frei-heit, die die Schulzeit ihrer Kinder für sie eigentlich bedeuten könnte, werfen sie aus dem Gleis. Gerade jetzt, wo der Druck auf sie schwächer wird, empfindet sie ihre Familie tonnenschwer auf ihren Schultern. Ihr Mann ist allmählich nur noch väterlicher Freund, spendet ihr Trost, versucht sie zu entlasten. Sex findet in der Ehe nicht mehr statt. Susan flieht Nähe und weiß doch, daß sie ohne sie nicht leben kann. Die Familie, von der sie sich aufgefres-sen fühlt, erklärt sie zur Kranken. Das konsequente Ende dieses schleichenden Prozesses ist Susans Selbstmord.

Eigentlich erzählt die Geschichte nichts Außergewöhnliches, sie formuliert nur radikal zu Ende, was in vielen Familien in abgeschwächter Form abläuft. Die Frau verliert das Bewußtsein als selbständiges Wesen; sie ist nur noch Übermutter, die jedoch selbst emotional immer bedürftiger wird. Mit dieser regredierten, auf Kinder bezogenen und in die eigene Kinderrolle zurückgezogenen Identität verbindet sich kaum noch die Vorstellung von einem sexuellen, selbständigen Wesen.

Das Leben einer Frau wird durch Kinder absolut umgestülpt, weil sich ihre Identität als Frau verändert, besonders wenn sie auf eine Berufstätigkeit oder doch auf eine Karriere verzichtet. Die Identität als Mutter aber hat in unserer Gesellschaft keinen endgültigen Charakter mehr. Von Frauen wird erwartet, daß sie sich wieder auf eine autonome Rolle besinnen, sobald die Kinder sie nicht mehr dringend brauchen. Die Psychoanalytikerin Claudia Sies berichtet von einer 46jährigen Patientin, die eine schwere Krise durchmachte, weil ihr Mann gereizt auf sie reagierte, sie nicht mehr anziehend fand und sie vernachlässigte.[7] In der Analyse stellt sich heraus, daß sie, nachdem sie mit Mitte Dreißig ihre Tochter bekam, überglücklich in eine symbiotische Beziehung zu ihrem Kind abtauchte. Dem Mann fiel nur noch die Rolle zu, dieses Verhältnis zu beschützen. Nachdem nun die Tochter das Haus verlassen wollte, suchte die Frau ein neues Objekt, mit dem sie verschmelzen konnte, weil sie allein keine eigene Identität mehr hatte. Mit ihrem Wunsch nach «Laß-mich-dich-einverleiben, damit-ich-mich-ganz-fühle», überfiel sie das nächstbeste «Opfer», ihren Mann. Er aber suchte eine sexuelle, keine «orale» Frau, eine Frau, die nicht verschlingt und nicht in Verschlingungen sich verliert, sondern als autonomes Wesen eine gleichberechtigte Partnerschaft und sexuelle Beziehung eingehen kann.

Möglicherweise wird die Wiederherstellung von Distanz zwischen sich und den eigenen Familienangehörigen die schwierigste, aber auch wichtigste Aufgabe für Frauen in den mittleren Jahren. Den radikalsten Weg gehen Frauen, die sich, zum Erstaunen ihrer ganzen Umwelt, plötzlich einen Liebhaber halten. Auch wenn viele – unterschwellig eher moralisierend als wohlmeinend – vor einer neuen Abhängigkeit oder vor der Zerstörung der Familie warnen: eine sexuelle Liebschaft, selbst wenn sie nicht happy endet, wirkt auf Frauen in der Lebensmitte oft ungemein belebend. Auf andere zuzugehen und neue Freundschaften zu suchen, stärkt das Selbstvertrauen. Es reicht nicht aus, nur in sich hineinzuhorchen, um eine neue autonome Identität zu finden.

Lust unter Druck

Der lustlose Verführer

Es gibt Männer, die haben dauernd Lust. Lust auf wilden, unge-
hemmten Sex. Ihr Begehren ist stets präsent, nie gibt es für sie genug
Frauen, nie genug sexuelle Betätigung. Wie einst der unersättliche
Don Juan – «In Spanien allein 1003»! – reihen sie eine Eroberung an
die andere. Stets finden sie ein neues Lustobjekt, das sie, post festum,
fallenlassen wie eine heiße Kartoffel, um sich alsbald neuen Abenteuern zuzuwenden.

Was ist die Triebkraft dieser genitalbetonten Sexualität, mit der
sich viele Männer gerne brüsten? Muß die dauernd zur Schau gestellte Potenz – Wunschbild aus der Pornowelt – möglicherweise
andere Unzulänglichkeiten kaschieren? Nach dem Motto: «Je größer die Löcher in der Seele, um so größer müssen die Perlen in der
Krone sein.»[1]

Die Krone, die sich Gustav Schöne aufgesetzt hat, sieht man
schon von Ferne funkeln. Der über seine Stadt hinaus bekannte Pu-
blizist und Fernsehautor fällt schon von weitem ins Auge: sonnen-
gebräunt, nach eigener Aussage immer etwas «papageienhaft»,
teuer gekleidet, gut duftend, selbstbewußt, immer wieder sein
hochgebildetes Elternhaus herauskehrend, gern und geistreich
plaudernd, am liebsten von ein- und derselben Person: von sich
selbst. Gustav Schöne ist 57 Jahre alt. Er legt großen Wert auf die
Tatsache, daß er zeit seines Lebens nie eine feste Anstellung gesucht hat – und dennoch stinkreich geworden ist. Und daß er zeit
seines Lebens nie den Hafen der Ehe angesteuert hat – und dennoch
niemals Mangel an Sex litt. Noch heute, betont er, kann er jede
kriegen: gelangweilte Ehefrauen, alleinlebende Intellektuelle, geschiedene Mütter mit Kindern, junges Blut aus dem Nachwuchs-

studio, vor allem auch emanzipierte Frauen, die für eine Nacht sagen: «Ich will dich!» und dann für immer: «Tschüs!»

Gustav Schöne ist ein Mann für gewisse Stunden. Wenn er nicht gerade in der transsibirischen Eisenbahn sitzt oder einen wichtigen Termin in New York hat, findet man den dandyhaften Junggesellen mit Katze in seiner traumhaft gestylten Wohnung mit riesiger Terrasse über den Dächern der Stadt, umgeben von lauter schönen Gegenständen, teuren Armbanduhren, Silberbechern und Dosen – alles vom Feinsten, alles gleich zigfach vorhanden, wie all die Frauengeschichten, die er auf Lager hat. Bei soviel Überfluß dürfte doch eigentlich kein Mangel herrschen. Oder etwa doch? Bei näherem Nachfragen erweist sich: so frei, so lustvoll ist das Sexualleben des von anderen Männern beargwöhnten und beneideten Journalisten gar nicht! In der Kriegs- und Nachkriegszeit aufgewachsen, wurde er schon als kleiner Junge gefordert, um seine Kindheit gebracht. Schon früh hatte Gustav «männliche Aufträge» zu übernehmen, sich als Beschützer und Versorger seiner Mutter zu fühlen, einer starken Persönlichkeit, die plötzlich mit drei kleinen Kindern allein dastand, während der Vater fern der Heimat weilte. «Ich mußte dauernd tun, machen, auch kleine Diebstähle gehörten dazu. Immer mußte ich eine Rolle spielen. Die Ernährerrolle habe ich mir damals angehübscht. Vielleicht hat sich das ja auch später auf Frauen übertragen.»

Frühzeitig daran gewöhnt, weiblichen Erwartungen zu entsprechen, immer bemüht, der Glänzendste, Tollste und Großartigste zu sein, spürte er schon in der Pubertät, mit aufkommender Sexualreife so etwas wie einen «biologischen Imperativ». In ihm wuchs ein Ich-Ideal von wilder Männlichkeit, die sich durch einen stets aktiven, polygamen Geschlechtstrieb auszeichnet und zu beweisen hat. Gustav Schöne, rückblickend: «Viele Jahre lang habe ich in einem Wahn gelebt. Ich habe gedacht, wenn du ein Mann bist und eine Hose trägst, und die hat auch einen Inhalt, dann hast du so etwas wie einen biologischen Auftrag, dann mußt du ran! Die Frauen erwarten von dir, daß du sie glücklich machst!»

Fast jede zweite Liebesnacht dieser Art, sagt Gustav Schöne, habe er nicht aus wirklicher Lust angestiftet, sondern eher aus einem inneren Zwang heraus, der Vorstellung gehorchend: «Männer sind wild, aktiv und triebhaft; Frauen sind passiv, begehrlich, wollen erobert werden. Und wenn Mann und Frau zusammenprallen, wenn der Abend toll gelaufen ist, viele Antennen ausgefahren wurden, dann mußt du einfach noch dieses eine I-Tüpfelchen draufsetzen, um diesen biologischen Auftrag, diese innere Herausforderung, in die Tat umzusetzen. Manchmal fühlte ich mich innerlich total lustlos. Aber, so habe ich mir Mut gemacht, im Verlauf der Kampfhandlungen wird man dann schon ganz schön fröhlich dazu stehen.» In seinen jugendlichen Jahren, den sogenannten besten, die seiner Ansicht nach bis zum 50. Lebensjahr gingen, hat Gustav Schöne oft darunter gelitten: «Das ging bis zum Kastrationswunsch! Dem Wunsch, dieses Übermächtige in mir loszuwerden, die Zwanghaftigkeit meines Jagdtriebes aufgeben zu können.»

Um den Trieb, oder das, was er dafür hielt, wenigstens etwas zu domestizieren, hat er sich während seines Studiums in Wien, Paris, Rom, München eine Art Wochenfahrplan zurechtgelegt: «Fünf Abende gibst du für Frauen aus; fünfmal die Woche mußt du ran, zwanghaft, triebhaft. Einen Abend mußt du etwas für dein Seelchen tun, da hast du frei zum Lesen, zum Kinobesuch; und einen Abend verbringst du in der fröhlichen Gesellschaft von Männern.»

Sexualität ist gesund. Die sexuelle Spannungsabfuhr im Orgasmus beim heterosexuellen Koitus sollte – so die Ideologie der sexuellen Befreiung – reinigen von seelischen Schlacken, innere Reife signalisieren und vor Neurosen schützen. Je mehr Sex, desto besser! Geschlechtsverkehr galt als bekömmlichste Form, sich fit und fröhlich zu halten. Eine Botschaft, die erfolgsorientierte, außengesteuerte Männer wie Gustav Schöne in sich aufsogen wie Fettleibige eine neue Diät. «Oft ging von der Frau gar kein biologischer Reiz auf mich aus. Oft mußte ich mir die Alte erst schöntrinken, so daß sie nach zwei, vier Bieren durch den Alkoholschleier dann doch recht hübsch aussah.» Auch wenn er wußte, der nächste Morgen würde verheerend sein, schluckte er regelmäßig die Droge Sex in der Überzeugung, damit etwas für seine «seelische Hygiene» zu tun. Gustav Schöne: «Ich sagte mir, wenn du jeden zweiten Abend mit einer Frau schläfst, mußt du nicht dauernd an Sex denken. Außerdem hast du anschließend einen guten Teint, bist gut gelaunt, happy, die Arbeit geht dir leicht von der Hand, du siehst nicht so verkrustet und verkalkt aus wie viele andere Männer, denen der Druck schon zu den Ohren rauskommt, die durch die ganze Ansammlung von Sperma mit starken Bauchschmerzen gekrümmt am Schreibtisch sitzen.»

Sex als Gesundheitsgymnastik, als perfekte Performance – dem sonnenbankgebräunten Ästheten bedeutet das viel mehr als die prosaische Einsamkeit beim Masturbieren. Kein Wunder, daß der eloquente Journalist dem staunenden Publikum seine Drahtseil-Akte wie kleine Kunstwerke zu schildern versteht. Einem sensiblen Mann wie ihm, sagt er im Brustton der Überzeugung, mache es doch nur Spaß, wenn die Frau bereits zehn gehabt habe, wenn er sie zum Schweben, Fliegen, Abheben bringe, wenn sie vor Lust fast zerfließe. Und wenn dann, «beim elftenmal, beide in perfekter Form zusammen kommen». Glücklich die Frau, die solch einen Liebhaber findet! Doch Vorsicht ist geboten. Verlieben darf sie sich nicht. Am besten, wenn sich seine Partnerin nach der, wie er zugibt, etwas «sportiven» Nummer rasch anzieht und entschwindet.

Am liebsten möchte Gustav Schöne die Sache mit einem Schnitt beenden. «Emotional und von der Libido her» ist bei ihm nach diesem gemeinsamen Höhepunkt eigentlich nichts mehr drin. Hinzu kommt, daß ihn eigentlich nur das Unvertraute, das Neue reizt, das Szenario der Verführung. Ganz wichtig ist auch die Situation: im Flugzeug, im Studio, im Lift, am Rastplatz auf der nächtlichen Autobahn – das Unvertraute, Verbotene, das Einmalige. Denn, so klagt er, seine Triebhaftigkeit schwinde bei jeder Wiederholung: «Wenn ich erst mal weiß, wie die Frau stöhnt, wie sie riecht, wenn ich all die Schräubchen an ihrem Körper kenne, die Lust abblocken oder Lust entfalten, dann ist der Kick schon weg.»

Er kennt aber auch einen anderen Kick. Er ist eher geistig-intellektueller Natur, kennzeichnend für seine eher platonisch geprägten Frauenbeziehungen. Gustav Schöne: «Rückblickend kann ich sagen, ich habe mit 700 Frauen geschlafen, in 50 war ich verliebt, 0,8 Prozent dieser Frauen habe ich geliebt. Und bei dieser wirklichen Liebe spielte das Geistig-Seelische eine weitaus größere Rolle.» Er erinnert sich gut: mit der Frau, die die größte Liebe seines Lebens war, hatte er eine Art Schiebewurst-Verhältnis: ein Spiel aus der Kriegszeit. Die Kinder bekamen eine große Scheibe Brot mit Margarine, darauf eine kleine Scheibe mit Wurst. Die wurde immer weiter an den Rand hinausgeschoben – und erst ganz zum Schluß verspeist! Das war ein Genuß – aber dann war auch alles vorbei. Ähnlich erging es ihm mit seiner platonisch Geliebten, einer zweifach promovierten Kunsthistorikerin. Wochen und Monate trafen sie sich zu anregenden Gesprächen, zum geistreichen Austausch der Gedanken, immer per Distanz, immer per Sie. Doch leider – eines Tages fing sie an zu drängeln. In Richtung Bett. Darauf Gustav Schöne: «Sind Sie wahnsinnig!? Das mache ich doch mit jeder Frau, das ist für mich ganz kleine Münze! Ich genieße es, Sie anzuhören, in Ihrer Auriole zu schwimmen; das ist so kostbar für mich, so erfüllend! Ich flehe Sie an, bedrängen Sie mich nicht. Denn dann geht alles kaputt...»

Noch schlimmer als die Angst vor Wiederholungen ist seine Angst vor emotionalen Bindungen, vor einer, wie er es nennt, «Innigkeit», die sich mitunter schon einstellt, wenn man für den anderen am Morgen danach ein schönes Frühstück macht. Eine tragische Erfahrung: wenn er anfängt, eine Frau näher kennenzulernen, sie zu mögen und zu schätzen, auch menschlich, wenn er außer den schwarzen Strapsen andere Werte entdeckt, dann läßt dazu proportional sein sexueller Trieb nach. Denn «Innigkeit» ist für ihn immer das «Höherwertige» gewesen, wichtiger als die schönste Bettgeschichte, aber auch bedrohlicher.

Die Heilige und die Hure; die Spaltung zwischen Triebhaftigkeit einerseits und emotionaler Gebundenheit andererseits – ein uraltes Phänomen! Manche Männer können anscheinend erst dann so richtig, wenn ihnen die Frau, mit der sie schlafen, innerlich nicht nahesteht. Deutlich wird das bei den Freiern, die es gelegentlich wegtreibt von der «heiligen Mama» hin in die Arme der verruchten

Hure. Warum das so ist? Eine, die es wissen muß, gibt darüber lapidar Auskunft. Domenica, die kluge Hamburger Ex-Hure, schreibt in ihrem *Kopfkissenbuch*: «Viele Männer meinen, bestimmte Ferkeleien könnten sie ihrer Frau nicht zumuten – wobei sie es oft schon als Ferkelei betrachten, in einer Liebesnacht das Licht anzulassen.»[2] Ihrem Erleben nach erachten viele Männer Sex im Grunde ihres Herzens als etwas «Schmutziges». Und ihre Frau, die sie pflegt, das Essen kocht, die Wäsche wäscht und bügelt, die den Kindern die Nase putzt und deren Schulaufgaben beaufsichtigt, diese Frau soll nun mal «sauber» bleiben! Und außerdem, so Domenica mit leiser Verachtung: «Sich diese Frau auch noch als wildes Bettkätzchen vorzustellen, dazu langt die Phantasie vieler Männer ganz einfach nicht!» Was bleibt da anderes übrig, als Sex pur bei einer «verdorbenen» Frau zu suchen, einer Hure, die ihren Körper verkauft wie eine Ware und damit austauschbar macht?

Ein Mann wie Gustav Schöne braucht keine Hure zu bezahlen. Die Frauen kommen auch so. Ein gewisser gesellschaftlicher Nimbus, eine dicke Brieftasche, ein bestimmter Grad an Bekanntheit, die Aura von Luxus und Macht – all dies ist Ausdruck einer starken sozialen Potenz. Betörend seit Jahrhunderten, bis zum heutigen Tag. Auf viele Frauen wirkt das wie ein Aphrodisiakum, ein erotisierendes Rauschmittel. Doch wehe, wenn der Rausch vorbei ist! Das gibt ein böses Erwachen. Gustav Schöne muß es leider gerade jetzt wieder erleben. Seit etwa einem halben Jahr hat er so etwas wie eine feste Freundin, 600 Kilometer von ihm entfernt wohnend, eine für ihn notwendige «emotionale Knautschzone». Doch in letzter Zeit beklagt sie sich immer häufiger über seine mangelnde Lust: «Sie sagt, wir machen die tollsten Sachen zusammen, besuchen Kongresse, Partys, Premieren, nur, verdammt noch mal, eines machen wir immer weniger zusammen: Sex!»

Ein geläufiger Vorwurf, der den Journalisten hilflos und ratlos zugleich macht. Denn schließlich, so sagt er, weiß er doch, daß er diese Frauen enttäuscht. Vermutlich haben sie ihn gewählt, weil er ein so wilder Löwe ist – und dann, wenn sie ihn an die Kette gelegt haben, verwandelt er sich in eine harmlose kleine Miezekatze.

Schon jetzt ahnt er, wie die Sache weitergeht: je mehr sie will, je mehr sie drängelt, desto mehr wird er sich zurückziehen.

«Wir stehen vor der Tatsache, daß beide Geschlechter verschiedene Zeitstrukturen haben. Frauen haben eine ausgeprägte Vorliebe für Kontinuität; Männer eine ausgeprägte Vorliebe für Diskontinuität.» Mit dieser These versucht der italienische Soziologieprofessor Francesco Alberoni [3] zu erklären, weshalb Frauen angeblich so gerne bleiben, Männer so gerne gehen. Die erotische Männerphantasie, so Alberoni, sei das Gegenteil der weiblichen: Wo die Frau Intimität, Liebe, Bindung, Pflichten, soziales Leben suche, kurzum eine Welt aus Zärtlichkeit und Fürsorge, aus lauter liebevoller Ausschließlichkeit, könne für den Mann ein reines Gefängnis werden. Alberoni: «All seine Erotik geht darin kaputt, ihm wird übel, er wird impotent.» [4]

Die klassische Psychoanalyse geht davon aus, daß im «Normfall» für eine erwachsene Sexualität das «Zusammentreffen zweier Strömungen» vonnöten ist: Der «zärtlichen» Strömung aus der Zeit der frühen Kindheit, bezogen auf Eltern und Pflegepersonen, und der «mächtigen sinnlichen» aus der Zeit der Geschlechtsreife, die, da sie in der Familie an die «Inzestschranke» stoße, sich «fremde Objekte» in der Außenwelt suche. Erst wenn der Mann, gemäß der biblischen Vorschrift, in der Lage, ist, Vater und Mutter zu verlassen und seinem Weibe nachzugehen, sei er erwachsen.

So ideal jedoch laufen die beiden Strömungen im Leben selten zusammen! Vielen Menschen gelingt es nur schwer, sich innerlich von ihren Eltern, insbesondere von ihrer Mutter zu lösen. Ihr Liebesleben bleibt deshalb zwangsläufig gespalten. Freud: «Wo sie lieben, begehren sie nicht, und wo sie begehren, können sie nicht lieben.» [5] Auf diese Weise ergibt sich immer wieder, nach Freud, das sonderbare Phänomen der «psychischen Impotenz». Nach dem Gesetz der Rückkehr des Verdrängten tritt es angeblich immer dann auf, wenn an dem gewählten Partner, mit dem man ja den Inzest vermeiden will, irgendein Zug, und sei er noch so unscheinbar, an das zu vermeidende Objekt erinnert, in den meisten Fällen also an die Mutter.

Ein schwacher Trost, zumal heute, 80 Jahre nach Freuds Erkenntnis, die Zahl der mutterfixierten, narzißtischen Don Juans rapide zu wachsen scheint. Und zwar deshalb, weil die Zahl der Kleinstfamilien, bestehend aus Mutter und Sohn, mehr und mehr wächst, und mit ihr die Zahl der «erotischen Riesenbabys», großer Kinder, die «nun mal keine erwachsene Sexualität»[6] haben – so die Auffassung der Münchner Sexualtherapeutin Brigitte Lemmle. Für die Don Juans von heute, so die Therapeutin, ist der jeweilige Partner keine reale Persönlichkeit, sondern allein Projektion ihrer Phantasie: «Die Puppe, die drunter liegt, ist für sie austauschbar.» Fängt die Puppe an zu sprechen, will sie etwas, äußert sie eigene Wünsche und produziert vielleicht sogar Konflikte, dann wird sie lästig. Der große Junge legt sie weg, in die Rumpelkammer zu den anderen, und holt sich eine neue. Denn die erotischen Riesenbabys, so die Münchner Therapeutin, haben sich «wahrscheinlich nie aus einer übertriebenen Mutterbindung» gelöst, die zärtlichen, die frühsten Strömungen laufen immer noch in Richtung Mutter. Und die Maxime im Unterbewußtsein ist und wird immer die gleiche sein: «Mama, ich verlaß dich nie.»[7]

Die Angst vor der eigenen Homosexualität

Kaum etwas ist so groß wie die Angst, anders zu sein. Nicht normal, nicht zu tun oder tun zu wollen, was angeblich alle tun. Die Angst vor der Homosexualität ist noch immer tief verwurzelt. Von den Juden und von den Christen wurde sie als Todsünde verurteilt, von den Nazis erbarmungslos mit dem Tod in der Gaskammer geahndet. Heute wird Homosexualität strafrechtlich nicht mehr verfolgt. Die sexuelle Liberalisierung hat ihr das Mäntelchen des Erlaubten übergeworfen, in manchen Kreisen gilt das «Coming out», das Gewahrwerden und Öffentlichmachen eigener homosexueller Wünsche, geradezu als schick.

Doch Gefühle entwickeln sich nicht so rasch wie der öffentliche

Diskurs. Das gilt auch für die Anerkennung eigener homosexueller Wünsche. Für manche kann das Gewahrwerden dieser «abartigen Neigungen» zum angstverbreitenden Schreckgespenst werden. Angst ist der größte Feind sexueller Erregung, sie lähmt den Körper. «Sich verkriechen vor Angst» – eine in Hinsicht auf die männlichen Sexualorgane anspielungsreiche Redewendung.

«Die Furcht vor homosexuellen Antrieben hängt mit der Impotenz enger als mit jeder anderen männlichen Funktion zusammen», sagt die amerikanische Sexualtherapeutin Avodah Offit[8]. Denn viele Männer, so ihr Eindruck, können sich nicht mit ihren Passivitätsbedürfnissen abfinden, sie sehen darin etwas Feminines, schämen sich trotz sexueller Aufklärung immer noch jeder Spur von Androgynie in ihrem Selbstbild. Doch man verleugnet nicht ungestraft die entgegengesetzte Seite seines Wesens.

Ein Beispiel dafür erzählt der Urologe Hartmut Porst, Spezialist für Störungen der männlichen Sexualfunktionen in einer Klinik bei Hamburg: Herr K., ein 54jähriger beruflich sehr erfolgreicher Filialleiter einer großen Firma, seit 20 Jahren verheiratet mit einer gleichaltrigen Frau, Vater von zwei Kindern, Besitzer eines Hauses, sucht den Arzt auf, weil er unter Erektionsstörungen leidet und das eigentlich schon, solange er denken kann. Auch in den 20 Ehejahren – er teilt mit seiner Frau ein gemeinsames Schlafzimmer – sei sein Glied noch nie so richtig steif geworden. Der Beischlaf war bisweilen dennoch möglich, so daß er immerhin zwei eigene Kinder zeugen konnte.

Wegen dieser ungenügenden Gliedversteifung, sagt Herr K., war die Sexualität in seiner Ehe noch nie befriedigend. In den letzten Jahren sei es deshalb nur zwei- oder viermal im Jahr zum Beischlaf gekommen, und das recht «stümperhaft». Herr K. den Eindruck, daß seine Frau unter diesem Zustand leide, allerdings habe sie nie etwas dazu gesagt. Sexualität sei eben zwischen ihnen nun mal «kein Thema». Auf Befragen des Arztes erzählt Herr K., daß er während der Pubertät ab dem 10. Lebensjahr ausgiebig masturbiert habe, über viele Jahre hindurch. Auf genauere Nachfragen des Arztes bekennt er, spürbar verunsichert, dabei ausschließlich homosexuelle Phantasien gehabt zu haben. Seit seinem ersten Geschlechtsverkehr mit einer Frau sei ihm klargeworden, daß er viel lieber mit einem Mann verkehren wolle, doch diese Neigungen habe er bislang «erfolgreich» unterdrücken können. Geheiratet habe er schließlich seiner Familie zuliebe, aus beruflichen Gründen und auch als «Alibi nach außen hin». Im Grunde seines Herzens weiß Herr K., daß er sich aus Frauen nichts mache; viel lieber lebte er mit einem Mann zusammen. Doch das wäre ein Riesenskandal! Das würde er niemals wagen, aus beruflichen Gründen nicht und auch nicht seiner «guten Ehefrau» zuliebe!

«Bei diesem Patienten wird eindrucksvoll deutlich, wie unterdrückte und somit nicht ausgelebte sexuelle Neigungen zum Auftreten einer jahrelang bestehenden Erektionsstörung führen können», resümiert der Arzt Hartmut Porst dieses Beispiel in seinem Buch *Was jedermann über Sexualität und Potenz wissen sollte*.[9] Er spricht in diesem Zusammenhang von einer sogenannten primären Erektionsstörung, das heißt, die Impotenz hat sich nicht erst im Lauf der Beziehung herausgestellt, sie besteht seit Aufnahme sexueller Aktivitäten überhaupt. Diese Art Störung hat, wie andere, meist seelisch bedingte Ursachen in der psycho-sexuellen Entwicklung. Die Wurzeln, so Porst, liegen in der frühen oder späteren Kindheit, im Elternhaus oder in ganz bestimmten sexuellen Erlebnissen. Um aus der Sackgasse zu kommen, bietet der Arzt dem Patienten die Überweisung an einen Sexualtherapeuten an. Dort könne er seine Störungen aufarbeiten, die seit Jahrzehnten verschütteten Ängste bewußt machen und möglicherweise lernen, mit ihnen umzugehen. Vielleicht würde das Gespenst Homosexualität etwas von seiner Bedrohlichkeit verlieren? Vielleicht würde seine erstorbene Triebhaftigkeit erstmals zum Leben erweckt und aus dem Gefängnis der gesellschaftlichen Anpassung befreit? Herr K. lehnt dieses Angebot entschieden ab. In seinem Alter noch eine Sexualtherapie? Wo doch das Thema Sexualität ein Leben lang tabu für ihn war? Und was ist, wenn seine Ehe dabei in die Brüche geht? Was würden die Leute sagen? Herr K. entschließt sich weiterhin, den Schein nach außen zu wahren und sich mit seinen Erektionsschwierigkeiten zu arrangieren.

Dabei hätte ihn vermutlich die Erkenntnis moderner Sexualwissenschaftler beruhigen können. Homosexualität, so der Frankfurter Sexualwissenschaftler Martin Dannecker, ist eine «in jeder menschlichen Anlage bereitliegende Möglichkeit»[10], ein unbefreiter Triebanteil. Alle Menschen werden demnach mit einem offenen sexuellen Potential geboren. Als Säuglinge sind sie, so Freud, «polymorph pervers», sozusagen offen nach allen möglichen Seiten. Die heterosexuelle Orientierung, die Entwicklung zu einer ungestörten Geschlechtsidentität als Mann und als Frau, vollzieht sich als höchst komplexer Entwicklungsprozeß, bei dem das persönliche Trieb-, Beziehungs- und Geschlechtsschicksal jedes einzelnen Menschen eine unverwechselbare Rolle spielt. Deshalb: Ein «männlicher» Mann, eine «weibliche» Frau sein zu wollen ist ein gefährliches Ich-Ideal. Denn immer wird die «entgegengesetzte», angstvoll abgewehrte Seite sich rächen. «Aktivität – Passivität; Herrschaft – Unterwerfung, Geselligkeit – Einsamkeit; Brutalität – Sensibilität; Euphorie – Resignation – diese und andere gegensätzlichen Seinsweisen können in ein und demselben Menschen nebeneinander existieren. Impotenz ist der Fluch, wenn ein Mann nur eines seiner Gesichter gelten lassen will. Verwirft er die eine dieser Antithesen, statt sie zu respektieren und sie in seine Persönlichkeit zu integrieren, so kann er nicht stimmig handeln.»[11]

Indem Herr K. seine ihm verboten erscheinenden Wünsche mit aller Kraft leugnet und verdrängt, legt er seine gesamte Sexualität lahm. Auch dies ist ein Vorurteil: Wer zu latenter oder manifester Homosexualität neige, könne mit Frauen nun mal nicht schlafen. Es gibt durchaus gegenteilige Beweise. Manch einer versucht, Zweifel an der eigenen Geschlechtsidentität durch überkompensierendes Handeln aus dem Feld zu schlagen. Das eigene «Stehvermögen» wird immer wieder neu unter Beweis gestellt, damit keiner auf die Idee kommen könne, irgend etwas stimme nicht.

Dazu noch einmal Gustav Schöne, 57 Jahre alt, von dem bereits zuvor (s. S. 161) die Rede war. Seine Potenz ist nach eigenen Schilderungen schier unerschöpflich, er erobert die Frauen wie am Fließband, keine läßt er unbefriedigt von dannen schreiten. Der kraftsprühende Narziß ist, wie viele Männer, ein Meister der Spaltung:

Als kleiner Junge, während der Kriegs- und Nachkriegszeit vaterlos aufgewachsen, wurde er mit Aufträgen aller Art von seiner Mutter und seiner älteren Schwester überschüttet. Schon früh mußte er «ein kleiner Mann sein», eine unbeschwerte Kindheit, ein Recht auf eigene Gefühle hat er nie kennengelernt. Kein Wunder, daß er heute die Gefühle von Frauen flieht, sie machen ihm angst oder sind ihm einfach lästig. Seine Sexualität kann sich dann am besten entfalten, wenn keine emotionale Anhänglichkeit damit verbunden ist. Die spürt und sucht der leidenschaftliche Junggeselle anderswo: Bei den Männern. «Schon früh habe ich eine etwas tragische Zweiteilung im Erleben von Männern und Frauen sehr deutlich in mir gespürt. Eine Art Schizophrenie! Frauen mag, will und brauche ich sexuell. Aber die andere Seite meines Ego, die Emotionen, die tanken sich eher in Männergesellschaften auf. Frauen, die empfinden doch nur holzschnittartig.» Er gerät beim Erzählen von den Männergesellschaften seiner Studentenzeit ins Schwärmen: «Mit denen hab ich, ähnlich wie in Platons Liebesmahl, herrlich gegessen, viel getrunken, viel geredet, sprühende Ideen ausgetauscht, politisiert, gestritten.» Während die Frauen bei ihm kommen und gehen, scheinbar austauschbar sind, dauern die Beziehungen zu Männern länger und werden intensiver. Seit 8 Jahren hat er einen «festen» Freund, dem gegenüber er herzliche Gefühle und Bedürfnisse hat. Zweimal die Woche nehmen sich die beiden Männer abends frei, da «bleibt das Haus für uns sauber»! Sie kochen zusammen, reden, trinken, tauschen sich intensiv und kontrovers über alle Fragen des Lebens aus, hauptsächlich über Politik und Geschichte. Der schmetterlingshafte Journalist fühlt sich dann «sauwohl». Denn er ist sicher, daß der «Teufel mit Strapsen» ihm kein Bein stellt, daß da ein Mensch ist, den er liebt und bei dem er sicher sein kann, daß er auch nach mehreren Flaschen Wein ihm nicht «gleich ins Höschen» faßt.

Oder ob da nicht doch ein geheimer Wunsch in diese Richtung besteht? Die Antwort: «Inzwischen habe ich Mut genug, mich ernsthaft zu fragen, ob ich etwa latent schwul bin.» Zumindest ist

Gustav Schöne überzeugt davon, daß er einen Großteil seiner Frauenabenteuer der Tatsache verdankt, daß die ihn einfach antesten wollten mit der Frage: ist er nun schwul, oder ist er es nicht? Nach eingehender Selbstprüfung und Selbstbefragung lautet die Antwort: nein! Denn: «Einen Männerkörper zu berühren, das hat einfach keinen physischen Reiz für mich!» Es bleibt, wie es ist: die Männer liebt er, mit den Frauen schläft er. Beides sind für ihn wichtige Komponenten, aus denen er sich sein Lebenshaus baut, das immer offen steht für Reize aller Art, für jedes Glück der Stunde, für jeden Anfang, dem grundsätzlich ein Zauber innewohnt. Und doch gibt es für den bald Sechzigjährigen noch so eine Art Ideal: Eine Art Mischung aus Mann und Frau. Einmal in seinem Leben ist er einem solchen Wesen begegnet. Einer Frau, die «oben genauso tickte wie ich», bei der das Emotionale und das Intellektuelle sich für ihn in schönster Übereinstimmung befanden. «Du bist ein Kerl mit Busen!» hat Gustav Schöne begeistert zu ihr gesagt. Er weiß, er wäre glücklich, wenn er noch einmal einem solchen Typ begegnen würde.

Keine Lust auf Sex, das kann auch heißen: keine Lust auf Sex mit dem anderen Geschlecht! Eine Abneigung, die peripher bleiben kann. Gerade bei Frauen, deren primäres Liebesobjekt, die Mutter, weiblicher Natur ist, scheint es eine Reihe von Grenzgängerinnen zu geben, die sich zeitweise einer Frau zuwenden, um später vielleicht wieder zu einem Mann zurückzufinden. Abwechslung macht Spaß! Und man kann sie sogar genießen, wenn man sich nicht allzusehr den Kopf dabei zerbricht.

Beispiel dafür ist Claudia D., 41 Jahre alt, Lehrerin, Mutter von drei Kindern, seit dem 21. Lebensjahr verheiratet mit einem Künstler, Otto, ihrer ersten großen, und, wie sie heute weiß, einzigen Liebe. Mit 18 Jahren haben die beiden zum erstenmal miteinander geschlafen, ein Akt der Autonomie, mit dem Claudia sich schlagartig erwachsen und auch von ihren Eltern befreit fühlte. Drei Jahre lang ging es mit Otto gut, sogar sehr gut. Ihre Sexualität war befriedigend und schön. Doch dann, als sie zum erstenmal zusammenzogen, eine gemeinsame Wohnung hatten und dem Vermieter zuliebe auch heirateten, war bei Claudia plötzlich

Funkstille. Die kleine, etwas rundliche, selbstbewußte und humorvolle Frau, den schönen Dingen des Lebens immer sehr zugetan, immer mit künstlerisch-aktiven Frauen eng befreundet, entdeckte ihre Liebe zum eigenen Geschlecht. Sie fing an, von Frauenkörpern zu träumen, tags und auch nachts. Das Rundliche an ihnen, ihre schöne, weiche Figur, die ganz anderen, intensiveren Gespräche begannen sie zu erotisieren. In ihrer Bauchtanzgruppe, noch heute ist sie darin aktiv, wurde sie sich der Schönheit des eigenen Körpers, aber auch der Schönheit anderer weiblicher Körper bewußt.

Sie begann, Otto damit in den Ohren zu liegen. Sie machte ihn zum unfreiwilligen Komplizen und gleichzeitig zum Rivalen wider Willen. Seine bittere, leicht gekränkte Reaktion: «Wenn ich dir zu langweilig bin, dann mußt du es eben mal mit Frauen versuchen.» Gesagt, getan. Schon bei der nächsten Reise mit ihrer Frauengruppe ließ Claudia es darauf ankommen, sie ließ sich verführen, wurde verführt. Als Tochter der sexuellen Revolution, als Frau, die ihren eigenen Körper kennt und zu genießen versteht, war ihr das Liebesspiel mit einer anderen Frau vertraut und faszinierend fremd zugleich: ein abwechslungsreicher, phantasievoller Film, dessen Drehbuch offen ist für alle Phantasien, weil kein Penis die Rollen verteilt und nach immer gleichem Muster Regie führt.

Schuldgefühle? Hemmungen? Claudia: «Überhaupt nicht! Daß ich mich zu Frauen hingezogen fühle, finde ich völlig normal. Sicher hat das seine Ursachen in meiner Kindheit. Aber wegen so etwas eine Therapie zu machen? Da wäre mir die Zeit zu schade.» Ohnehin hatte sie seit Jahren immer nur ein Buch im Gepäck: *Orlando*, die große Hommage Virginia Woolfs an ihre Geliebte und Freundin Vita Sackville-West. Eine der eindrucksvollsten Damen der englischen Gesellschaft, die, verheiratet und Mutter zweier Söhne, aus ihren vielfältigen Liebesbeziehungen zu Frauen keinen Hehl machte.

Doch Leben ist schwerer als Literatur. Zumindest Otto sah das so. Er fühlte sich zurückgesetzt, nicht akzeptiert. Daß sein Körper abgelehnt wurde, war, wie für so viele Männer in diesen Fällen, für ihn eine schmerzliche Erfahrung. Doch mit der Zeit verstand er es, sich zu trösten, mit seiner Kunst, mit gelegentlichen Beziehungen zu anderen Frauen, mit einem zunehmend teilnahmsvollen Blick auf die Experimente seiner Frau, denn die machte ebenfalls schmerzliche Erfahrungen. Zum Beispiel: Frauen sind zwar spannend, aber sie sind auch schwierig. Sie können Szenen machen, eifersüchtig sein, Besitzansprüche stellen, Wechselseitigkeit im Liebesspiel ist auch nicht garantiert, manche sind einfach faul und lassen sich bedienen, sind eben immer nur passiv... Sich Frauen zuliebe von Otto trennen? Sich überhaupt von Otto trennen? Die Frage spitzte sich zu, als sich Claudia D. vor einem Jahr plötzlich in einen jüngeren Mann verliebte. Vor die Entscheidung gestellt, ob zu ihm oder zum Ehemann, wurde Claudia D. im tiefsten Herzen klar, daß sie immer nur einen geliebt habe – ihren Otto. So aufgehoben, so geborgen wie bei ihm fühlt sie sich in keiner ihrer Nebenbeziehungen, vor allem dann, wenn der Reiz des Neuen sich verlor und sich der Beischlaf mitunter als eine doch recht «profane Tat» entpuppte.

«Inzwischen finde ich das Körperliche mit Otto auch immer wieder ganz toll!» sagt Claudia heute. Ihren Erfahrungshunger hat sie auf vielerlei Weise gestillt, jetzt genießt sie lieber wieder zu Hause. Erleichternd kommt hinzu, daß sie sich vor kurzem die Spirale entfernen und dabei gleich sterilisieren ließ – das trägt zur Steigerung ihrer Lustgefühle bei. Ohne diesen «fremden Gegenstand» in ihrem Körper fühlt sie sich viel lockerer, kann Sexualität mehr genießen, sich «nach Herzenslust» hingeben, ohne Angst vor irgendwelchen Folgen.

Das zunehmende Alter, meint sie, habe sie grundsätzlich genußfähiger und reifer gemacht, sie sei mehr bei sich selbst, in ihrem Körper, in ihrem Becken. Viel öfter als früher ist sie abends gern zu Hause, liest mehr, nicht nur *Orlando*. Gelegentlich kommt es sogar vor, daß sie es ist, die Otto vor dem Einschlafen Avancen macht, und dann, erzählt sie lachend, kann es passieren, daß Otto es ist, der ablehnt – vielleicht ein Akt verspäteter Rache? Dennoch, auf die Liebe zu Frauen möchte sie doch nicht so ganz verzichten. Neben Otto noch eine Frauenbeziehung – das fände sie ideal! Freilich müßte die andere ebenfalls einen Mann haben, so daß es das ganze

Hickhack mit den Besitzansprüchen nicht gäbe. Claudia D., selbstbewußt: «Ich will am liebsten beides!»

Älterwerden

Daß sie 60 ist, sieht man ihr nicht an. So lebhaft ist ihre Ausstrah-
lung, so jugendlich sind ihre Bewegungen, so lebensfroh die Farben
ihrer Kleidung. Begleitet sie ihren Mann auf Bälle, und das tut sie
gern, finden sich mit Sicherheit ein oder zwei Kavaliere, die ihr den
Hof machen. Fährt sie ihren Enkel spazieren, kann es durchaus sein,
daß Freunde ihres erwachsenen Sohnes die in schmale Jeans gekleidete Großmutter begleiten, schäkernd und plaudernd. Carolin D.,
eine Liz Taylor der Provinz? Nicht daß sie Filmkarrieren, acht Ehen
oder Affären aufzuweisen hätte. Ein paar Affärchen aber doch. Und
darauf ist die katholisch erzogene, sinnenfrohe Rheinländerin richtig ein bißchen stolz. Konventionen – ja. Aber bitte auch etwas Lebensfreude! Das Realitäts- und das Lustprinzip, ihr Leben lang hat
sie versucht, die beiden miteinander zu verbinden. Wobei mal das
eine, mal das andere den Vorrang hatte. Heute meint sie, hat sie
beides einigermaßen gut in Einklang gebracht.

Man ist so alt, wie man sich fühlt – diese Binsenweisheit gilt, mit
Einschränkungen, auch für die Sexualität. Es gibt junge Menschen,
die wie Mönche beziehungsweise Nonnen in ihren Single-Woh-
nungen leben, antriebsarm, sich alt und grau fühlend, ohne Lust auf
Sex. Und es gibt ältere Menschen, die sich immer noch gern und
häufig verlieben, die ihrer Umwelt mit wachem, selbstbewußtem
Blick begegnen, die es «darauf ankommen lassen» und dabei
durchaus größere oder kleinere erotische Abenteuer erleben – zum
Erstaunen oder Befremden anderer. Sexualität im Alter? Noch gibt
es wenige Untersuchungen dazu. Doch die wenigen stimmen darin
überein, erotisch-sexuelle Aktivität als einen kontinuierlichen
Lernprozeß zu betrachten und den Begriff einer «Alterspersönlich-
keit» abzulehnen, mit dem Beiklang von Resignation, Mattigkeit,

grundsätzlich gegebener Asexualität. Eckhard Sperling, Nerven-arzt und Psychotherapeut: «Verallgemeinernd darf wohl gesagt werden, daß ein erfülltes Geschlechtsleben um so länger im Alter anhält, je reicher und befriedigender es bisher gewesen ist.» Und er folgert, daß man deshalb «oft tun sollte, was man gut und gerne tun will».[12]

Caroline D. hat «es» meistens gern getan. Wobei ihr Sexualleben durchaus Zeiten von Ebbe und Flut gekannt hat, von Abstinenz und Leidenschaft. Ihre Ehe – eher eine Sache der Vernunft als des Herzens – begann mit einer herben Enttäuschung. Ihr Gatte, ein vielversprechender, überaus korrekt erzogener junger Rechtsan-walt aus gutem Hause, erwies sich als impotent. Über Wochen, Monate, Jahre. War er latent homosexuell? Fühlte er sich überfor-dert von dem drängenden Liebeshunger seiner schönen, tempera-mentvollen, doch ebenso wie er sexuell gänzlich unerfahrenen jungen Frau? Erinnerte sie ihn zu sehr an seine dominante Mutter, von der er sich, der brave Sohn, zeit seines Lebens nie gelöst hatte? War es das, was seine Manneskraft lähmte? Fragen und keine Ant-worten. Es waren die fünfziger Jahre, die Zeit der Sexual-Tabus, Beratungsstellen gab es noch keine, in einer Kleinstadt schon gar nicht. Fern aus Hamburg kam die Kunde vom Sexualforscher Hans Giese – doch extra mit dem Zug zu ihm anreisen? Wie durch ein Wunder, auf einer Italienreise, empfing Carolin dann doch ein Kind, später ein zweites. Dann war wieder Funkstille, ein für alle-mal. Mit 35 fühlte sie sich wie brach. Sie liebte ihre Kinder und in gewissem Sinn auch ihren Mann, auch den Luxus, mit dem er sie aus einer Mischung aus Schuldgefühl und totaler Ergebenheit über-schüttete. Doch wohin mit dem ungestillten Verlangen nach Lust? Neidvoll blickte Carolin immer wieder auf die Ehen ihrer Freun-dinnen.

Ein bißchen Madame Bovary, ein bißchen Lady Chatterley, doch mit sehr viel mehr Kalkül, entschloß sie sich dann zu dem, was in dieser Gesellschaft eher Männern vorbehalten ist: zu einem Doppelleben. Gezielt suchte sie sich einen Liebhaber, fand ihn in der Person von Rudolf, einem ehemaligen Jugendfreund, ein se-xuell versierter, heiratsscheuer Junggeselle, dem die schöne, temperamentvolle, unbefriedigte Ehefrau gerade recht kam. Unweit ihres Hauses richtete sie ihm ein Liebesnest ein; es folgten «wilde Jahre». Carolins Nachholbedarf wurde durch den erfahrenen, kräftigen Rudolf reichlich gestillt. Die gebotene Heimlichkeit ihrer meist nachmittäglichen Begegnungen, die Exklusivität der nur für die Lust bestimmten Stunden schürte das Feuer stets aufs neue. Carolin erlebte ihren ersten Orgasmus. Sie blühte auf, alle Welt machte ihr Komplimente. Auch ihr treu ergebener Gatte, der einiges ahnte, jedoch wohlweislich schwieg, da er die angebetete, repräsentative Frau an seiner Seite um keinen Preis der Welt verlieren wollte.

Doch Leidenschaft und Dauer vertragen sich schlecht. Diese schmerzliche Erfahrung blieb auch Carolin nicht erspart. Ihre Neugier wurde mit der Zeit gestillt. Nach einigen Jahren erlebte sie den Rausch in Rudolfs Armen weniger intensiv als zu Anfang. Die Innigkeit ihrer Umarmungen wich zunehmend einer gekonnten Routine. Bemüht, möglichst allen Wünschen gerecht zu werden und sich auf verschiedenen Feldern des Lebens zu betätigen, hetzte Carolin zwischen Familienpflichten und Schäferstündchen hin und her. Gelegentlich ertappte sie sich dabei, daß sie, statt mit Rudolf zu schlafen, lieber mit einer Freundin in der Stadt Kaffee getrunken hätte. Oder intensiver ihren Hobbies nachgegangen wäre, zumal Rudolfs geistige und menschliche Gaben nicht so ausgeprägt erschienen wie seine Potenz. Je öfter sie fern blieb, desto mehr begann er zu nörgeln und zu klagen. Eines Tages verlangte er sogar die Scheidung von ihr, was für sie, die gern auf mehreren Klavieren gleichzeitig spielte, alles andere als luststeigernd war.

Hinzu kam ein anderes Handicap. Carolin, mittlerweile 44 Jahre alt, litt zunehmend unter langanhaltenden, unregelmäßigen Blutungen. Kaum war eine Periode vorbei, schien sich die nächste anzukündigen. Carolin fühlte sich geschwächt, nervös, das ohnehin nicht immer leichte Timing der «gewissen Stunden» mit Rudolf wurde dadurch zunehmend beeinträchtigt. Zwar las Carolin, daß es Frauen gibt, die trotz ihrer Blutungen den Geschlechtsverkehr nicht ablehnen; im Gegenteil, ihn mitunter sogar besonders lustvoll, entspannend und intensiv erleben. Carolin dagegen, Ästhetin durch und durch, lehnte diese «Schmiererei» schlichtweg ab. Ihr Gynäkologe diagnostizierte nahende Wechseljahre und ein wachsendes Myom. Er riet zur Gebärmutterentfernung. Ein Eingriff, der damals, in den sechziger Jahren, in der Regel rascher und auch unkritischer vorgenommen wurde als heute. Und die sexuelle Erlebnisfähigkeit? Ihr Gynäkologe sagte ihr, was auch heute noch als zutreffend gilt: der Verlust des Uterus beeinträchtigt in keiner oder in nur sehr geringer Weise das Lustempfinden der Frau. Schwieriger sei die seelische Komponente: viele Frauen fühlen sich danach in ihrer Weiblichkeit «verstümmelt», sie erleben sich als defizitär, als innerlich leer. Nicht selten würde diese Leere mit Süßigkeiten, Alkohol, Tabletten und maßlosem Essen gestopft, was zu Übergewicht führe. Vor allem ein bei den Männern weit verbreitetes Vorurteil nage an dem Selbstbild der Frauen. Viele meinen, nach so einer Operation sei ihre Frau «da unten defekt»; sie ziehen sich deshalb, im Wortsinne, zurück, manche meinen sogar, sie hätten Anrecht, etwas Jüngeres, «Kompletteres» zu suchen.

Nicht so Rudolf, Carolins erfahrener Liebhaber! Er riet ihr dringend zu diesem Eingriff, nicht ohne Eigennutz. Denn wenn ihre lästigen Unpäßlichkeiten vorbei wären, dann könne sie für ihn, so hoffte er, wie in der Anfangsphase wieder «allzeit bereit» sein. Auch Carolin erhoffte sich vage ein neues Entflammen ihrer Leidenschaft, deren Schwinden sie zunehmend beunruhigte und besorgte. Sie willigte ein in die Operation, eine Art Geschenk für den drängenden, zunehmend enttäuschten Rudolf. Doch dann war es endgültig aus mit der Lust. Trotz gelungener Operation, trotz endlich ausbleibender Blutungen – Carolin geriet in eine Krise. Sie fügte sich zwar erneut in Rudolfs Umarmungen, erlebte jedoch eine zunehmende Kälte und Distanziertheit. Rudolf gab sich denkbare Mühe, doch vergeblich. Carolin spürte plötzlich Groll ihm gegenüber. War das «Geschenk» vielleicht doch zuviel verlangt? Warum hatte Rudolf, trotz ihrer inständigen Bitten, sie immer wieder im Krankenhaus besucht, auf die Gefahr hin, eine Begegnung mit ihrem Mann zu riskieren und sie damit zu kompromittieren?

Plötzlich empfand sie Ekel gegenüber diesem «rein animalischen

Verhältnis», ihr fehlte die Zärtlichkeit, «die Seele». Oder war vielleicht doch die Operation schuld an ihrer Kälte? Carolin beobachtete bei sich das, was sie als Folgen der Wechseljahre deutete: Stimmungsschwankungen, innere Unruhe, Schlaflosigkeit, Reizbarkeit, Depressivität, Müdigkeit, vor allem aber, wie sie meinte, eine Abnahme der Libido, ein geringeres Feuchtwerden der Vagina, Schmerzen beim Geschlechtsverkehr. War es ihr Körper, der Nein sagte? War es ihre Seele? War die Entfernung des Uterus nicht doch eine Art «psychische Kastration» mit Folgen, die sie so nicht vorhergesehen hatte? Ihr Gynäkologe riet ihr zu einer Substitutionstherapie, zu einem Ersatz der in diesem Stadium fehlenden Hormone.

Wolf Eicher, Mediziner: «Die hormonelle Behandlung kann immer die Elastizität der Scheide erhalten oder wiederherstellen, und zwar noch sehr spät, um ausreichend zu sein für die sexuelle Reaktion.» Die bei vielen Frauen sich zeigende «vegetative Labilität» sind seiner Ansicht nach eher zurückzuführen auf seelische Ursachen, auf eine «Störung der Erlebnisverarbeitung des Alterns».[13] Heute, nach der von ihr als Krise erlebten Zeit, würde Carolin dieser Meinung zustimmen: «Damals kam einfach vieles bei mir zusammen. Ich war einfach unzufrieden mit mir und meinem Leben. Ich weiß, ich bin ein äußerlicher Typ. Die erste Brille, die ersten weißen Haare, die nicht mehr zu verdeckenden Falten – das alles machte mir zu schaffen. Ich fühlte mich einfach nicht mehr begehrenswert als Frau, auch wenn Rudolf mir dauernd das Gegenteil versicherte. Mein fast erwachsener Sohn zog damals gerade aus, meine Tochter überraschte mich mit der Nachricht, ich würde bald Oma werden – all das hat mein Selbstbild stark ramponiert. Alles schien so eingefahren, so leblos, ich hatte nur noch zu funktionieren.» Vor allem quälte sie der Gedanke, daß sie ihre Zeit vertan hatte, daß sie keinen richtigen Beruf erlernt hatte, immer abhängig geblieben war – finanziell von ihrem Mann, sexuell von Rudolf. Ihre Unzufriedenheit wurde immer größer. Die Trennung von Rudolf war unausweichlich. Das war zwar erleichternd, aber hinterließ das Gefühl, sexuell sei nun ein für allemal «der Ofen aus».

Rückblickend spricht Carolin von herbstlich gestimmten Jahren, Jahren der Bilanz, des Selbstzweifels, des Abschiedes von einem Lebensalter, in dem sie sich attraktiv und begehrenswert fand. Doch unerwartet, strahlt sie, ist es noch einmal Frühling geworden! Als Gasthörerin schrieb sie sich an einer Universität ein, lernte dabei einen soeben geschiedenen Verlagslektor kennen – «15 Jahre jünger», sagt sie augenzwinkernd –, mit dem sie so etwas wie einen «second honeymoon» erlebe: eine intensive Seelenverwandtschaft, einen regen, geistigen Austausch und überaus zärtliche Stunden, Illuminationen in ihrem Alltag. Sie ist entzückt, daß ihr Körper, der ihr so müde, so welk erschien, in seinen Armen noch einmal aufblüht. Ein zweiter Johannestrieb!

«Bei der Frau herrscht während des ganzen Lebens eine größere sexuelle Beständigkeit als beim Mann; mit 60 sind ihre Möglichkeiten, zu begehren und Lust zu empfinden, die gleichen wie mit 30», sagt Simone de Beauvoir[14]. Zwar verringere sich die Intensität der sexuellen Reaktion; doch sie bleibe fähig zum Orgasmus, «vor allem, wenn ihr regelmäßige und wirksame Stimulierung zuteil wird». Sexualität hat bei einer Frau viel mit Lernerfahrungen zu tun, aber auch mit wachsender Reife. Psychoanalytiker begründen das mit einem «milder werdenden Über-Ich»: man ist nicht mehr ganz so streng mit sich selbst, macht sich zunehmend frei von überflüssigen Ängsten und Zwängen, die Kinder sind ausgezogen, der berufliche Streß flacht ab, die Genußfähigkeit, die Gabe, den Augenblick zu genießen, Liebe, auch außerhalb der Etikette, nicht als «Sünde» zu erleben, wächst. Doch Liebe mit wem? «Wenn es stimmt, daß der Gipfel sexueller Appetenz beim männlichen Geschlecht noch vor dem 20. Lebensjahr liegt, beim weiblichen dagegen erst nach dem 30., wäre mühelos erklärbar, daß die beiden Geschlechter es miteinander schwer haben», sagt der Göttinger Arzt und Psychotherapeut Eckhard Sperling und spricht von einer «eingebauten biologischen Tragödie» zwischen den Geschlechtern. Denn während die Lustkurve bei der Frau nach oben klettert, sinkt sie im gleichen Maße beim Mann. Sperling hat in seiner Praxis die Klagen von älteren Männern über das Ausbleiben des Höhepunktes der Ejakulation zur Genüge gehört. Ein geläufiges Phänomen. Doch als er, soeben 60 geworden, dieses Altersphänomen am eigenen Körper erlebte, empfand er bei sich selbst eine «ungewöhnliche, vorübergehende Verstörtheit und Trauer». Dem Sexualforscher Ernest Borneman erging es ganz ähnlich. Das Erlebnis schwindender Potenz brachte ihn zu neuen Einsichten: «Erst im späten Alter, als meine Potenz zu schwinden begann, habe ich am eigenen Leib erfahren, was Liebe ist. Bis dahin dachte ich, Liebe sei sexuelle Befriedigung... Erst nachdem die Frau, mit der ich 52 Jahre meines Lebens in Eintracht verbracht hatte, im Jahre 1987 verstarb und ich eine 42 Jahre jüngere Frau kennen- und liebenlernte, wurde mir durch meine begrenzte Fähigkeit, sie zu befriedigen, klar, was Liebe ist: eine Art Verzweiflung, die aus der unabdingbaren Einsamkeit entspringt.»[15]

Der Verlust des Lebenspartners, der geliebten Lebenspartnerin führt bei vielen Menschen zu einem Abschied auch jeder sexuellen Aktivität. Martin Dannecker: «Vorstellbar ist eine so enge Bindung des Sexualtriebes an einen Menschen, daß diese auch über dessen Tod hinaus in der Phantasie erhalten bleibt.» Hinzu kommt, daß «ältere Männer auf eine sexuelle Erregung oder eine sexuelle Stimulierung nicht mehr so rasch mit einer Erektion reagieren. Haben sie diese erreicht, dauert es bei ihnen deutlich länger als bei jüngeren Männern, erneut eine volle Erektion zu erreichen.»[16] Auch dies mag für viele ein Anlaß sein, zu sagen: bitte nicht mehr! Resignation mag darin liegen, aber auch eine gewisse Erleichterung, im Alter einen Grund zum «Ausspannen» zu finden. Das gilt vor allem für alleinlebende Menschen, die sich den Hochs und Tiefs einer Eroberung und den damit möglichen Blamagen nicht mehr aussetzen mögen.

So glücklich Carolin mit ihrer neuen Amour auch ist, so neidvoll blickt sie doch manchmal auch auf die Ehen ihrer gleichaltrigen Freundinnen. Haben die es nicht besser, mit einem Ehepartner im Bett, mit dem sie gemeinsam hin und wieder die Freuden gemeinsamer Lust kosten können? Nach dem Motto: mäßig, aber regelmäßig. Der Sexualwissenschaftler Martin Dannecker hat einerseits recht: «Verheiratete ältere Menschen beziehungsweise Menschen, die in festen Beziehungen leben, sind eher sexuell aktiv als alleinlebende.» Wobei, wie Dannecker warnt, man die «Dürftigkeit ehelicher Sexualität, mit der es Legionen von Ehepartnern jahrzehntelang miteinander ausgehalten haben» nicht aus dem Auge verlieren dürfe, ohne die Leistung, die andererseits dahinterstecke, geringzuschätzen.[17]

Lustlosigkeit – Hilferuf der Seele

Depressionen erdrücken die Lust

Evamaria kann sich erinnern, daß sie mindestens ein halbes Jahr, bevor «es wirklich schlimm» mit ihr wurde, nicht mehr mit ihrem Mann schlafen mochte. Jeden Abend fürchtete sie sich vor seinen Annäherungsversuchen, die sie mit immer neuen Ausreden abwehrte. Sie hatte einfach keine Energie mehr; Lust kam ihr vor wie ein Gefühl aus einer anderen Welt, der Geschlechtsakt wie ein Kraftakt, bei dem sie sich körperlich und seelisch Zwang antun mußte. Depressionen tarnen sich mit unzähligen Masken. Aber sexuelle Lustlosigkeit, Schlaf- und Appetitstörungen sind ihre ständigen Begleiter. Körperliche Beschwerden wie Kollapsneigung, Augenflimmern oder Druck auf den Augen, Atemenge oder «Lufthunger», Magenbeschwerden, Muskelverspannungen, Würgegefühle im Hals, Kopfdruck oder Kopfschmerz können immer auch depressive Symptome sein. Einer der sichersten Vorboten jedoch ist der Verlust an Lebensenergie und, damit verwachsen, die sexuelle Lustlosigkeit: «Als sehr frühes Zeichen stellt sich ziemlich regelmäßig ein Schwinden des sexuellen Verlangens und Empfindens (Libido) ein, auch das Nachlassen der Potenz geht meist anderen Symptomen lange voraus. Doch wird das im allgemeinen verschwiegen und bestenfalls dem Arzt gegenüber auf dessen ausdrückliches Befragen eingestanden», schreibt der Ulmer Psychiater Volker Faust. [1]

Wer mag schon zugeben, daß die Nummer eins unter den Dingen, die ein offener, selbstentfalteter Mensch heute von sich selbst erwartet, an die letzte Stelle gerückt ist? Eher sucht man den Grund anderswo, beim Partner, in einer stressigen Arbeitsphase, in Frühlingsmüdigkeit. All das mag zu einer Verstimmung beitragen, vielleicht lichtet sich die Niedergeschlagenheit von selbst, wenn diese Faktoren ausgeschaltet werden. Tauchen aber zusätzliche Symptome auf, wie innere Leere, Unfähigkeit zur Freude, Denkhemmungen, Entschlußlosigkeit, unbegründete Ängste, Hoffnungslosigkeit oder gar Selbstmordgedanken, zeigt sich das Vollbild einer Depression. Das Leben erscheint sinnlos, die Zukunft düster und das Positive nur zufällig. Depressive Erkrankungen treten als Bündel verschiedener seelischer und / oder körperlicher Symptome auf als das sogenannte depressive Syndrom.

Das erschwert, besonders im Anfangsstadium, eine Diagnose. Und Ärzte diagnostizieren nur ungern eine Depression, wenn sie sich nicht ganz sicher sind. Diese Zurückhaltung kann handfeste Gründe haben: eine Depression ist keine Bronchitis, die besser einmal zuviel als einmal zuwenig mit Antibiotika behandelt werden sollte. Die Diagnose Depression hat Folgen für den Kranken *und* seine Angehörigen. Die Therapie braucht viel Zeit, Verständnis und die Unterstützung durch die Umwelt. Und noch immer fallen manche Menschen in panische Verzweiflung, wenn bei ihnen oder ihren Angehörigen eine seelische Erkrankung diagnostiziert wird. Paradox: Neben der Tendenz, psychische Leiden zu «übersehen» oder zu verharmlosen, bahnt sich ein Trend an, Eigenarten oder Schrullen gleich als auffällige Störungen einzustufen und Menschen mit Vokabeln aus der Neurosenlehre zu traktieren, wenn sie sich unangepaßt benehmen.

Der Zürcher Psychotherapeut Peter Schellenbaum warnt vor diesem «abgerundeten Menschenbild», das Persönlichkeitsgrenzen verletze und alle gleich zu Therapiebedürftigen erkläre, die ein eigenes Temperament besitzen: «Der Ausgelassene wird zum Hysteriker, der Traurige zum Depressiven, der Nachdenkliche zum Schizoiden, der Eitle und Selbstgefällige zum Narziß, der Gewissenhafte zum Zwanghaften, der Gehetzte zum Paranoiden stigmatisiert.»[2] Trotz des Hangs, jedes ungenormte Verhalten gleich als Krankheit einzustufen, schätzt die Psychologin Ursula Nuber, daß es «immer noch Menschen gibt, die an Depressionen leiden und es nicht wissen».[3]

Keine sicheren Standardtests wie Blutuntersuchungen bei Entzündungen oder Urinanalysen bei Schwangeren geben Auskunft, ob nun wirklich eine Depression vorliegt oder nicht. Psychiater, Verhaltens- und andere Psychotherapeuten arbeiten mit Eifer an der Erfassung, Skalierung und Gewichtung der Symptome einer jeweiligen seelischen Krankheit mit dem Ziel, die effektivste Therapie zu entwickeln. Ein Jahrhundert-Unterfangen, meinen Experten, denn jedes psychische Leiden gleicht – wahrscheinlich stärker noch als körperliche Krankheiten – einem Eisberg, der mehr verbirgt als er zeigt. Im Untergrund steckt die ganze komplexe Lebensgeschichte eines Menschen, mit Höhen und Tiefen, Freuden und Verletzungen, Ererbtem, Erfahrenem, Erlerntem. Und jede Krankheitsgeschichte hat wiederum ihr eigenes Gesicht.

Die heute 43jährige Evamaria litt vor allem, wie sie erzählt, an einer zunehmenden, unüberwindlichen Distanz zu anderen Menschen, zu Lust und Leben überhaupt. Vor zwölf Jahren wurde es in ihrem Leben still und stiller. Immer öfter wachte sie morgens sehr früh auf, nachdem sie sehr spät eingeschlafen war. Wenn sie dann die Vögel zwitschern hörte, wurde ihr alles zuviel. Die unbarmherzige Lebensfreude solcher Tage schmerzte wie ein höchstrichterlicher Verweis auf ihre Unfähigkeit, Lust, Freude, Glück zu empfinden oder zu geben. Sie konnte an diesen Tagen kaum aufstehen, wollte sich verkriechen. Aber schlafen konnte sie auch nicht. Dann drehten sich die Gedanken wie ein Karussell, das nicht zu stoppen war. Immer und immer wieder dieselben Gedanken ohne wirklichen Inhalt – nur einfach Gedanken, um sie am Einschlafen zu hindern, wie sie es damals empfand. Alles um sie herum erschien Evamaria zu fröhlich, zu bunt, zu laut, zu lebenslustig, zu verliebt, zu schön, zu anders als sie selbst. Eine ferne, fremde Welt, der sie nicht angehörte.

Ihr Mann war verunsichert, weil sie plötzlich grundlos in Tränen ausbrach. Und er war beleidigt, weil seine Annäherungsversuche nichts fruchteten. Wochenlang spielte sich jeden dritten Abend etwa dasselbe ab: er streichelte sie, zeigte, daß er mehr möchte, sie verkrampfte sich – Sex war so ungefähr das letzte, was sie jetzt noch vertrug. Sie verstand nicht, warum er so stur war. Er verstand nicht, warum sie sich verweigerte. Ab und zu zwang sie sich regelrecht dazu, mit ihm zu schlafen, wenn ihre Angst zu groß wurde, ihn zu verlieren. Denn ihr Mann zeigte ihr immer häufiger, daß er sie so nicht mochte, besonders, wenn sie grundlos weinte. Schließlich konnte sie ja nicht «sachlich» erklären, wie ihr Mann das von ihr verlangte, warum sie heulte. Also fühlte er sich berechtigt, sie als hysterisch abzuqualifizieren. Ihre Liebesanstrengungen waren jedesmal ein Fiasko. Sie kam sich vor wie «unten zugenäht», alles schmerzte und von Lust keine Spur. Was ihr Mann dabei fühlte, wollte sie nicht wissen. Sie hatte ihm gezeigt, daß sie sich bemühte. Das mußte genügen.

Wie alles begann oder was der eigentliche Auslöser ihrer Depression war, kann Evamaria noch heute nicht erklären. In ihrer Erinnerung ruinierten nach und nach viele stille Katastrophen das bunte, großzügige Gebäude ihrer Lebensentwürfe. Offen wollte sie einst leben, zwanglos und tolerant; sie wollte Vorbild werden für alle Ängstlichen, die nicht wagten, ihre freudlos-düsteren Burgen zu verlassen. Im Grunde, so mutmaßt Evamaria heute hellsichtig, versuchte sie sich selbst zu beweisen, daß sie keine Ängste hat, sicher und selbstbewußt durchs Leben gehen kann. Aber irgendwie brach still und leise das Traumhaus in sich zusammen und erstickte ihre ganze Lebenslust unter den Trümmern.

Evamaria kann auch nicht sagen, wie sich diese Erschütterungen ereigneten und was sie dabei empfunden hat. Sie weiß nur, daß ihr die Welt mehr und mehr entglitt und sie sich immer stärker isolierte.

Die Körperwärme ihres Mannes strahlte Bedrohung aus – und doch war er der letzte Kontakt zum Leben, die letzte Bastion, die sie vor dem Absturz in die Leere bewahrte. Wenigstens löste er in ihr noch eine Reaktion aus, wenn auch eine negative. Die Leere sonst war bedrückend wie eine unsichtbare Mauer zwischen sich und der Außenwelt. In der Leere verebbte all ihre Energie, die Leere legte sich auf ihren Kopf, ihre Augen, ihren Hals. Sie würgte sie, machte sie taub und lähmte sie. Sie hinderte sie am Essen, am Schlafen, am Sex. Allein das Wort Sex war ihr unangenehm.

Evamaria hat lange gebraucht, um über ihre Depression reden zu können. Vor zehn Jahren ist sie mit einem totalen Zusammenbruch ins Krankenhaus eingeliefert worden. Sie war nur noch ein Schatten ihrer selbst. Die Behandlung mit Antidepressiva und eine fünfjährige Psychotherapie haben sie soweit stabilisiert, daß sie bisher keinen schweren Rückfall hatte und mit «Zwischentiefs» relativ gut umgehen kann.

«Die schmerzhafteste Lektion war, akzeptieren zu lernen, daß ich emotional unfähig war, auf eigenen Beinen zu stehen.» Die Vorstellung, daß ihr Mann sie sitzenläßt, rotierte während ihrer Krankheit wie ein Mühlstein in ihrem Kopf, «wie wenn alle Phantasien, deren ich noch fähig war, sich in der apokalyptischen Phantasie des Verlassenwerdens verbeißen würden». Aus diesem Schreckensbild zog sie die letzte ihr mögliche, eine selbstquälerische Lust. Solange sie diese Qual spürte, lebte sie. Zu diesen Phantasien gehörten meist auch sexuelle Bilder: wie ihr Mann eine andere Frau umarmt, mit ihr in einem Hotel verschwindet, wie er deren Körper bewundert, unendliche Freuden mit dieser anderen genießt, Freuden, die er ihr nie gegeben hat. «Den letzten Rest meiner sexuellen Lust investierte ich in diese masochistischen Phantasien.»

Evamarias Mann mußte ebenfalls lernen, mit ihrer Krankheit umzugehen. Erst tat er lange Zeit ihr Leiden als Hysterie ab, nach ihrem Krankenhausaufenthalt behandelte er sie wie ein rohes Ei, berührte und umarmte sie kaum, richtete aber auch nie ein lautes Wort an sie. «Wir lebten zusammen wie auf dem Hochseil ohne Netz. Es dauerte lange, bis wir wieder miteinander schlafen konnten. Als ich das erste Mal wieder Lust darauf hatte, reagierten wir beide schwer verunsichert. Dann faßte sich mein Mann, sagte ‹toll› – und es war wie ein Neubeginn.»

Psychoanalytische Hintergründe depressiver Unlust

Viele, die eine Depression hinter sich haben, sprechen von Aggressionen, Wut, Haß, die sie auf andere hatten, aber in irgendeiner Form gegen sich selbst richteten. Und viele können überhaupt nicht erklären, wie es dazu gekommen ist. Verständlich, denn die Ursachen der Depression sind so vielfältig wie ihre Erscheinungsformen. Am einfachsten sind die Hintergründe zu entziffern, wenn sichtbare Ereignisse einen Menschen aus der Bahn werfen wie Arbeitslosigkeit, Liebeskummer, Tod des Partners. Diese Art reaktive Depressionen sind meist zeitlich begrenzte Stimmungstiefs, die sich um ein reales schmerzhaftes Ereignis zentrieren. Die Ursachen der «klassischen Depressionsformen» hingegen, die seit alters her auch als Melancholie beschrieben werden, enthüllen sich nur schwer.

Die Geschichte der schönen Florence (s. S. 139) deutet Entstehungshintergründe einer schweren Depression an. Florence, die 44jährige Übersetzerin, ist häufig auf Reisen. Das nötige Geld dazu hat sie von ihrem Vater bekommen, der sie «auszahlte», als er das zweite Mal heiratete. «Als ich meinen Vater an diese Junge verlor», formuliert sie verräterisch, «verlor ich auch das Interesse am Beruf.» Sie fühlte sich abgeschoben und empfand das Geld ihres Vaters wie eine Verzichtserklärung auf alle Ansprüche an ihn. Die schönsten Plätze der Erde hat Florence besucht, aber erfreuen kann sie das nicht. Sie ist schön, und sie weiß es – aber auch das macht sie nicht glücklich. Sie hat mit vielen Männern geschlafen und hätte noch mehr haben können, doch sie lassen sie alle kalt. Sie hat keine Lust, weder auf Sex noch auf Leben.

Wie ein in schläfrige Traurigkeit verfallenes Klageweib bejammert sie ausgiebig ihren Körper, ihr Gesicht, ihre «schwierige Art». Elegisch selbstanklagend berichtet sie über ihre Unvollkommenheit, doch so richtig überzeugend klingt es nicht, obwohl ein tiefer Ernst dahinter spürbar wird. Nur zwischendurch fällt in ihren monotonen Redefluß ein haßerfüllter Nebensatz über Männer. Sonst scheint sich ihr Sermon eher an sie selbst zu richten als an andere. Jede Unterbrechung verdichtet die Falte oberhalb des Nasenbeins. Fragen wirken impertinent, Neugier verflüchtigt sich von selbst.

Gelebt hätte Florence am liebsten vor zweihundert Jahren, als Frauen glänzende Gesellschafterinnen waren und Männer weibliche Bildung und Schönheit verehrten. «Heute sind Frauen doch gar nicht unabhängig. Wenn ich an eine Sekretärin denke, die ist doch nur ein Fußabtreter; eine, die für den Chef die Arbeit machen muß.» Florence fühlt sich für die heutige Zeit schlecht gerüstet. Einen Abglanz dessen, was sie unter einem «guten Leben» versteht, konnte ihre Mutter noch genießen. «Mein Vater hat meine Mutter auf Händen getragen, aber sie wußte es nicht zu schätzen. Er gab ihr das Beste, was eine Frau haben kann, aber sie war nie zufrieden.» Florence' Eifersucht auf ihre Mutter ist enorm. Manchmal, früher, wenn ihre Mutter den kleinen Sohn nicht verlassen wollte, nahm der Vater Florence mit auf Reisen. Das sind ihre schönsten Erinnerungen. Auf Reisen durfte sie mit ihm in Hotels essen, sich bedienen lassen – «wie seine Frau», liegt ihr auf der Zunge, aber sie spricht es nicht aus. Statt dessen: «Er war ein großartiger Mann; solche Männer gibt es nicht mehr.»

Steht ihr Vater zwischen ihr und den anderen Männern? Florence verachtet Männer und hat doch immer einen Liebhaber. Aber eine feste Bindung hätte sie bisher nur mit einem einzigen Mann eingehen können, der wie ein Kavalier und Vater zu ihr war und nie mit ihr geschlafen hat. Alle anderen waren für sie nach ein paar intimen Nächten gestorben. Keiner konnte ihr offensichtlich geben, was sie suchte, also nahm sie sich den nächsten. In ihrem Leben gab es Phasen, in denen sie sehr häufig «ohne Lust» mit Männern schlief, wie um sich selbst zu beweisen, daß sie lebendig und aktiv, begehrt und attraktiv ist. Doch mit jedem neuen zwanghaften Sexgeplänkel vertiefte sich die innere Leere, weil sie nichts dabei empfand und nie jene absolute Hingabe erhielt, die sie erwartete.

Florence erzählt viel aus ihrem Leben, doch nichts gewinnt lebendige Gestalt. Sie selbst und ihre Umwelt bleiben statisch, leblos. Offenbar stuft sie ihre energielos passive Art als Leiden ein, denn sie erwähnt, daß sie vor fünf Jahren eine Therapie begann. Knapp begründet sie: «Ich dachte, es helfe gegen Traurigkeit.» Die Not sitzt scheinbar tief. Der klanglos klagenden Stimme fehlt noch immer jede lebendige Modulation. Vielleicht hat sie ihren Therapeuten auch «nur» zu einem jener väterlichen Freunde gemacht, die sie immer um sich schart, die immer für sie da sein sollen, über die sie sich immer beklagt und deren eigenes Schicksal sie nie interessierte.

Florence bleibt unnahbar durch ihren melancholischen Habitus. Lustlosigkeit hat sie ergriffen, Passivität und innere Verarmung.

Sie ist depressiv oder, wie Freud es nannte, melancholisch. «Die Melancholie ist seelisch ausgezeichnet durch eine tiefe schmerzliche Verstimmung, eine Aufhebung des Interesses für die Außenwelt, durch den Verlust der Liebesfähigkeit, durch die Hemmung jeder Leistung und die Herabsetzung des Selbstgefühls», schreibt Sigmund Freud in seinem 1917 veröffentlichten Aufsatz *Trauer und Melancholie*.[4] In der Trauer muß der Zurückgebliebene bewußt lernen, einen *realen* Verlust hinzunehmen. Seine Welt ist leerer geworden. Depressive dagegen beklagen einen *ideellen* Verlust, den sie bewußt gar nicht unbedingt erleben. Sie sind es selbst, die arm und leer geworden sind.

Für Florence ist die Wiederheirat ihres Vaters zum Kernstück ihrer depressiven Stimmung geworden. Denn darin wiederholt sich für Florence unbewußt ein prägendes Verlusterlebnis aus der frühen Kindheit und aus der Pubertät. Von der Geburt ihres drei Jahre jüngeren Bruders an kümmerte sich ihre Mutter fast ausschließlich um den Sohn, der bis zu seinem zehnten Lebensjahr – an das Jahr erinnert sich Florence noch ganz genau – sehr kränklich war. Der Vater wurde quasi Ersatzobjekt, der Florence bis zu ihrer Pubertät als «mein wunderschöner Liebling» ansprach. Mit der Genesung ihres Bruders wurde die Mutter offenbar wieder frei für den Vater – genau in Florence' Pubertät, einer Zeit, in der sich ohnehin ödipale Wünsche reaktivieren.

Erst verlor Florence ihre Mutter an ihren kleinen Bruder, dann nahm die Mutter ihr den Vater weg – ein Erlebnis, das sich durch die Wiederheirat verdoppelte.

Der Analytiker Karl Abraham, von dessen Anregungen Sigmund Freud noch in den zwanziger Jahren profitierte, schilderte die Wiederholung einer früh erfahrenen Liebesenttäuschung als Krankheitsauslöser: «Regelmäßig erfahren wir…, daß der Anlaß zur aktuellen Erkrankung nur darum eine pathologische Wirkung entfalten konnte, weil er vom Unbewußten des Patienten als eine Wiederholung seines ursprünglichen traumatischen Erlebens in der Kindheit aufgefaßt und verwertet wurde.»[5]

Weil Florence zwischen sich und ihrem Vater keine scharfe Grenze zog, konnte sie sich auch nicht von ihm trennen. Sie hat ihn aggressiv aus der realen Welt verschwinden lassen, indem ihn ihre Seele «auffraß». Diese orale Aggression schlägt um in «Gewissensbisse», die sich in schemenhaften Selbstvorwürfen und Selbsthaß zeigen. In der Realität hat sie mit ihrem Liebesobjekt auch ein Stück von sich selbst «verloren». Haß füllt die Leere unerfüllter Liebe aus. Aggressive Allmachtsphantasien und Selbsthaß lassen sich nicht mehr trennen.

«Der Schatten des Objekts fiel so auf das Ich»,[6] schreibt Sigmund Freud. Tagträume senden Signale aus diesem Schattenreich. Florence' Wünsche lassen ahnen, wo dieses Reich angesiedelt ist: in einer Zeit, in der der Vater nur ihr gehört hätte, in der Vergangenheit, von der Florence annimmt, daß sie sowohl zu ihrem Vater als auch zu ihr selbst besser gepaßt hätte – zweihundert Jahre zuvor.

Den «Rückzug» aus der Realität durch Flucht in eine Phantasiewelt sieht Volker Faust als ein Indiz dafür, daß Depressive selbstmordgefährdet sind. In Florence' ganz auf sich und ihr Vaterbild bezogenen Phantasien nahmen andere Männer nur Statistenrollen ein. Faust hat das Phänomen beschrieben: «So sehr Depressive unter dem vermeintlichen Mangel an Zuwendung, Fürsorge oder Liebe leiden (und sich darüber beklagen), so wenig sind sie selbst imstande, solche Äußerungen des Mitgefühls zu erwidern. Im Gegenteil: schwere depressive Zustände können zu einer völligen Gefühlsverarmung und damit zum Erkalten aller zwischenmenschlichen Beziehungen führen.»[7]

Karl Abraham nannte diese Haltung «die überwiegende Haßeinstellung der Libido».[8] Er wies als erster Psychoanalytiker auf die aggressive Grundstimmung der Depressiven hin: «Aus der Verdrängung des Sadismus sehen wir Depression, Angst und Selbstvorwürfe hervorgehen.» Masochismus ist die Folge: «Der Patient stellt sich passiv ein, er erzielt Lust aus seinem Leiden.» Das Innere ist ein großes Schattenreich geworden, und das Äußere existiert nicht mehr – das ist die Folge des Liebesverlusts. Die enttäuschte Liebe hat sich in die Unfähigkeit zu lieben verwandelt, verlorene Liebe in verlorene Liebesfähigkeit. Florence kann nur selten einen Abglanz ihrer Wut nach außen richten, die sich sonst nur noch in Selbsthaß äußert.

Die depressionsgeplagten Frauen

Frauen leiden angeblich doppelt so häufig an Depressionen wie Männer, geht man nur von den bekannt gewordenen Fällen aus. Da liegt eine biologische Erklärung nahe, zumal die hormonellen Stimmungsmacher bei Frauen stark schwanken. Trotzdem sind die Hormone nicht allein dafür verantwortlich, wie sich eine Frau seelisch fühlt, ob sie sexuelle Lust empfindet oder nicht. Denn: Selbst wenn Frauen in bestimmten Phasen depressionsanfälliger sind, werden sie ganz unterschiedlich mit diesem Leiden fertig. Erwiesenermaßen sind Frauen, die sich ausgefüllt fühlen, weniger schnell deprimiert und haben insgesamt mehr Lebensenergie als Frauen, die sich abgeschoben oder unnütz empfinden. In Phasen, in denen der Hormonhaushalt starken Schwankungen unterliegt, sind Frauen tatsächlich empfänglicher für negative Stimmungen. Dazu gehören vor allem die Zeiten vor der Menstruation und die Zeit nach der Geburt eines Kindes.

Schätzungsweise zwei Drittel aller Frauen leiden vor ihren «kritischen Tagen» an unterschiedlich ausgeprägten Verstimmungen oder gar Depressionen, dem «prämenstruellen Syndrom». Als Hauptursache dafür gilt vor allem die Überproduktion von Östrogenen oder Prolactin und der Mangel an Progesteron. Frauen, die diese phasisch auftretenden depressiven Stimmungen über Jahre bei sich selbst beobachtet haben, können gelassener damit umgehen als jene Frauen, bei denen sich die Verstimmungen nicht regelmäßig einstellen oder die sich wenig damit beschäftigen. Viele Frauen sind während dieser Zeit besonders liebes-, aber wenig sexbedürftig. Doch nicht bei allen löst das prämenstruelle Syndrom automatisch sexuelle Unlust aus, wie sonst bei psychogenen Depressionen. Kurz vor Einsetzen der Blutungen und während der Menstruation, steigt die Lust bei vielen Frauen stark an. In dieser Phase lösen sich auch häufig die Depressionen.

Die Stimmungs- oder Luststeuerung mit Hormonen ist grundsätzlich heikel. Von der Anti-Baby-Pille beispielsweise ist bekannt, daß sie manche Frauen zu größerer sexueller Lust anregt, viele in ihrer Sexualität jedoch bremst. Dabei gilt es stets zu bedenken: Biologische Vorgänge, ob durch Menstruation und Schwangerschaft oder durch die Pille verursacht, werden immer auch durch die psychischen Vorstellungen überblendet, die damit verbunden sind.

Keine Frau empfindet wie die andere; jede entwickelt eine individuelle Mischung von guten und schlechten Stimmungen, Lust und Unlust.

Alltägliche Verstimmungen

Die vorherrschende Lebenseinstellung, Lust und Glück seien weitgehend machbar, bedeutet umgekehrt, daß Verstimmungen und Lustlosigkeit als behandlungsbedürftige Schwächen gelten. Jedem Anflug von Unlust, jeder zeitweisen Traurigkeit haftet gleich die Aura der Depression an. Wenn sich im Schlepptau der Trübsal noch sexuelle Unlust einstellt, glaubt der Betroffene selbst an seine Anomalie. Denn Sex hat sich in den Köpfen zum Standardmaß des richtigen Funktionierens verfestigt. So wichtig es ist, jede wirkliche Depression zu erkennen, so wichtig ist es auch, Verstimmungen bei sich und bei anderen zuzulassen und zu akzeptieren, ohne sie gleich als «krankhaft» einzustufen. Wenn weder negative noch positive Ereignisse verdrängt, sondern erlebt werden, wechseln sich trübe und gute Stimmungen ohnehin ständig ab.

Der Rückzug in die eigene Mißstimmung scheint besonders bedrohlich. Angst geht um, wenn sich Menschen entziehen. Und Verstimmungen erscheinen schnell als Kommunikations- und Liebesentzug. Dann ist die Erklärung, daß eine Depression vorliegt, für manche entlastend. Hilfreich aber ist die vorschnelle Diagnose nicht. Leichtfertig Depressionen zu diagnostizieren heißt auch, voreilig zu entscheiden, daß ein Mensch sich nicht selber helfen kann, vor allem aber, nicht zu akzeptieren, daß er anders handelt, als man selbst möchte. Gerade unter Partnern scheint diese Toleranz schwer einzuhalten. Dazu ein Beispiel:

In einem langen Prozeß haben Hans-Peter S. und seine Frau gelernt, mit zuweilen deprimierten Stimmungen umzugehen. Hans-Peter, ein sympathischer Mittvierziger in einer etwas zu breiten Bundfaltenhose und einem etwas zu engen Pullover, ist selbständiger Ingenieur, «Akustikspezialist, um genau zu sein». Der Arbeitsanfall in seinem Dreimann-Betrieb schwankt stark; im Streß fühlt er sich ausgesprochen wohl, in Flautezeiten dagegen hat er häufig «Existenzängste, die eigentlich unbegründet sind», aber gegen die er nicht ankommt. Diese Stimmung drückt insgesamt auf seine Lebensfreude: «Dann läuft auch sexuell nichts mehr.» Über Jahre hinweg versuchte seine Frau, selbst nicht sehr stabil, ihren Mann in diesen trüben Phasen besonders aufmerksam zu umsorgen und – «schrecklicherweise», wie Hans-Peter heute sagt – «sexuell aufzuheitern». Die gute Absicht bewirkte genau das Gegenteil: Er konnte nicht und hatte zusätzlich ein schlechtes Gewissen, fühlte sich auch im Bett als Versager.

Irgendwann in einer guten Stunde erklärte er seiner Frau, daß er diese «Anmache» nicht ertrage und sie ihn besser in Ruhe lasse. «Im Kopf verstand sie es sofort, aber nicht im Herzen.» Mit ihrem Trost hatte sie versucht, den Kontakt zu ihm aufrechtzuerhalten. Nun, da sie ihn in Ruhe und allein lassen sollte, riß in ihrer Wahrnehmung der Kontakt zu ihm ab. Daß Hans-Peter immer wieder zu ihr «zurückkehrte», wieder Lust auf sie bekam, überzeugte schließlich auch ihr Herz. Hans-Peter S. ist eher eine Ausnahme. Viele Männer neigen dazu, weder ihre trüben Stimmungen noch ihre sexuelle Unlust zuzugeben. Vielmehr versuchen sie, Verstimmungen durch sexuelle Aktivität zu überspielen, unerfreuliche Erlebnisse im Bett auszugleichen. Allerdings funktioniert das nicht immer.

Das Selbstbewußtsein vieler Männer hängt stark damit zusammen, wie erfolgreich sie sich im Bett fühlen. Ganze Generationen von Frauen haben diese Achillesferse ihrer Männer ausgenutzt, indem sie Sexualität als Druckmittel einsetzten, sich verweigerten, wenn sie etwas durchsetzen wollten, belohnten, wenn sie am Ziel waren. Wenn diese Strategie funktionierte, dann vor allem, weil Zurückweisung die männliche Identität empfindlich trifft. Ohne große Not geben viele Männer weder vor sich selbst noch vor ihren

Partnerinnen zu, daß sie wegen «seelischer Unpäßlichkeit» keine Lust auf Sex haben. Für Frauen scheint es einfacher, ihre Lustlosigkeit einzugestehen – selbst wenn sie aus Angst, verlassen zu werden, nicht nein sagen (s. S. 125). Denn das Gefühl, begehrt zu werden, stärkt das weibliche Bewußtsein häufig nachhaltiger als die sexuelle Aktivität an sich.

Marianne K., eine 43 Jahre alte, politisch engagierte Logopädin, geht mit ihrer Lustlosigkeit sehr offen um: «Wenn ich seelisch angeschlagen bin, dann läuft auch sexuell nichts mehr.» Und sie erwartet, daß ihr Mann das akzeptiert, ohne sich gekränkt zu fühlen. Sie zeigt ihm auf andere Weise, daß sie ihn braucht: «Meine seelischen Downs heule ich am liebsten in den Armen meines Mannes aus.» In Mariannes Familie hat es sich eingebürgert, daß jeder – Vater, Mutter und die drei Kinder – schmusend Trost bekommt. «Ich versuche, da zu sein, wenn die Kinder nach Hause kommen. Dann heulen die mir erst einmal ihre Nöte vor. Wenn deren Welt wieder einigermaßen in Ordnung ist, kommt mein Mann. Der hatte auch seinen Ärger. Also ‹betütle› ich ihn.» Abends, wenn sie von Sitzungen «allzu frustriert» zurückkehrt, schmust sie mit ihrem Mann, bis es ihr besser geht. «Diese Art Kuscheln hat nicht unbedingt etwas mit Sex zu tun. Wenn ich schmuse, um Trost zu finden, dann will ich nicht, daß mir mein Mann in eindeutiger Absicht über den Busen streicht.» Manchmal ist ihr Mann enttäuscht, daß es nicht weitergeht. Aber Marianne läßt sich nicht beirren. Ihre offene Art hat etwas bezwingend Überzeugendes. Und ihre Wärme macht glaubhaft, daß sie sich engagieren und über Ungerechtigkeiten aufregen kann. Sie ist lebhaft, und was sie macht, macht sie intensiv. Wenn sie nur schmusen will, dann will sie, daß die Grenzen beachtet werden; hat sie Lust auf Sex, zeigt sie es deutlich und widmet sich ganz und gar der Lust.

...was sonst noch lustlos macht

Episoden, Drogen, Zyklen, Leiden

Von *zeitlich und ursächlich* exakt eingrenzbaren Erfahrungen mit sexueller Unlust sprachen fast alle Befragten. Einige typische Beispiele aus den Gesprächen soll dieses Kapitel kurz beleuchten. Die Episoden zeigen, daß sich Lustlosigkeit erst dann zu einem Problem ausweitet, wenn es dazu gemacht wird. Bei *ursächlich, aber nicht zeitlich* eingrenzbarer Lustlosigkeit sind häufig äußere Faktoren im Spiel wie Alkohol, Drogen, Medikamente, aber auch Krankheiten. Das seelische Leiden an der Krankheit steht meistens schon im Widerspruch zu sexueller Lust. Doch viele chronische, körperliche Leiden schließen Lust auf Sex nicht aus, und bei vielen klappt, mit einer gelassenen Einstellung, auch der Koitus.

Der Schlemmer-Knick – Drogen in jeder Form

Aline hatte am bewußten Freitagabend ein mehrgängiges Menu gekocht: Spargel als Vorspeise, eine Bouillon, Scaloppine mit Reis und Salat und als Nachspeise eine zarte Mousse au chocolat. «Ohne falsche Bescheidenheit muß ich sagen, daß es nach mindestens drei Sternen schmeckte.» Außerdem war's ein lauer Maienabend. «Alles war perfekt auf Liebe vorbereitet.» Ihr Lebensgefährte erfreute die lukullische Überraschung sehr, und er ergötzte sich reichlich daran. Auch am hervorragenden roten St. Amour, Jahrgang 1976. Etwas zu reichlich, wie sich später herausstellte. «Das war das erste Mal in unserer fünfjährigen Beziehung», schmunzelt die 33 Jahre alte Aline, «daß ich bewußt ein solches Liebesfest präparierte, und prompt war es das erste Mal, daß Paul versagte.»

Während Aline schon beim Essen schwante, daß der Genuß sich nicht zugleich auf allen Ebenen maximieren läßt, traf Paul die Flaute unerwartet. «Zuerst glaubte er es nicht, dann war es ihm peinlich, und am nächsten Tag fürchtete er sich richtiggehend vor einer Altersimpotenz. Und das mit seinen 39 Jahren!» Aline lacht frech und herzhaft: «Wenn das ganze Mannsein auf den Penis reduziert ist, dann muß so etwas halt angst machen.»

Zuviel Alkohol und allzu üppiges Essen betäuben in der Tat die schärfste Lust. Das Sexualforscher-Paar William Masters und Virginia Johnson stellte fest, daß Alkohol und übermäßiges Essen Leidenschaft und Potenz arg strapazieren, je älter der Mensch ist, um so nachhaltiger, was dem seelischen Befinden einen schweren Schlag versetze und weiteres Versagen befürchten lasse.

Die oft gepriesene Enthemmung durch Drogen scheint nur selten zu funktionieren. Masters und Johnson berichten, daß in der Regel das Quantum überschritten wird, das noch luststeigernd wirkt.

Es ist bekannt, daß unter Kokaineinfluß oder anderen Drogen auch Sexualpraktiken zugelassen werden, die in «trockenem» Zustand als inakzeptabel zurückgewiesen würden. Eine interviewte Frau erzählte, daß sie nach Drogenkonsum analen Verkehr mit einem flüchtigen Freund gehabt hätte. Als sie sich später «irgendwie» daran erinnerte, hat sie das so angewidert, daß sie sich schwor, nie wieder Drogen zu konsumieren. «Und überhaupt, das ist wie eine Bombe: erst hebst du ab, gehst wie mit Überschall hoch, toll, immer höher, du fliegst und denkst, gleich geschieht etwas. Ja, du wirst abgeworfen, krachst in dein eigenes Elend, ins totale Lustgrab.»

Die Wirkung von Alkohol ist nicht so rasant. Doch auch Alkohol rückt den Einsturz nahe an die Euphorie. Ein Ansporn: Wer wieder trocken wird, gewinnt auch seine sexuelle Lust und Potenz zurück. Wer aber glaubt, Libido und Potenz kehren wieder, wenn er nur noch raucht, täuscht sich: Rauchen verursacht nicht nur Lungenkrebs, sondern auch sexuelle Leistungsschwäche. Dieser Hinweis auf den Zigarettenpackungen hätte möglicherweise eine bessere Wirkkraft als «nur» die Krebswarnung. Krebs liegt für Gesunde weit entfernt; die Angst vor einer sexuellen Schlappe jedoch lauert für viele jede Nacht unter der Bettdecke. Der «Raucherpenis» verliert häufiger während des Koitus durch Blutabfluß die Erektion, und eine Zigarette vor dem Beischlaf hindert auch schon mal den Zufluß.

Die schlechte Tagesform

Nikolaus ist eine Lerche: schon morgens nach der zweiten Tasse Kaffee kann er singen. Nachts schläft er gut und ohne Schwierigkeiten ein. «Wenn ich nach neun Uhr abends ein Bett sehe, fallen mir die Augen zu.» Das war in seinem ganzen 41jährigen Leben so, und es könnte weiter so schön problemlos sein, wenn nicht seine Freundin eine Eule wäre: «Abends ist sie munter, möchte vieles unternehmen, auch im Bett.» Das unterschiedliche Leistungshoch führt zwischen Nikolaus und seiner Freundin immer wieder zu Enttäuschungen. «Die besten Tage beginnen für mich mit Sex», erklärt Nikolaus. Wenn seine Freundin tatsächlich einmal mitmache, dann sei das eben nur ein «Liebesdienst». «Manchmal öffnet sie vom Vorspiel bis zum Schluß nicht einmal die Augen, und von Orgasmus keine Spur.» Das verdirbt auch ihm die Lust.

Morgens mag sie nicht, abends er nicht. Das Problem kennen viele Paare, und viele haben einen befriedigenden Ausweg gefunden: Sie planen Sex fürs Wochenende ein. Wenn Kleinkinder Sonntag nachmittag schlafen, könnte das eine schöne Kompromißzeit sein. Selbst wenn solche Planungen die Spontaneität einschränken, so ist ein vorbereitetes Vergnügen immer noch besser als gar keins oder auch besser als die ständige Angst vor Lustfallen, wie etwa Kinderbesuch im Schlafzimmer.

Allerdings: Geplante Lust darf nicht zur ausschließlichen Form der Sexualität werden. Jede Partnerschaft lebt davon, daß prikkelnde Momente weitergehen, zu einem Erlebnis gemacht werden können, selbst wenn die Bedingungen dazu nicht optimal sind. Verrückte Liebesabenteuer schweißen Paare zu lustvoll Verbündeten zusammen und spenden abgeklärten Ehepaaren ein süßes und, wenn es gar noch abenteuerlich gewesen war, stimulierend anrüchiges Geheimnis.

Zu solchen Abenteuern sind Frauen häufig ein paar Tage vor der Menstruation aufgelegt. In dieser Zeit ist ihr Körper besonders lustbereit. Einige Sexualforscher verlegen die höchste Erregbarkeit der Frau in die Zeit ihres Eisprungs, um die Sexualität der Frau an die Fortpflanzung zu binden. Doch die Mehrzahl der Frauen erlebt sich in den unfruchtbaren Tagen kurz vor der Menstruation als sexuell besonders leicht erregbar. Für den Sexualwissenschaftler Helmut Kentler ist das ein deutlicher «Beweis dafür, wie weitgehend beim Menschen die Fortpflanzung von der Sexualität getrennt ist. Die Ablösung der Lust vom biologischen Zweck der Fortpflanzung schafft die Möglichkeit, daß Lust zum Selbstzweck wird, daß ein Antriebsüberschuß entsteht, der auch anders als sexuell ‹eingesetzt› werden kann.»[1]

Die Pille, Pillen und körperliche Störungen

Bis zu ihrem 17. Lebensjahr hatte Ingrid Spaß an ihrer sexuellen Erlebnisfähigkeit. Leider war sie damit meist allein. Dann lernte sie ihren ersten festen Freund kennen und ließ sich die Pille verschreiben. «Ich hatte mir früher immer ausgemalt, wie es einmal sein wird; das waren sehr schöne Phantasien.» Nun, wo sie kurz vor der Erfüllung ihrer Wünsche stand, war die Lust entschwunden. «Die Pille hatte mich richtig träge gemacht», klagt sie. «Mein Körper kam mir wie der Leib einer Matrone vor. Meinem Freund entging das nicht; schließlich verließ er mich, ohne daß wir jemals befriedigenden Sex miteinander hatten.»

Die Pille hat unter deutschen Frauen ein weniger gutes Image als bei anderen Europäerinnen. Auch in Deutschland ist die Pille noch das häufigste Verhütungsmittel, doch mit sinkender Tendenz. In Österreich, England, Schweden, der Schweiz und Frankreich genießt sie ungebrochene Beliebtheit. Jede fünfte deutsche Frau, die mit der Pille verhütet – so zeigt eine Untersuchung der Zeitschrift *Brigitte* –, fühlt sich im sexuellen Erleben beeinträchtigt. Jede zweite, die die Pille absetzt, begründet den Schritt mit unbefriedigender Sexualität. Und drei Viertel aller Frauen fürchten, daß die Pille negative psychische Folgen haben könnte. Da die Pille den Stoffwechsel der Frau beeinflußt, wird sie auch immer auf das allgemeine Befinden einwirken, Psyche und Sexualität tangieren. Die Einstellung zur Pille allerdings bestimmt die psychische Verfassung mit. Frauen, die durch die Pille weniger Menstruationsbeschwerden oder Schwierigkeiten mit ihrem Zyklus haben, werden auch sexuell unverkrampfter sein. Zudem garantiert die große Verhütungssicherheit der Pille, Sex ohne Schwangerschaftsängste genießen zu können, was die meisten Frauen und Männer als lustfördernd empfinden.

Nicht nur *die*, sondern auch viele andere Pillen können Lust und Potenz beeinträchtigen. Dazu gehören unter anderen Sedativa (Barbiturate oder Benzodiazepine), Psychopharmaka, wie beispielsweise trizyklische Antidepressiva, blutdrucksenkende Medikamente, Mittel gegen Parkinson, Allergien (Antihistamine), Kreislaufschwäche, Durchblutungsstörungen, arterieller Unterdruck oder Spasmen der Atemwege. Viele andere Medikamente können gelegentlich oder bei einzelnen Menschen ebenfalls Libido- oder Potenzstörungen hervorrufen. Häufig läßt sich mit einem Ersatzmedikament die Störung wieder beheben.

Diabetiker mit einer schlechten Stoffwechseleinstellung leiden häufig und früher als andere an Potenzabfall.

Matthias Theiss von der Würzburger Urologischen Klinik warnt aber vor Dramatisierungen, denn meist macht erst die Überbetonung einer Potenzschwäche wirklich impotent: die Versagensangst, so weiß er von Männern mit Erektionsstörungen, verwandle viele geringgradige Schwächen, mit denen sich gut leben ließe, in schwere Probleme. Die meisten Frauen reagieren auf sporadische Erektionsstörungen gelassen. Nur langfristige Störungen, wie der vorzeitige Samenerguß (Ejaculatio praecox), eines der häufigsten Probleme, oder der verzögerte Samenerguß (Ejaculatio retarda) kann zu Partnerproblemen führen und Lustlosigkeit verursachen. Beide Leiden werden seelisch ausgelöst und haben nach Ansicht von Therapeuten und Medizinern eine gute Heilchance.

Die Krise in der Mitte des Lebens

Zu fortgeschrittener Stunde haben Geburtstagsfeiern mitunter etwas Zotenhaftes. Irgendein mittelalterlicher Gast, der sich in den besten Jahren wähnt, startet einen Versuchsballon, ob der Fete nicht doch ein bißchen verbale Lust abzugewinnen sei. Wenn es gelingt, steigen, so meint er wenigstens, auch seine Chancen als Mann.

Ausgerechnet an Hannas Geburtstagsfeier machte sich ihr Mann zum Narren, wie Hanna meint. Nach ein paar Gläsern Wein zuviel begann er, Hannas Freundinnen eindeutige Komplimente zu machen wie etwa: «Bei deiner Figur dürfte der Ausschnitt ruhig etwas tiefer sein» oder «Wenn ich nicht meine Hanna hätte, wüßte ich, was ich heute abend mit dir machen würde». Eine andere Freundin betatschelte er beim Tanzen ausgiebig.

Als Hanna versuchte, die Stimmung ihres Mannes umzulenken, roch er sofort den belehrenden Braten und steigerte seine «unappetitliche Ausgelassenheit». Hanna war beleidigt und stand den Rest des Abends mit hochrotem Kopf und schamvollem Herzen durch. «Und danach wollte er noch mit mir schlafen!» empört sie sich. Klarsichtig ergänzt sie: «Er wollte mir wohl zeigen, was ein richtiger Mann ist.» Drei volle Wochen hat Hanna gebraucht, um überhaupt wieder an Sex denken zu können. «Sex zwischen meinem Mann und mir war nie schmierig, aber nach diesem Abend kam mir mein Mann absolut geschmacklos vor.» Hat Sex etwas mit Geschmack zu tun? «Natürlich», meint Hanna heftig, «Ich gehe auch nicht mit einem Mann ins Bett, der rülpst und sich nicht wäscht.»

Hannas Mann, ein sehr kontrolliert wirkender, 43jähriger Mathematiker, zeigt seit drei Jahren hin und wieder einen Hang zu deftigem Sex. «Er hatte mir schon einmal die Lust verhagelt, als er, übrigens auch unter Alkoholeinfluß, mich im Bett quasi überfiel. Seine Frage, ob ich wolle, war rein rhetorisch.» Unappetitlich sei das Ganze gewesen, und sie versuche, ihm ihr Empfinden auch nahezubringen, doch er lasse nicht mit sich darüber reden.

Hanna hat einen gewissen Hang zum Schulmeisterlichen. Sie weiß immer genau, was man in einer bestimmten Lebenslage trägt, tut, sagt. Sie ist nie falsch angezogen und war ihrem Mann immer eine zuverlässige Stütze bei repräsentativen Anlässen. Sie kann Menschen nicht verstehen, die sich gehenlassen oder «nichts aus sich machen». Bisher entsprach ihr Mann diesem Idealbild eines selbstkontrollierten Menschen genau. Und nun das!

Für Hanna gibt es nur eine Erklärung für das Verhalten ihres Mannes: er steckt in einer Krise und entlastet sich bei ihr. «Natürlich» sei es die übliche Midlife-Geschichte, «durch die wir alle müssen». Kein Grund zum Ausflippen. Auch nicht ein einziges, harmloses Mal? Hanna reagiert verständnislos: «Das war nicht harmlos, mich vor den anderen so zu demütigen.» Seitdem habe sie Schwierigkeiten, zärtlich und hingebungsvoll zu sein, was bei ihr zum Vorspiel gehöre. Ungefragt und unvermittelt betont Hanna wortreich, daß sie ihr «eigener Herr und Meister» sei, daß sich niemand in ihre Arbeit einzumischen habe. Ihr Mann und ihre Söhne seien «weltfremde Träumer» und verließen sich in allen Dingen auf sie. Alles, was Hanna über sich und ihre Familie berichtet, läßt vermuten, daß sie sich ihre Unabhängigkeit und ihr Selbstwertgefühl schwer erkämpft hat und möglicherweise auch deshalb kaum tolerant reagieren kann, wenn sie den geringsten Angriff auf ihr Selbstbewußtsein ahnt. Solange ihr Mann und ihre Söhne sich von ihr durchs Leben führen lassen, kann sie ihre eigene Angst vor Abhängigkeit vergessen. Sobald ihr Mann sich nicht mehr von ihr belehren läßt, kehrt ihre Angst zurück.

In der Lebensmitte erleben viele Menschen einen heftigen Wunsch, noch einmal neu und ungebunden anzufangen. Wahrscheinlich hat Hannas Mann mit seinem «unflätigen Verhalten» tatsächlich zwei Fliegen mit einer Klappe geschlagen: er versuchte, sich selbst zu beweisen, daß er noch andere Frauen haben könnte, und mit seinen ungestümen sexuellen Forderungen traf er seine Frau dort, wo sie noch offen und deshalb verletzlich ist – bei ihrem Wunsch nach Unabhängigkeit und in der Sexualität. Denn, so schwärmt Hanna plötzlich, die Intimität zwischen ihr und ihrem Mann war immer schön und befriedigend. Hannas Mann hat an dem fraglichen Abend, der auf Hanna so nachhaltig gewirkt hat, erreicht, was er unbewußt erreichen wollte: sie ist verunsichert, und er hat sich in seiner Eigenständigkeit als Mann bestätigt. Er hat das enge Bild einer wohlgesitteten, glücklichen Familie in ihren Augen gesprengt – einen befreienden Bildersturm geprobt. Daß Hanna sexuell abwehrend reagiert, scheint ihr «vollkommen normal. Lust kann doch nur aufkommen, wenn alles im Lot ist». Zu gefährlich wird es für sie, wenn sie nicht mehr sicher sein kann, daß ihr Mann sich so benimmt wie sie es einkalkuliert. Zu gefährlich ist es, einen selbstbewußt draufgängerischen Mann zu haben. Hanna ist auf dem Weg, die Episode zur Affaire auszuweiten – oder die Lust ihrem Sicherheitsbedürfnis zu opfern.

Ein kleines bißchen Spott über seine Narreteien und ein Hauch Selbstironie gegenüber den eigenen Bedürfnissen könnte die Anspannung zwischen ihr und ihrem Mann vielleicht schon entkrampfen.

Anmerkungen und Literatur

Sexualität, Lust und Unlust

1 Wilhelm Reich: *Die sexuelle Revolution. Zur charakterlichen Selbststeuerung des Menschen*. Frankfurt am Main (Europäische Verlagsanstalt) 1971

2 Sam Keen: *Liebeskrise: Im Niemandsland zwischen Romantik und Sex*. In: Psychologie Heute (Hg.): *Liebe, Freundschaft und so weiter*. Weinheim / Basel (Beltz) 1989

3 Uwe Hartmann: *Inhalte und Funktionen sexueller Phantasien*. Stuttgart (Enke) 1989

4 Sigmund Freud: *Drei Abhandlungen zur Sexualtheorie*. (1905). GW, Bd. V, Frankfurt am Main (Fischer)

5 Sigmund Freud: *Neue Folge der Vorlesungen zur Einführung in die Psychoanalyse*. GW, Bd. XV, Frankfurt am Main (Fischer)

6 Alain Finkielkraut / Pascal Bruckner: *Die Neue Liebesunordnung*. Reinbek (Rowohlt) 1989

7 Sigmund Freud: *Triebe und Triebschicksale*. GW, Bd. X, Frankfurt am Main (Fischer)

8 Sigmund Freud: *Abriß der Psychoanalyse*. (1938). GW, Bd. XVII, Frankfurt am Main (Fischer)

9 Gunter Schmidt: *Motivationale Grundlagen sexuellen Verhaltens*. In: *Enzyklopädie der Psychologie*, Bd. 2 der Serie *Motivation und Emotion*. H. Thomae (Hg.). Göttingen 1983

10 Martin Dannecker: *Das Drama der Sexualität*. Frankfurt am Main (Athenäum) 1987

11 P. D. MacLean: *Man and his Animal Brains*. Modern Medicine, 3. Februar 1964; P. D. MacLean: *New Findings on Brain Function and Sociosexual Behavior*. In: J. Zubin, J. Money (Hg.): *Contemporary Sexual Behavior*. Baltimore (John Hopkins University Press) 1973

12 Ernest Borneman: *Sexualität*. In: Roland Asanger, Gerd Wen-
ninger (Hg.): *Handwörterbuch der Psychologie*. Weinheim / Basel
(Beltz) 1980

13 Jean-Didier Vincent: *Biologie des Begehrens. Wie Gefühle entstehen*.
Reinbek (Rowohlt) 1990

14 Jean Laplanche, J.-B. Pontalis: *Urphantasie. Phantasien über den
Ursprung, Ursprünge der Phantasie*. Frankfurt am Main (Fischer)
1992

15 Georges Bataille: *Der heilige Eros*. Frankfurt a. M. / Berlin / Wien
(Ullstein) 1984

16 Geoffrey Parrinder: *Sexualität in den Religionen der Welt*. Olten
(Walter) 1991

17 Colette Dowling: *Der Ehe-Komplex oder Die Sucht nach Beziehungen*. Frankfurt am Main (Fischer) 1991

18 Sigmund Freud: *Totem und Tabu*. In: Studienausgabe, Bd. 3
Frankfurt am Main (Fischer)

19 Carl Gustav Jung: *Bewußtes und Unbewußtes. Über die Archetypen
des kollektiven Unbewußten*. Olten (Walter) 1971

20 Eike Christian Hirsch: *Wo sich Religion und Eros treffen*. In: Pro-
Familia-Magazin 1/1992. Braunschweig (Holtzmeyer) 1992

Vom Verlust der Lust im Beziehungsalltag

1 Avodah Offit: *Das sexuelle Ich*. Stuttgart (Klett-Cotta) 1979

2 Brigitte Kronauer: *Rita Münster*; Roman. Stuttgart (Klett-
Cotta) 1983

3 Jürg Willi: *Die Zweierbeziehung*. Reinbek (Rowohlt) 1975

4 ebd.

5 Avodah Offit: a. a. O.

6 Ulrich Clement: *Hemmung, Abspaltung, Harmonisierung*. Se-
xualmedizin 16 (1987) Wiesbaden (Verlag Medical Tribune)

7 ebd.

8 Ingrid Kolb: *Frust in unseren Betten*. In: *Stern* 15/88

9 ebd.

10 Gunther Schmidt: *Das Große DERDIEDAS. Über das Sexuelle*.
Herbstein (März Verlag) 1986

11 ebd.

12 ebd.

13 Sigmund Freud zitiert nach Reinhard Kreische, in: Pro-Familia-Magazin 3 / 1991. Braunschweig (Holtzmeyer) 1991

14 Theodor Hendrik van de Velde: *Die vollkommene Ehe*. Zug (Rüschlikon) 1926

15 ebd.

16 William H. Masters / Virginia E. Johnson: *Die sexuelle Reaktion*, Frankfurt am Main (Akademische Verlagsgesellschaft) 1967

17 «Und wenn sie nicht gestorben sind...» in *Brigitte* 23 / 1991

18 Eva Jaeggi / Walter Hollstein: *Wenn Ehen älter werden*. München / Zürich (Piper Verlag) 1989

19 Gunther Schmidt: *Das große DERDIEDAS. Über das Sexuelle*. Herbstein (März Verlag) 1986

20 Reinhard Kreische: «*Eigentlich dachte ich, daß du mich glücklich machst...*» In: Pro-Familia-Magazin 3 / 1991. Braunschweig (Holtzmeyer) 1991

21 Eva Jaeggi: a. a. O.

22 Kahlil Gibran: *Der Prophet*. Freiburg (J. u. A. Walter) 1982

Die Unlust-Trias: Angst, Aggression, Schuld

1 Sigmund Freud: *Vorlesungen zur Einführung in die Psychoanalyse*. 23. Vorlesung. In: Studienausgabe, Bd. 1. Frankfurt am Main (Fischer) 1969–1975

2 Wolf Eicher: *Die sexuelle Erlebnisfähigkeit und die Sexualstörungen der Frau. Leitfaden für die ärztliche Praxis*. Stuttgart / New York (Gustav Fischer) 1977

3 Wolf Eicher, a. a. O.

4 Gunther Schmidt: *Das große DERDIEDAS. Über das Sexuelle*. Reinbek (Rowohlt) 1988

5 Bernie Zilbergeld: *Männliche Sexualität. Was nicht alle schon immer über Männer wußten*. Tübingen 1983 (Hier zitiert aus: Male Sexuality)

6 William H. Masters / Virginia E. Johnson: *Die sexuelle Reaktion*. Frankfurt am Main (Akademische Verlagsgesellschaft) 1967

Der Zeitgeist und die Unlust

1 Marshall MacLuhan/Quentin Fiore: *Das Medium ist Message.* Frankfurt am Main/Berlin (Fischer) 1969

2 David Riesman et al: *Die einsame Masse. Eine Untersuchung der Wandlungen des amerikanischen Charakters.* Hamburg (Rowohlt) 1958

3 Kenneth J. Gergen: *The Saturated Self. Dilemmas of Identity in Contemporary Life.* New York 1991

4 Robert Gernhardt: Körper in Cafés. Gedichte. Zürich (Haffmans) 1987

5 Naomi Wolf: *Der Mythos Schönheit.* Reinbek (Rowohlt) 1991

6 Norbert Elias: *Über den Prozeß der Zivilisation. Soziogenetische und psychogenetische Untersuchungen.* Bd. 1. Bern (Francke) 1969

7 Wilhelm Reich: *Die sexuelle Revolution. Zur charakterlichen Selbststeuerung des Menschen.* Frankfurt am Main (Europäische Verlagsanstalt) 1971

8 Wie beispielsweise in Theodor Storm: *Immensee*

9 G. C. Rosenwald: *Zum Objektivierungsproblem in der Gruppenpsychologie.* In: K. Horn (Hg.): *Gruppendynamik und der ‹subjektive Faktor›.* Frankfurt am Main (Suhrkamp) 1972

10 Michel Foucault: *Der Wille zum Wissen.* 1. Band von *Sexualität und Wahrheit.* Frankfurt am Main (Suhrkamp) 1986

11 Martin Dannecker: *Das Drama der Sexualität.* Frankfurt am Main (Athenäum) 1987

12 Ruth C. Cohn: *Von der Psychoanalyse zur themenzentrierten Interaktion.* Stuttgart (Klett) 1976

13 Barbara Duden: *Der Frauenleib als öffentlicher Ort. Vom Mißbrauch des Begriffs Leben.* Hamburg/Zürich (Luchterhand) 1991

14 Peter Prange: *Das Paradies im Boudoir: Glanz und Elend der erotischen Libertinage im Zeitalter der Aufklärung.* Marburg (Dr. Wolfram Hitzeroth) 1990

15 Martin Dannecker: a. a. O.

16 Jürg Willi: *Was hält Paare zusammen? Der Prozeß des Zusammenlebens in psycho-ökologischer Sicht.* Reinbek (Rowohlt) 1991

Frauen und Männer, Macht und Ohnmacht

1 Enno Patalas: *Sozialgeschichte des Stars*. Hamburg (Marion von Schröder Verlag) 1963

2 Avodah Offit: *Das sexuelle Ich*. Stuttgart (Klett-Cotta) 1979

3 ebd.

4 ebd.

5 ebd.

6 Alice Miller: *Das Drama des begabten Kindes*. Frankfurt am Main (Suhrkamp) 1979

7 Martin Dannecker: *Das Drama der Sexualität*. Frankfurt am Main (Athenäum) 1987

8 Avodah Offit: *Das sexuelle Ich*. Stuttgart (Klett-Cotta) 1974

9 Harold Robbins. Zitiert nach Steffen Fliegel. «Wenn's im Bett nicht klappt...» In: Psychologie Heute Nr. 3 / 1990. Weinheim (Beltz) 1990

10 ebd.

11 Thomas Ziehe / Herbert Stubenrauch: *Plädoyer für ungewöhnliches Lernen*. Reinbek (Rowohlt) 1982

12 Thomas Ziehe / Eberhard Knödler-Bunte (Hg.): *Der sexuelle Körper. Ausgeträumt?*» Berlin (Ästhetik und Kommunikation) 1981

13 Thomas Ziehe / Herbert Stubenrauch: a. a. O.

14 Karl Bauer / Heinz Hengst: *Wirklichkeit aus zweiter Hand. Kindheit in der Erfahrungswelt von Spielwaren und Medienprodukten*. Reinbek (Rowohlt) 1980

15 Herrad Schenk: *Die Befreiung des weiblichen Begehrens*. Köln (Kiepenheuer & Witsch) 1991

16 Peter Schellenbaum: *Das Nein in der Liebe*. Stuttgart (Kreuz) 1984

17 Sam Keen: *Die Lust an der Liebe*. Weinheim / Basel (Beltz) 1984

18 Brigitte Schwaiger: *Wie kommt das Salz ins Meer?* Reinbek (Rowohlt) 1979

19 ebd.

20 Eberhard Schorsch: *Bausteine einer Theorie der Liebe*. Universitas, Zeitschrift für Wissenschaft, Kunst und Literatur 8 / 1987

21 Harold Brodkey: *Unschuld. Nahezu klassische Stories*. Reinbek (Rowohlt) 1990

Einschneidende Erfahrungen oder
Die Veränderbarkeit der Lust

1 William H. Masters / Virginia E. Johnson: *Die sexuelle Reaktion*. Frankfurt am Main (Akademische Verlagsgesellschaft) 1967
2 Angela Jagenow / Oskar Mittag: *Weiblicher Kinderwunsch und Sexualität*. In: Psychosozial 21. Reinbek (Rowohlt) 1984
3 Melanie Klein: *Das Seelenleben des Kleinkindes und andere Beiträge zur Psychoanalyse*. Stuttgart (Klett) 1962
4 Judith Klein (hier zit. aus: *Depressionen nach der Geburt*)
5 Carol Dix: *Depressionen nach der Geburt. Hilfe für Mütter und Väter*. Reinbek (Rowohlt) 1991
6 Doris Lessing: *To Room Nineteen*. London (Paladin Grafton Books) 1989
7 Claudia Sies: *Weniger zum Spaß, als um zu sehen, ob es noch geht*. In: Feuilleton *FAZ* 136, 1991

Lust unter Druck

1 Werner Gross: *Sucht ohne Drogen*. Frankfurt am Main (Fischer) 1990
2 Domenicas *Kopfkissenbuch*. München (Droemer-Knaur) 1989
3 Francesco Alberoni: *Erotik*. München (Piper) 1987
4 ebd.
5 Sigmund Freud: *Beiträge zur Psychologie des Liebeslebens* GW, Bd. VIII, Frankfurt am Main (Fischer) 1978
6 Zitiert nach Teja Fiedler: *Verführer*. In: *Stern* Nr. 31 / 1991
7 ebd.
8 Avodah Offit: *Das sexuelle Ich*. Stuttgart (Klett-Cotta) 1979
9 Hartmut Porst: *Was jedermann über Sexualität und Potenz wissen sollte*. Stuttgart (TRIAS) 1991
10 Martin Dannecker: *Das Drama Sexualität*. Frankfurt am Main (Athenäum) 1987
11 Avodah Offit: a. a. O.

12 Eckhard Sperling: *Die eingebaute biologische Tragödie*. In: Pro-Familia-Magazin Nr. 2/1984. Braunschweig (Holtzmeyer) 1984

13 Wolf Eicher: *Die sexuelle Erlebnisfähigkeit und die Sexualstörungen der Frau. Ärztlicher Leitfaden.* Stuttgart/New York (Gustav Fischer) 1977

14 Simone de Beauvoir: *Das Alter.* Reinbek (Rowohlt) 1977

15 Eckhard Sperling: a. a. O.

16 zitiert nach: Stephan Lermer/Hans Christian Meiser: *Lebensabschnittspartner.* Frankfurt am Main (Krüger) 1991

17 Martin Dannecker: a. a. O.

Lustlosigkeit – Hilferuf der Seele

1 Volker Faust: *Depressionsfibel.* Stuttgart/New York (Gustav Fischer) 1989

2 Peter Schellenbaum: *Das Nein in der Liebe. Abgrenzung und Hingabe in der erotischen Beziehung.* Stuttgart (Krenz) 1984

3 Ursula Nuber: *Die verkannte Krankheit Depression. Wissen, behandeln, mit der Krankheit leben.* Zürich/Stuttgart (Krenz) 1991

4 Sigmund Freud: *Trauer und Melancholie* (1917). In: Studienausgabe, Bd. 3, Frankfurt am Main (Fischer) 1969–1975

5 Karl Abraham: *Versuch einer Entwicklungsgeschichte der Libido auf Grund der Psychoanalyse seelischer Störungen.* In: *Studien zur Charakterbildung.* J. Cremerius (Hg.), Frankfurt am Main (Athenäum) 1969

6 Sigmund Freud: a. a. O.

7 Volker Faust: a. a. O.

8 Karl Abraham: a. a. O.

...was sonst noch lustlos macht

1 Helmut Kentler: *Taschenlexikon Sexualität*, Düsseldorf (Schwann) 1982

«Die Liebe hat nun einmal
dieses Übel, daß Krieg und
Frieden immer wechseln.»
Horaz, Satiren

Lonnie Barbach
Mehr Lust *Gemeinsame
Freude an der Liebe*
(rororo sachbuch 8721)

Cheryl Benard / Edit Schlaffer
Männer *Eine
Gebrauchsanweisung für
Frauen*
(rororo sachbuch 8820)
Im Dschungel der Gefühle *Ex-
pedition in die Niederungen
der Leidenschaft*
(rororo sachbuch 8783)

Barbara Gordon
Jennifer-Fieber *Der
Männertraum vom jungen
Glück*
(rororo sachbuch 9159)

Marty Klein
Über Sex reden *Heimliche
Wünsche, verschwiegene
Ängste*
(rororo sachbuch 8824)

Suzan Lewis / Cary L. Cooper
Karriere Paare *Mehr Zeit
für uns*
(rororo sachbuch 8858)

Tina Tessina
In guten wie in schlechten Tagen
*Anregungen für homosexuelle
Paare*
(rororo sachbuch 8782)
Dieses einfühlsame Buch trägt
den besonderen Möglichkeiten und Problemen homo-
sexueller wie lesbischer Beziehungen Rechnung und gibt
praktische Anregungen vom
ersten Flirt bis zur Goldenen
Hochzeit.

Diane Vaughan
Wenn Liebe keine Zukunft hat
*Stationen und Strategien der
Trennung*
(rororo sachbuch 8818)

Judith Sills
Liebe nach dem ersten Blick
Handbuch für Romantiker
(rororo sachbuch 9134)
«Dies ist kein Buch über
hoffnungslos unglückliche
Beziehungen, sondern eines
über potentiell glückliche.»

Ethel S. Pearson
Lust auf Liebe *Die Wieder-
entdeckung des
romantischen Gefühls*
(rororo sachbuch 9304)

Béatrice Hecht-El Minshawi
Zwei Welten, eine Liebe *Leben
mit Partnern aus anderen
Kulturen*
(rororo sachbuch 9141)

Das gesamte Programm der
Taschenbuchreihe «zu zweit»
finden Sie in der Rowohlt
Revue. Jedes Vierteljahr neu.
Kostenlos in Ihrer Buchhand-
lung.

Unser Körper – Unser Leben
Ein Handbuch von Frauen für Frauen. Überarbeitete und erweiterte Neuausgabe
(2 Bände: rororo sachbuch 8408 und 8409)
Ein Standartwerk der weiblichen Gesundheit, das in dem Bücherschrank keiner Frau fehlen sollte. Entsprechend der neuen amerikanischen Ausgabe von "Our bodies, Ourselves" wurde auch die deutsche Ausgabe vollständig aktualisiert.

Unser Körper – Unser Leben
Über das Älterwerden *Ein Handbuch für Frauen*
(rororo sachbuch 8841)
Wie *Unser Körper – Unser Leben* ist dieses Buch ein Gemeinschaftsprojekt und beruht auf den Erfahrungen vieler Frauen. Es richtet sich an alle, die ihr Leben und ihr Älterwerden selbst in die Hand nehmen wollen. Denn: Niemand wacht auf und ist plötzlich siebzig, und unser Wohlbefinden hängt weniger von den Jahren ab, die wir schon gelebt haben, als davon, wie wir mit uns selbst umgegangen sind.

Ruth Bell (Hg.)
Wie wir werden - Was wir fühlen
Ein Handbuch für Jugendliche über Körper, Sexualität, Beziehungen. Überarbeitete und erweiterte Neuausgabe
(rororo sachbuch 8823)
Fakten, Berichte, Bekenntnisse und Informationen zu allen Themen, die das Leben zwischen 12 und 20 so aufregend, irritierend, schwierig und schön machen.

Nathaniel Branden
Ich liebe mich auch *Selbstvertrauen lernen*
(rororo sachbuch 8486)

M. James / D. Jongeward
Spontan leben *Übungen zur Selbstverwirklichung*
(rororo sachbuch 8301)

Thomas Grossmann
Eine Liebe wie jede andere
Mit homosexuellen Jugendlichen leben und umgehen
(rororo sachbuch 8451)

John Selby
Einander finden *Übungen zur Psychologie der Begegnung in Freundschaft, Beruf und Liebe*
(rororo sachbuch 7991)

Sämtliche Bücher und Taschenbücher zum Thema finden Sie in der *Rowohlt Revue*. Jedes Vierteljahr neu. Kostenlos in Ihrer Buchhandlung.

rororo sachbuch

Frederic F. Flach
Depression als Lebenschance
*Seelische Krisen und wie man
sie nutzt*
(rororo sachbuch 7168)

Jennifer James
Trübe Tage *Wege aus dem
weiblichen Stimmungstief*
(rororo sachbuch 8840)
Dieses leicht zugängliche,
praktische Buch wendet sich
an alle Frauen, die sporadisch
in leichte Depressionen verfallen und immer wieder von
Melancholie und Mutlosigkeit
eingeholt werden und be-
schreibt mit Humor und
Selbstironie wie "frau"dagegen angehen kann.

Was wir alles schlucken *Zu-
satzstoffe in Lebensmitteln*
Herausgegeben von der
KATALYSE Institut für an-
gewandte Umweltforschung
(rororo sachbuch 8465)

Gunter Schmidt
Das große Der Die Das *Über das
Sexuelle*
(rororo sachbuch 8459)

Sexualität *Ein EMMA-Buch*
Herausgegeben von
Alice Schwarzer
(rororo sachbuch 7830)
Was hat die Revolte der
Frauen gegen ihre Rolle in
der Sexualität gebracht? Die
EMMA-Frauen ziehen Bilanz:
erotisch und analytisch,
phantasievoll und kritisch
zugleich.

H. Hemminger / V. Becker
Wenn Therapien Schaden
*Kritische Analyse einer
psychotherapeutischen
Fallgeschichte*
(rororo sachbuch 9137)

Ursula Lambrou
Familienkrankheit Alkoholismus
Im Sog der Abhängigkeit
(rororo sachbuch 8771)
Alkoholismus ist eine
Familienkrankheit: Erst langsam wird die volle Bedeutung
dieses Satzes auch hierzulande
einer breiteren Öffentlichkeit
bewußt. Die Autorin, Päda-
gogin mit psychologischer
Ausbildung in den USA, hat
das erste deutsche Buch zu
diesem wichtigen Thema geschrieben.

Sämtliche Bücher und
Taschenbücher zum Thema
finden Sie in der *Rowohlt
Revue*. Jedes Vierteljahr neu.
Kostenlos in Ihrer Buchhand-
lung.

«Der Mann kann vieles tun. Er kann Herrschaft faßbar machen. Überall ist jemand über ihm, der ihn beherrscht. Dagegen kann er aufbegehren. Überall beherrscht der Mann selber Menschen, ist er Vater, Ehemann, Chef, Direktor, Ausbilder, Ressortleiter... Damit kann er aufhören.»
Volker Elis Pilgrim

Tahar Ben Jelloun
Die tiefste der Einsamkeiten *Was ist aus mir geworden? Ich bin kein Mann mehr. Es ist gefroren, das ist der Tod, der mich zwischen den Beinen packt. Man muß mich operieren. Kannst du keine Röntgenaufnahme machen?*
(rororo mann 8252)
Tahar Ben Jelloun schreibt von der sexuellen Not afrikanischer Fremdarbeiter in Frankreich. Vermittelt werden Einblicke in eine verborgene Welt männlicher Scham, Verzweiflung und Heimatlosigkeit.

Harry Friebel
Die Gewalt, die Männer macht *Lese- und Handbuch zur Geschlechterfrage*
(rororo mann 8267)

Horst Herrmann
Vaterliebe *Ich will ja nur dein Bestes*
(rororo mann 8248)
«Die These, die sich durch dieses Buch zieht, ist so einfach, wie ihre Perspektive einseitig erscheint: Gewaltfreie Liebe gibt es nicht.»

Mathias Jung (Hg.)
Männer lassen Federn *Unbelehrbar oder im Aufbruch?*
(rororo mann 8269)

Tor Nørretranders (Hg.)
Hingabe *Über den Orgasmus des Mannes*
(rororo mann 8216)

Burkhard Schröder
Spuren der Macht *Memmen, Macker, Muskelmänner*
(rororo mann 8264)
Ab-Schnitte *Über Macht und Ohnmacht der Gefühle nach einer Trennung*
(rororo mann 8250)
Unter Männern *Brüder, Kumpel Kameraden*
(rororo mann 8236)
Rechte Kerle *Skinheads, Faschos, Hooligans*
(rororo mann 8271)

Koos van Zomeren
Ottos Krieg *Roman*
(rororo mann 8260)
Drei Männer unterwegs. Wessel Matser, der das Leben studiert. Simon Jorna, der das Leben fotografiert, und Otto Stein, der das Leben erleidet.

Das gesamte Programm der Taschenbuchreihe *mann* finden Sie in der *Rowohlt Revue*. Jedes Vierteljahr neu. Kostenlos in Ihrer Buchhandlung.

M Bisinger / U. Büntjen / S. Haase / H. Manthey / E. Schäfer (Hg.)
Der ganz normale Mann *Frauen und Männer streiten über ein Phantom*
(rororo mann 8275)

M. Frings / E. Kraushaar
Männer.Liebe. *Ein Handbuch für Schwule und alle, die es werden wollen*
(rororo mann 8223)
Momente aus dem Leben schwuler Männer. Laute und leise Worte, damit man uns hört. Bilder, damit man uns erkennt.
Liebesdinge *Bemerkungen zur Sexualität des Mannes*
(rororo mann 8213)

Matthias T. J. Grimme (Hg.)
Käufliche Träume *Erfahrungen mit Pornografie*
(rororo mann 8210)

LUST *Die Lust der Frauen. Die Lust der Männer. Unsere geheimen Lüste*
Redaktion von «Ottar, Buchzeitschrift über Sexualität, Zusammenleben und Gesellschaft» (Stockholm / Schweden) Hg.
(rororo mann 8224)
In diesem Buch versuchen Frauen und Männer ihre erotische Lust darzustellen – wie sie sich erinnern, wie sie Lust empfinden und wie sie ihre Lust gerne ausleben würden.

H. u. W. Nutt (Hg.)
Brüderlein fein *Geschichten über ein schwieriges Verhältnis zwischen Männern*
(rororo mann 8262)

Bernd Nitzschke
Die Liebe als Duell *...und andere Versuche, Kopf und Herz zu riskieren*
(rororo mann 8272)
Der Autor legt hier eine Sammlung seiner Texte über Liebe und Sexualität vor.

D. Schnack / R. Neutzling
Kleine Helden in Not *Jungen auf der Suche nach Männlichkeit*
(rororo mann 8257)

Jürgen Volbeding (Hg.)
Die Kraft ist schwach, allein die Lust ist groß *Ein MANN-Lesebuch*
(rororo mann 8242)

Das gesamte Programm der Taschenbuchreihe *mann* finden Sie in der *Rowohlt Revue.* Jedes Vierteljahr neu. Kostenlos in Ihrer Buchhandlung.

Ulrike Arens-Azevedo /
Michael Hamm
Fast Food – Slow Food *Plädoyer
für eine neue Eßkultur*
(rororo sachbuch 9102)
Die beiden Ernährungs-
wissenschaftler sind mißtrauisch gegen jede lautstarke
Propaganda im «Mac-gegen-
Müsli-Krieg». Sie zeigen den
gangbaren Pfad im Dschungel
der Eßstile unserer Zeit.

ÖKO-TEST
Ratgeber Ernährung
(rororo sachbuch 9171)
Tips und Informationen gegen
Gesundheitsrisiken bei der
täglichen Ernährung.

Bettina Muermann
Lexikon Ernährung
(rororo handbuch 6328)
Das Lexikon enthält rund
1000 Begriffe aus den Be-
reichen Gesundheit und Ernährung. Ein in dieser Form
einmaliges Nachschlagewerk,
das präzise und verständlich
Auskunft gibt für alle, die sich
schnell informieren möchten,
ohne gleich wissenschaftliche
Literatur zu wälzen.

Beate Seeßlen-Hurler
Das schmeckt Kindern in Europa
*Eine kulinarische Reise von
Oslo bis Valencia*
(mit kindern leben 9146)
Gerichte und Geschichten:
Wie gemeinsames Essen mit
Kindern zum großen Spaß
wird.

Michael Hamm / Sylvia
Strobel / Luigi Falavigna
Das Fitneß-Kochbuch *Leckere
Rezepte für jeden Sport*
(rororo sportbuch 8694)
Wie man mit leckeren Rezep-
ten seine Leistung steigert.

Michael Hamm
Fitnessernährung *Ratgeber
für die Sportpraxis*
(rororo sportbuch 8648)
Was und wann soll man
trinken und welchen Sinn
haben spezielle Fitness-
getränke? Wie kombiniert
man Ernährung und Bewe-
gung zur Gewichtsreduktion
Welches sind die typischen
Ernährungsfehler bei Freizeit-
wie Leistungssportlern? –
Diese und weitere Fragen
beantwortet Michael Hamm,
Professor für Ernährungs-
wissenschaft.

Volker E. Pilgrim
**Zehn Gründe, kein Fleisch mehr zu
essen**
(rororo sachbuch 8273)

Sämtliche Bücher und
Taschenbücher zum Thema
finden Sie in der *Rowohlt
Revue.* Jedes Vierteljahr neu.
Kostenlos in Ihrer Buchhand-
lung.